श्रीकृष्ण

रस

पं. विद्यानिवास मिश्र स्मृति ग्रन्थमाला

श्रीकृष्ण रस

विद्यानिवास मिश्र

सम्पादन एवं संचयन

दयानिधि मिश्र

वाणी प्रकाशन

वाणी प्रकाशन
4695, 21-ए, दरियागंज, नयी दिल्ली 110 002

शाखा

अशोक राजपथ, पटना 800 004

फ़ोन : +91 11 23273167 फ़ैक्स : +91 11 23275710

www.vaniprakashan.in
vaniprakashan@gmail.com
sales@vaniprakashan.in

SHRIKRISHNA RAS
by Vidyaniwas Mishra
Edited & Collected by Dayanidhi Mishra

ISBN : 978-93-87889-36-1
Religion/Culture

प्रथम संस्करण

मूल्य : ₹ 495

सिटी प्रेस, दिल्ली-110 095 में मुद्रित

वाणी प्रकाशन का लोगो मक़बूल फ़िदा हुसेन की कूची से

भूमिका

'श्रीकृष्ण रस' पण्डित विद्यानिवास मिश्र के साहित्यिक लेखन और संस्कृति के साथ उनकी बहुविध संलग्नताओं का नवनीत सदृश है। भारतीय जीवन में श्रीकृष्ण और उनकी लीला के विविध रूप गहराई तक भिने हुए हैं। प्रतीकों, उत्सवों और तमाम जीवन व्यापारों में कृष्ण आज भी सजीव हैं और जन-जन की आस्था के आधार बने हुए हैं। भारत की अनेक भाषाओं के साहित्य और लोक-साहित्य में उनकी स्मृति न केवल सुरक्षित है बल्कि अभी भी सतत अनुभव का अंग बनी हुई है। भारतीय नृत्य, संगीत और चित्रकला में भी कृष्ण अनेकशः उपस्थित देखे जा सकते हैं। उनका चरित्र बहुआयामी है। नायक, योद्धा, मित्र, योगी, नीतिविद् जाने कितने रूप इस लीला पुरुषोत्तम ने धरे हैं जो जीवन के कड़वे-मीठे सच का साक्षात् अनुभव कराते हैं। कृष्ण जैसा संघर्षमय जीवन केवल कृष्ण का ही है। आजीवन बाल, वृद्ध, गोप, गोपी, सुर, असुर, नदी, वृक्ष, नगर, विपिन, कुटी, प्रासाद, परिजन और प्रजा सबकी चिन्ता करते हुए कृष्ण पूर्ण व्यक्तित्व के भारतीय पर्याय बन गये। समस्त लोक के कल्याण के लिए कृष्ण ने अपने को सदैव सन्नद्ध रखा पर स्वयं किसी तरह की आसक्ति से कभी विचलित नहीं हुए। गोपियों के साथ महारास हो या भीषण युद्ध क्षेत्र हो, गुरु का आश्रम हो या राज-भवन श्रीकृष्ण हर अवसर पर देश-काल की मर्यादा का सम्मान करते हैं। वे अच्युत भी हैं और सारी लीलाओं के नायक भी।

कृष्ण के विविध वर्ण वाले रूप ने मिश्र जी को सदैव आकृष्ट किया। प्रभु इच्छा से व्रज क्षेत्र में कृष्ण की छाया में रहने का भी उन्हें अवसर मिला। के.एम. मुंशी संस्थान, आगरा में वर्ष 1976 से 1985 तक रहते हुए उन्हें कृष्ण कन्हैया की जीवन्त स्मृति को प्रत्यक्ष करने का प्रचुर अवसर मिला। महाकवि सूरदास के साहित्य का अध्ययन-अनुसन्धान, व्रज साहित्य मण्डल से जुड़कर उस क्षेत्र की साहित्यिक-सांस्कृतिक गतिविधियों से गहरा लगाव बना, पूज्य स्वामी अखण्डानन्द

जी का स्नेहिल सान्निध्य और स्वामी गुरुशरणानन्द जी के आग्रह पर 'कार्ष्णि कलाप' पत्रिका का सम्पादन किया। भाई अज्ञेय जी के साथ मिल कर मिश्र जी ने वत्सल निधि के सहयोग से भगवत भूमि यात्रा का आयोजन किया जिसमें हिन्दी के समकालीन रचनाकारों को श्रीकृष्ण के अनुभव से साक्षात्कार का अवसर जुटाया। बहुत कुछ ऐसा घटित हुआ जिसने मिश्र जी को कृष्ण के और निकट पहुँचाया। गोवर्धन, नन्दगाँव-बरसाने, मथुरा, वृन्दावन, यमुना तट, बाँके बिहारी जी, भक्त कवि सूरदास, स्वामी हरिदास, निधु वन आदि का जीवन्त स्पर्श उनके जीवन का अभिन्न अंग बन गया। भक्ति का एक आलोक उनके जीवन को प्रकाशित कर रहा था। उनका आवास भी 'गोपाल कुंज' था और नतिनी 'गुपुल'। बाद में वाराणसी में जब वापस आये तो आवास का नाम 'वृन्दा' रखा। इस बीच कवि हृदय मिश्र जी कृष्ण में ख़ूब रमे और कई रचनाएँ प्रकाश में आयीं : 'कौन तू फुलवा बीनन हारी' (1980), 'तमाल के झरोखे से' (1981), 'महाभारत का काव्यार्थ' (1985), 'लागौ रंग हरी : श्याम रसायन' (1985)। परन्तु कृष्ण का आकर्षण आगे भी बना रहा। मिश्र जी की कई अन्य कृतियाँ यथा 'भाव पुरुष श्रीकृष्ण' (1987), 'राधा माधव रंग रंगी' (2000) और 'जसुदा के नन्दन' (2002) में भी कृष्ण ही केन्द्र में हैं। ये रचनाएँ मिश्र जी की कृष्णाभिमुखता का ही निदर्शन करती हैं। मिश्र जी के ही शब्दों को उधार लें तो 'श्रीकृष्ण की ओर खींचना और खिंचते ही अपनी पहचान खोना एक ऐसी प्रक्रिया है जो हर भारतीय मन में घटे बिना नहीं रहती। ...उनके हर एक कार्यकलाप में कोई-न-कोई ऐसा लीला भाव है कि सब कुछ घट जाने पर भी लगता है कि कुछ हुआ ही नहीं। श्रीकृष्ण चरित में कुछ अलौकिक है ही नहीं, जितनी अलौकिकता है, वह सब एक खेल है...श्रीकृष्ण क्यों आकर्षक लगते हैं, इसकी सफाई देते भी नहीं बनती। इसकी कोई सफाई बनती ही नहीं। इतना ही सच है कि श्रीकृष्ण का आकर्षण दुर्निवार आकर्षण है...लोग श्रीकृष्ण चरित की ओर मुड़ते हैं कुतूहल वश और मुड़ जाने पर तो कुतूहल तो धरा रह जाता है, एक विचित्र फँसाव आ जाता है, ऐसा फंसाव आ जाता है जिससे छुटकारा पाने की इच्छा भी नहीं होती। फँसाव ही छुटकारे से अधिक मोहक लगता है, मुक्ति उसके आगे छोटी पड़ जाती है।'

उपर्युक्त रचनाओं को देख कर लगा कि मिश्र जी कृष्ण में जीवन की समग्रता की पहचान कर रहे थे। उनके अनेक व्याख्यान भक्ति पर केन्द्रित रहे और उन सब के केन्द्र में तेजस्वी कृष्ण, उनकी लीलाएँ, उनका माधुर्य, उनका दिव्य रूप और उनके उपदेश ही प्रमुख रहे। कृष्ण के जीवन के शाश्वत मूल्यों

को समकालीन परिप्रेक्ष्य में भी देखने-पहचानने का प्रयास भी मिश्र जी ने अनेक रचनाओं में किया। जयदेव के 'गीत गोविन्द' की अद्भुत और मनोरम व्याख्या प्रस्तुत की। श्रीमद्भागवत के माध्यम से कृष्ण का नया स्वाद पाठकों को चखाया। महाभारत के काव्य का मर्म प्रकट किया। कृष्ण इतिहास रचते हुए इतिहास से पार जाते हैं क्योंकि उनकी सत्ता भावमूलक है और भारतीय लोक जीवन के स्पन्दन में बसी है। उसे इतिहास में खोजना और स्थापित करना व्यर्थ की मूढ़ता है।

आज कृष्ण भाव धूमिल पड़ रहा है और जीवन में भौतिक सम्पन्नता का बोलबाला हो रहा है, सुख दूर भागता जा रहा है। थोड़े कष्ट और थोड़ी पीड़ा से आदमी विचलित हो उठता है और हार बैठता है। वह रोग व्याधि और अकाल मृत्यु को प्राप्त हो रहा है। ऐसे में कृष्ण अपराजित भाव से जीवन में डटे रहने का सन्देश देते हैं। राग और द्वेष से ऊपर उठ कर जीवन में सम्यक् चैतन्य या कहें स्थित प्रज्ञ की स्थिति ही श्रेयस्कर है। कृष्ण तरल हैं, शिशु हैं, शिष्य हैं, सखा हैं, लीला-निधान हैं, शरणागतवत्सल हैं, सहज हैं और हैं अप्रतिम सौन्दर्य के प्रतिमान। वे सभी कलाओं के अधिष्ठान हैं। उनके चरित्र को देखने से यही लगता है कि आरम्भ से ही वे कठिन चुनौतियों से निरन्तर जूझते रहे। जीवन की असंख्य दुर्गम परिस्थितियों से श्रीकृष्ण निखरते ही चले गये।

'श्रीकृष्ण रस' अखण्ड जीवन के लिए आमन्त्रण है। सकारात्मक भाव, सर्वभूतहित की चेतना और जीवन का अविरल प्रवाह ही श्रीकृष्ण रस है। इसी रस की उद्भावना इस संकलन में प्रस्तुत रचनाओं में प्रकट हुई है। आशा है आजकल के विशृंखलित हो रहे जीवन में जब मोह, लोभ और मद जैसी आपदाओं से लड़ने के लिए आन्तरिक शक्ति चाहिए 'श्रीकृष्ण रस' एक सबल आधार प्रदान करेगा।

प्रस्तुत संकलन को तैयार करने में डॉ. प्रकाश उदय, डॉ. गायत्री प्रसाद पाण्डेय और डॉ. गिरीश्वर मिश्र ने अनेक प्रकार से सहायता की। श्री अरुण माहेश्वरी ने रुचिपूर्वक इसे प्रकाशित किया। इन सबके प्रति हार्दिक आभार!

–दयानिधि मिश्र

अनुक्रम

दुर्निवार आकर्षण

श्रीकृष्ण-चरित के प्रति विशेष पक्षपात है, यह आरोप मुझ पर लगते रहे हैं। कुछ लोग यह प्रश्न करते हैं कि आपका जन्म तो हुआ राम के राज्य के आस-पास और बचपन भी बीता राम की माँ सरीखी नदी सरयू के अंचल में, पर आप श्रीकृष्ण के प्रति इतने कैसे आकृष्ट हो गये? इन प्रश्नों का उत्तर मैं वर्षों से दे रहा हूँ और यह समझाने की कोशिश कर रहा हूँ कि श्रीकृष्ण के प्रति मेरा आकर्षण उनसे किसी प्रकार अपनापन पाने के लिए नहीं है। श्रीकृष्ण-चरित को जो सुनेगा, समझेगा, वह श्रीकृष्ण को अपना बनाने का दुस्साहस नहीं करेगा। श्रीकृष्ण का अपना कोई है ही नहीं। कोई उन्हें अपना सगा कह नहीं सकता; माँ-बाप तक नहीं, भाई-बन्धु तक नहीं, साथ रहने वाले एक उनके संगी-साथी तक नहीं। कोई उन्हें अपना मानने की भूल नहीं करता। वे सबके लिए पराये हैं। इसी को कुछ अधिक ठेठ वैष्णवी भाषा में कहें तो वे सबके लिए परकीय हैं। उनका होने का अर्थ यह है कि हम भी अपने न रह जाएँ अपने लिए ही सगे न रह जाएँ। जो-जो व्यक्ति सगा होने की कोशिश करता रहा, उसने बाद में यही चेतावनी दी कि श्रीकृष्ण को सगा न मानना, श्रीकृष्ण कोई सगापन तोड़े बिना नहीं रहते।

श्रीकृष्ण शब्द में ही निहित है कि जो जहाँ है, वहाँ से खिंचे और जिस किसी देश-काल में वह है, उस दायरे से उसे बाहर निकाल दे, उसे न घर का रहने दे न घाट का! पर इतनी सब समझ के बावजूद श्रीकृष्ण की ओर खिंचना और खिंचते ही अपनी पहचान खोना, एक ऐसी प्रक्रिया है जो हर भारतीय मन में घटे बिना नहीं रहती। किसी को भी श्रीकृष्ण पर विश्वास नहीं होता, बल्कि ठीक-ठाक कहें तो हर किसी को अविश्वास ही होता है कि वे कभी अपने नहीं होंगे। वे विश्वसनीय हैं ही नहीं। उनके हर एक कार्य-कलाप में कोई-न-कोई ऐसा भाव है कि सब कुछ घट जाने पर ही लगता है कि कुछ हुआ ही नहीं। श्रीकृष्ण-चरित में कुछ अलौकिक है ही नहीं, जितनी अलौकिकता है, वह सब एक खेल है। वे बचपन से ही कई ऐसे कार्य करते हैं जिन पर विश्वास नहीं होता, चाहे जन्मते ही अपने पैर से यमुना के प्रवाह को फिर शिथिल कर दिया हो, पूतना का दूध पीकर उसका सारा-जहर, सारा

द्वेष पी लिया हो। तृणावर्त के रूप में आयी हुई आँधी को जिसने दबोच लिया हो, छकड़ा बन करके आसुरी लीला करने वाले शकटासुर को तोड़-फोड़ कर रख दिया हो, एक के बाद दूसरे अनेक रूप धारण करने वाले असुरों को जिसने खेल-खेल में पछाड़ दिया हो, जिसने पूरे व्रज को अपनी शरारतों से परवश कर लिया हो, बायें हाथ की कानी उँगली पर गोवर्धन पर्वत उठा लिया हो और जो काली नाग के फनों के ऊपर थिरक-थिरक कर नाचा हो, उस बालक के ऊपर कौन विश्वास करेगा, कोई विश्वास करता भी हो, तो वह विश्वास हल्की-सी मुस्कान से धो देते हैं और मन में यह विश्वास भर देते हैं कि आश्चर्य तो घटित ही नहीं हुआ, ऐसा तो खेल में होता ही रहता है। अभी किशोरावस्था में आने को ही था कि मैंने स्व. लक्ष्मण नारायण गर्दे का लेख "श्रीकृष्ण-चरित की अलौकिकता' पढ़ा था और उन्हीं दिनों श्रीकृष्ण-जन्म की झाँकी तरह-तरह से सजती देखी थी, भादों की अँधेरी आधी रात को तो उन्होंने अपने जन्म का समय चुना कि कोई जान न पाये, देख न पाये। जन्म से ही वे छल कर रहे हैं। लोगों को भ्रम में डाल रहे हैं, तो भी उनके कारण भ्रम में पड़ना इस देश का व्यसन बन गया है और जो व्यसन बनता है, उसके गुण-दोष की पहचान खो जाती है। जो हमें आकर्षक लगता है, उसके बारे में कोई विवेक नहीं रह जाता। श्रीकृष्ण क्यों आकर्षक लगते हैं, इसकी सफाई देते भी नहीं बनती। इसकी कोई सफाई है ही नहीं। इतना ही सच है कि श्रीकृष्ण का आकर्षण दुर्निवार आकर्षण है और यह जानते हुए भी कि यह आकर्षण सत्यानाशी हो सकता है, इस विडम्बना को यह देश आज लगभग 5000 वर्ष से अधिक हो गए, झेल रहा है और कवि, चित्रकार, संगीतकार लीला करने वाले, जाने कितने स्वरूप काली के विष से खौलती हुई भँवर से मुक्ति दिलाने वाले एक दूसरे काले के रूप की भँवर में, रूप की भँवर से अधिक उसके त्रिभंगी बाँकी गति के भँवर में पड़ते रहे हैं, डूबते रहे हैं, बाहर निकलने की कोशिश करते रहे हैं और एक बार उस भँवर में पड़ जाने पर हार मान कर और उस भँवर को ही एक लहर बन जाने में अपना उबार पाते रहे हैं। लोग, श्रीकृष्ण-चरित की ओर मुड़ते हैं कुतूहलवश और मुड़ जाने पर कुतूहल तो धरा रह जाता है, एक विचित्र फँसाव आ जाता है, ऐसा फँसाव आ जाता है, जिससे छुटकारा पाने की इच्छा भी नहीं होती। फँसाव ही छुटकारे से अधिक मोहक लगता है, मुक्ति उसके आगे छोटी पड़ जाती है।

श्रीकृष्ण-लीला में प्रवेश पाने के लिए लोग बड़े आकुल रहते हैं और प्रवेश जल्दी मिलता भी नहीं। ये टिकट कहीं बिकते नहीं, किसी कीमत पर बिकते नहीं, किन्तु टिकट मिलता ही तब है जब अपना सब कुछ, यहाँ तक कि अपने को भी गिरवी रख कर कोई लीला के लिए लीला करने वाले से टिकट की याचना करे और लीला करने वाले ने ऐसे न जाने कितने गिरवी रखे-पड़े व्यक्तियों एवं व्यक्तित्वों का कितना हेरफेर किया होगा, कोई हिसाब नहीं; क्योंकि हिसाब लेने वाला नहीं है। जिसने

अपने को गिरवी रखा, वह लीला में प्रवेश करते ही लीलामय की खोज में भटकने लगता है, उसे अपनी सुध नहीं रहती, अपने सरो-सामान की सुध कहाँ से रहेगी।

ऐसी लीला के बारे में मेरे किशोर जीवन से ही कुतूहल रहा। लीला में छलाँग मारने की तो हिम्मत नहीं हुई, न अपनी सुधि खोने का जोखिम उठाया, पर उस लीला से जुड़े हुए साहित्य, लीला से जुड़ी हुई कला, ललित कला, उससे जुड़े हुए नृत्य गीत, इन सबमें समय-समय पर ताक-झाँक मैंने भी की है। मेरा अनुभव अपने आप में एक अपूर्व उद्वेलन कर रहा है, जिसको शब्द देना चाहा, तो शब्द हार मान कर थक गये हैं। ठीक-ठीक वर्णन नहीं हो सका। कभी-कभी नासमझ समझदारी के आवेश में मैंने इस चरित की मीमांसा भी करनी चाही है और हर मीमांसा मुझे ही बहुत बचकानी लगी है। अपने अज्ञान का यह प्रकाश अपने तक रखने का लोभ मुझे नहीं हुआ। और मेरे निबन्ध छपते रहे। श्रीकृष्ण-चरित से सम्बद्ध तीन-तीन पुस्तकें छपीं। महाभारत का काव्यार्थ, भावपुरुष श्रीकृष्ण और राधा-माधव रंग रँगी। सन्तोष नहीं हुआ मुझे अपनी इस नादानी के प्रकाशन से, मैं लज्जित भी नहीं हुआ हूँ और आज अपने श्रीकृष्ण-चरित से भावित निबन्धों का यह परिवेषण करने जा रहा हूँ। इसमें उनके जन्म से लेकर उनके बाल्यकाल, कैशोर्य से युवावस्था तक, युवावस्था से लेकर परिपक्व वृद्धावस्था तक, परिपक्व वृद्धावस्था और एकान्त लीला संवरण तक के प्रसंगों ने मुझे छुआ है। उनकी आसक्ति की लीला ने मुझे विशेष छुआ है और उनकी अनासक्ति का योग मुझे उनकी आसक्ति के द्वार से ही समझ में आया है। युवावस्था में महाभारत के कृष्ण बड़े आकर्षक लगते थे पर जैसे-जैसे उम्र परिपक्व हुई, त्यों-त्यों उनका बालरूप अधिक आकर्षक लगा और अब उनका कैशोर्य सबसे अधिक मोहक लगता है। उनकी कैशोर्य-लीला पर मैं सर्वस्व न्यौछावर करने को तैयार हूँ। उनकी इस लीला में ही उनका लीला-रस सबसे अधिक मथा गया है, वे स्वयं मथे गये हैं और जो कुछ नवनीत निकला है, वह कभी संचित नहीं हुआ, उसकी छींटों से ही जाने कितने काव्य रच गये, कितनी ललित कला रच गयी, कितना संगीत रच गया, कितना नृत्य रच गया और आज भी रचना रुका नहीं है; क्योंकि यह रचना श्रीकृष्ण की रचना नहीं है, यह एक युग के अपने-अपने कैशोर स्वप्न की रचना है। जब तक यह रचना-व्यापार होता रहेगा, तब तक भारत देवताओं की स्पृहा बना हरेगा।

—जसुदा के नन्दन (2002)

श्रीकृष्ण का गीता दर्शन

श्रीकृष्ण से इतना प्यार लोगों को क्यों है, उनमें क्या आकर्षण है, क्या जादू है, जो पराये-से-पराये को उनका अपना बना देता है, और वे पराये-से भी अधिक पराये बने रहते हैं। इस पर विचार करते हैं तो लगता है कि उनका जीवन-दर्शन और जीवन चरित दोनों ही कुछ इस प्रकार के हैं कि अपनी सम्पूर्णता से हर किसी को आकृष्ट कर लेते हैं और हर किसी के लिए तब तक अगम्य बने रहते हैं जब तक कि उनके साथ व्यक्ति का भावयोग नहीं स्थापित होता। इतिहास की सीमित समझ रखने वालों ने अनेक कृष्णों की कल्पना की, गोपाल कृष्ण अलग हैं, देवकी पुत्र कृष्ण अलग हैं, योगेश्वर कृष्ण अलग हैं, गीता के कृष्ण अलग हैं, इसके कारण हमारे मन में बड़ा सम्भ्रम है कि कौन कृष्ण सही हैं, असली हैं। पर जहाँ तक पुराणों, उपनिषदों के पढ़ने से मुझे समझ में आया है, वह यही कि ये सभी न हों तो पूर्णावतार कृष्ण क्या होंगे। जो पुरुष गोपियों, गउओं, करीलों, ग्वालों और कछारों के साथ न रहा हो, वह सहजता और जीवन का उच्छल उत्साह कहाँ से पायेगा। जो पुरुष इतनी हजार तरह की मनोवृत्तियों के भीतर पैदा न होगा, जिसने हर प्रकार की मनोवृत्ति के साथ रास न रचाया होगा, वह क्या समझेगा जीवन की जय क्या होती है? अलग-अलग भाववाले भी किसी प्रकार एक तान पर लयबद्ध रूप में रागों का मण्डल रच सकते हैं, वह श्रीकृष्ण के साथ-साथ घूमे बिना समझ में नहीं आ सकता।

श्रीकृष्ण ने बचपन गोचारण को दिया, गोवर्धन धारण को दिया, गोरस और गोरस के वितरण को दिया, वादन-गायन-नर्त्तन को दिया, बड़ी-बड़ी शक्तियों के मद के निवारण को दिया, कालिय की विषभरी ज्वालाओं से यमुना के उन्मोचन को दिया, प्यार के खुले आमंत्रण को दिया और सबसे अलग हुए मथुरा गये, वहीं से सान्दीपनि (सन्दीपन के पुत्र) घोर आंगिरस के पास भेजे गये। कठिन जीवन बिताया। वेद पढ़े, उपनिषद पढ़े और अन्तिम उपदेश के रूप में उन्हें बतलाया गया (कहानी छान्दोग्य उपनिषद में मिलती है) : यह पूरा जीवन यज्ञ है, जो तुम भूख-प्यास अकेलेपन से परेशान होते हो, यही दीक्षा है, यही यज्ञ में प्रवेश है। अपनी भूख से ही समष्टि की भूख का अन्दाज लगता है, अपनी प्यास से दूसरे की प्यास का अन्दाज लगता है,

अपने अकेलेपन से दूसरे के अकेलेपन का अन्दाज लगता हैं भूख मिटाने का उपाय करना, प्यास बुझाने का उपाय करना, अकेलेपन को दूर करने का उपाय करना यही सब जीवन यज्ञ की वेदी के पास पहुँचना है। अपने लिए आदमी जब उपाय सोचता है, तभी वह दूसरे के लिए भी सोच सकता है। इसके बाद जब आदमी अपने पूर्ण तृप्त मन से अपने को समष्टि की वृद्धि के साथ एकरस कर लेता है, यही जीवन यज्ञ की वेदी पर आहुति है। अन्त में जब ऐसे व्यक्ति के पास मृत्यु आती है तो वह यज्ञ की समाप्ति के स्नान के रूप में आती है। जीवन का प्रत्येक सार्थक क्षण नवजीवन है, पुनरुत्पादन है, सृष्टि के नयेपन का टटका अनुभव है।

अन्त में घोर आंगिरस ने देवकी पुत्र श्रीकृष्ण से कहा, 'नित्य अनुभव करो, तुम अच्युत हो, अक्षत हो। तुम्हारा कोई अपना घर नहीं। तुम प्राणसंशित हो (तुम्हारे प्राण चिरे हुए हैं) छोटी आत्मीयता और बड़ी आत्मीयता के बीच, तुम्हें दोनों का निर्वाह करना है।

श्रीकृष्ण ने अपना कैशोर्य तप को दिया। इसीलिए उनका यौवन और उनकी प्रौढ़ावस्था केवल पश्चिम से पूर्व के उद्धार में लगी। दूसरों को आगे बढ़ाकर उन्हें यशस्वी बनाने में लगी। युधिष्ठिर के रूप में केन्द्राभिमुख राज्य शक्तियों का केन्द्र बनाने में लगी। इतने बड़े होकर भी उन्होंने युधिष्ठिर के यज्ञ में लोगों के पाँव पखारे, जूठी पत्तलें बटोरीं। उन्होंने सारथी होकर घोड़ों की सेवा का नमूना प्रस्तुत किया और अन्त में अपनी ही जाति के लोगों का मद नष्ट कराया। अकेले अस्त्र-शस्त्रहीन जरा के बाण के आवेध्य हुए। उनके चेहरे पर मोहक मुस्कान बराबर बनी रही। इतना मोहछोह उन्होंने लोगों को दिया, इतना लोगों को सम्मोहित किया, इतना लोगों को सिखाया-पढ़ाया, आगे बढ़ाया पर सबके साथ निस्संग रहे। सबने सोचा हम छले गये और सबने छले जाने में अपूर्व आस्वाद पाया।

ऐसे श्रीकृष्ण जब गीता में अर्जुन को उपदेश करते हैं तो वे पूरी तरह स्वयं आहुति बन चुके होते हैं, पूरी तरह अपने को साध चुके हैं। छोटे दायरों को लाँघ चुके हैं। अर्जुन के सामने मृत्यु भय उपस्थित हुआ। श्रीकृष्ण ने भय दूर करने के लिए ऐसे जीवन में अर्जुन को प्रवेश कराया, जहाँ भय नहीं है, मृत्यु की भी चिन्ता नहीं, केवल सार्थक जीवन की चिन्ता है। गीता के उपदेश का सार है–

सर्वभूतेषु येनैकं भावभव्ययमीक्षते
अविभक्तं विभक्तेषु ज्ञानं तद्विद्धि सात्विकम्।

सभी सत्ताओं को एक बड़े भाव की ओर अभिमुख देखना ही शुद्ध ज्ञान है। अलग-अलग खंड-खंड जो भी ऊपर दिखता है, वह सब एक अखंड अविभक्त विशाल विश्व है, अलगाव ऐसा नहीं कि एक-दूसरे के बिना रह सके, एक-दूसरे की अपेक्षा करते हुए अलग-अलग अंगों के अलग-अलग पदार्थ हैं, मनुष्य हैं। इस प्रकार का ज्ञान कोरा बौद्धिक नहीं होता, यह भक्तियोग बन जाता है, क्योंकि विशाल की ओर

देखना सब अधूरेपनों से मुक्ति हो जाना है। यही कर्मयोग बनता है, क्योंकि कर्म पूर्ण स्वतन्त्र भाव से तब किया जा सकता है और करते हुए भी उससे अपनी छोटी निजता को अलग रखा जा सकता है। अर्जुन छोटी निजता का शिकार था, और वह यकायक डरा कि निजता ही नष्ट होने जा रही है। श्रीकृष्ण ने पहले उसके वीरभाव को जगाया, फिर उसे सही कर्म की पहचान करायी, फिर उसे विराट सत्य का दर्शन कराया और अर्जुन को सही भक्तियोग के लिए प्रस्तुत किया। इसके बाद अर्जुन में क्षमता आयी कि वह उस ज्ञान को ग्रहण कर सके, जो पदार्थों और मनुष्यों की सापेक्षता की बात करता है।

श्रीकृष्ण अगर अपने को अनेक भूमिकाओं में डालकर पूरा जीवन जिये न होते तो उनका उपदेश शब्द बनकर रह जाता पर जो व्यक्ति गीता पढ़ता है, सुनता है, गुनता है, वह श्रीकृष्ण के अनेक रूपों को सामने देखता है। यह भी देखता है कि यह महापुरुष हरेक मर्यादा का निर्वाह करता है, उसे तोड़ता है। बड़ी मर्यादा बनाता है, फिर उसका भी अतिक्रमण करता है, वह निरन्तर प्रतिपादित करता चलता है कि जीवन पूरा-का-पूरा स्वीकार है, वह निषेध नहीं है, वह कोरा त्याग नहीं, संग त्याग है, आसक्ति त्याग है। कोई भी कार्य अपने-आप में भला या बुरा नहीं, कितना वह विराट सत्य का सहज ध्यान रख करके किया गया है, कितना नहीं किया गया है, इस आधार पर भला-बुरा, बड़ा-छोटा है। श्रीकृष्ण ने योग की कई परिभाषाएँ दीं, योग अच्छी तरह काम पूरा करता है, अच्छी तरह पूरा ही तब होगा, जब सम्पूर्णता का ध्यान रखा जायेगा। योग का दूसरा लक्षण उन्होंने दिया, 'समत्वं योग उच्यते', एक-दूसरे से ठीक तरह ताल-लय मिला लेना ही योग है। इन सब परिभाषाओं को, अपने से सबके साथ साधने पर बल है। यही श्रीकृष्ण की जीवन दृष्टि है और यही उन्हें भारत का भाव-पुरुष बनाती है।

—पीपल के बहाने (1994)

प्रादुर्भाव

हम श्रीकृष्ण जन्मोत्सव मनाते हैं, जन्मदिन नहीं, क्योंकि श्रीकृष्ण के प्रादुर्भाव का अनुभव करना चाहते हैं। श्रीकृष्ण के जीवनचरित को स्मरण नहीं करते। जो हमारे जीवन में रचा-बसा हो, उन्हें स्मरण करने की क्या आवश्यकता है। हमारे कवि का गान साक्षी के रूप में करते हैं। लीला उनके सामने घटित होती रहती है। हमारी निरक्षर या अर्द्ध-निरक्षर ग्रामीण जनता श्रीकृष्ण का ध्यान कजली या होली में उत्सवों में प्रत्यक्ष उपस्थिति के रूप में करती है, किसी पूर्व पुरुष या किसी जातीय अतीत इतिहास नायक के रूप में नहीं। श्रीकृष्ण से हमारा सीधा सम्बन्ध है, उन्हें उलाहना देने का, उनसे नाराज होने का, उन्हें दुलारने का, उन्हें प्यार से बुलाने का हमें अधिकार है और इस अधिकार पर हम गर्व करते हैं। श्रीकृष्ण हमारे भाव-पुरुष हैं, उनकी लीला हमारे भाव जगत् में घटती ही रहती है, कभी उसका विराम नहीं होता। यही नहीं, जीवन का कोई ऊर्जात्मक पक्ष नहीं है जो श्रीकृष्ण में पूर्ण रूप से अभिव्यक्त न हुआ हो। बाल सुलभ चापल और स्फूर्ति से लेकर प्रौढ़ पुरुष की परिणति स्थितप्रज्ञता और निस्संग करुणा तक जितने भी गुण हो सकते हैं, वे सभी श्रीकृष्ण में मूर्तिमान् हैं। श्रीकृष्ण भारत भूमि की जीवन साधना के प्रतिमान के रूप में हमारे सामने रहते हैं। हम कैसे हर्ष-विषाद दोनों को एक तरह ग्रहण कर सकें, हम कैसे प्यार और निर्ममता दोनों का निर्वाह कर सकें, हम कैसे वीरता और धीरता दोनों को साधे रह सकें, हम कैसे छोटे से छोटे काम में दक्षता प्राप्त करके वह काम करने में गौरव का अनुभव करें, यह सब हम श्रीकृष्ण को सामने देखते हैं तो आसान लगता है, श्रीकृष्ण को नहीं देखते, असम्भव लगता है।

लोग कहते हैं श्रीकृष्ण अलौकिक हैं, हमारी दृष्टि में वे इतने लौकिक हैं जितना लौकिक कोई हो नहीं सकता, जो हर लौकिक सम्बन्ध निभाना भी जानता है और निजी से निजी सम्बन्ध से असंपृक्त रहना भी जानता है। लोक की दृष्टि से जो बड़ा नैतिक साहस हो सकता है, सोलह हजार अपहृत नारियों को स्वीकार करने का साहस अलौकिक शक्ति से नहीं आता, लोकसंग्रही शक्ति से आता है। श्रीकृष्ण महाभारत युद्ध में इतना दांव रखते हैं, दुर्योधन के सामने, मुझ निशशस्त्र को लो या

मेरी शस्त्र सन्नद्ध नारायणी सेना लो, पहले चयन का अधिकार तुम्हें है और दुर्योधन आसुरी सम्पत्ति के मद में उन्मत्त सेना चुनता है, श्रीकृष्ण को नहीं चुन पाता। वह सर्वात्मा वासुदेव को नहीं चुनता, उनका परिग्रह चुनता है। आज भी यह चयन की छूट हम में से प्रत्येक के सामने है, हम श्रीकृष्ण को ग्रहण करें या श्रीकृष्ण के बाहरी स्वरूप को। हम भी अधिकतर श्रीकृष्ण को नहीं ग्रहण करते, हमें लगता है, उसमें बड़ा जोखिम है, श्रीकृष्ण अकेले निश्शस्त्र साथ रहें, हमारी सुरक्षा नहीं है, क्योंकि हम श्रीकृष्ण के अकेलेपन में सब प्राणियों के अकेलेपन को पुंजित नहीं देख पाते। हम नहीं देख पाते कि वह अकेलापन बड़ा विराट है। उस विराट अकेलेपन के साथ रहने पर कहीं कुछ खालीपन नहीं रहता, वह न रहे तभी सब भरा-भरा हो, पर खाली लगता है। घड़ा थोड़े ही रस होता है, घड़े को जो भरता है, वही रस होता है, श्रीकृष्ण ही सबसे अधिक भरने वाले रस हैं।

हाँ, रस को भरने के पहले घड़ा छोटा हो, बड़ा हो, इससे कुछ नहीं होता, बस कच्चा न हो, बड़ी आँच में पका हो और निरा घड़ा हो, उसमें कोई रंगामेजी न हो, उस पर कोई लेबुल न लगा हो, निपट साधारण हो, उसमें कुछ रस पहले से रखा न हो, घड़ा बार-बार धोकर भीतर साफ किया गया हो, औंधा दिया गया हो, एक बूँद उसमें न रह गयी हो, उसे फिर सीधा करके धूप में तपा दिया गया हो, तब श्रीकृष्ण रस भरता है। श्रीकृष्ण चाहते हैं, तुम जो हो, वह हो आओ, तुम अपने सहज धर्म में अधिष्ठित हो जाओ और अपने को निचोड़कर अर्पित कर दो, मेरा जो भी रस था, यह अर्पित है, तुम अपने आप में विरेचित हो जाओ, निष्किंचन हो जाओ, और पुकारो—श्रीकृष्ण आओ, तुम यहाँ प्रकट हो। यह अज्ञान की अन्धी कारा, यह भय की डरावनी रात, यह भयंकर वर्षा, यह शून्य का निरन्तर शराघात, वे जकड़ने वाले बन्धन, यह गहराता भादों, यह दुर्भेद्य दम्भ का प्राचीर, यह अनाचार और अनीति की परिखा, यही तो तुम्हारी प्रादुर्भाव भूमि है, श्रीकृष्ण आज और अभी जन्म लो, और सब अन्धकार तिरोहित हो जाए, डर चला जाए, शृंखलाएँ टूट जाएँ, प्राचीर ढह जाए, अनाचार सूख जाए, शरवर्षा अमृत वर्षा हो जाए।

श्रीकृष्ण के लिए यह पुकार केवल एक चित्त में नहीं, समष्टि चित्त में उठेगी क्योंकि विश्व, केवल भारत ही नहीं, मूल्यः रोड़ा अपना खोखलापन पहचान चुका है, बहुत आजमा चुका है भरने के उपाय, पर कोई तो नहीं भरता, सब और खाली करते हैं। श्रीकृष्ण का भरना ही भरना होता है क्योंकि श्रीकृष्ण स्वयं को निश्शेष करके स्वयं भरे हुए, भरने वाले हुए। उन्होंने जीवन यात्रा को आहुति के रूप में देखा, जन-जन की भूख-प्यास-चाह में ही अनुभव किया कि जीवन यज्ञ की दीक्षा होती है, उन्होंने मृत्यु की प्रतीक्षा की जैसे अज्ञात अवभृथ-स्नान की प्रतीक्षा कर रहे हैं, उन्होंने अपने को निरन्तर दो भागों में चीरा, कितने तुम अपने हो, कितने सबके हो, उन्होंने निरन्तर अपने को तिल-तिल काटा और परखा। क्या है वह जो कटता

नहीं, जो चुकता नहीं। उस श्रीकृष्ण के जन्म की तैयारी करनी है तो श्रीकृष्ण बनें न बनें, बन सकने का संकल्प लें, न लें, श्रीकृष्ण प्रकट होने वाले हैं, इसके लिए अपने शरीर-इन्द्रिय-मन सबके भाजन माँजकर तो रखने होंगे, वह माँजने की तैयारी कहाँ हो रही है?

श्रीकृष्ण जन्म एक उत्सव है, रस का उफान है, उसका उमहाव है, रस का उच्छलन है, उसमें मैं के लिए गुंजाइश नहीं है। श्रीकृष्ण बड़े ही ईर्ष्यालु हैं, किसी दूसरे की गुंजाइश नहीं रहने देते, और जब तक आदमी अपने लिए पराया न हो जाय, तब तक वे अपने नहीं होते। यह उत्सव अपनापन सँजोकर नहीं मनाया जा सकता, विद्यापति के 'ओ निज भाव सुभाव बिसारल'—वाले निजता के विस्मरण माधव के बसने की पहली शर्त है। श्रीकृष्ण जन्म होकर भी जब तक पूरी तरह प्रतीत नहीं होगा अंग-प्रत्यंग में, भाव-अनुभाव में और कण-तरंग में तब तक जन्मोत्सव कैसा? इस जन्मोत्सव के लिए कोई न मुनादी होती है, न कोई पर्चा बँटता है, इसके लिए भीतर से शिराओं में उबाल आता है, नस-नस उत्तप्त हो जाती है, मन उत्तरवाहिनी गंगा बन जाता है, सृष्टि सावधान होकर उत्सुक हो जाती है—श्रीकृष्ण का आविर्भाव होने जा रहा है। वह तैयारी हो रही है या नहीं, यही जाँचने-पड़तालने की जरूरत है, क्योंकि श्रीकृष्ण जन्माष्टमी साधारण अनुष्ठान नहीं है, एक विश्वभावनशील महाजाति के दुर्जर तप की परिणति है, कोटि-कोटि उपवासों का पारण है, असंख्य नक्षत्रों की चन्द्रोदय-प्रतीक्षा की परिसमाप्ति है, निरन्तर धारासार वृष्टि की झनकार है। वही श्रीकृष्ण जन्माष्टमी है।

—जीवन अलभ्य है, जीवन सौभाग्य है (1994)

पल्लवन

कृष्ण की सभी चीजें दो हैं, दो माँ, दो बाप, दो नगर, दो प्रेमिकाएँ या यों कहिए अनेक। जो चीज संसारी अर्थ में बाद की या स्वीकृत या सामाजिक है, वह असली से भी श्रेष्ठ और प्रिय हो गयी है। यों कृष्ण देवकी-नन्दन भी हैं, लेकिन यशोदा-नन्दन अधिक। ऐसे लोग मिल सकते हैं जो कृष्ण की असली माँ, पेट-माँ का नाम न जानते हों, लेकिन बाद वाली, दूध वाली यशोदा का नाम न जानने वाला कोई निराला ही होगा। उसी तरह वसुदेव कुछ हारे हुए से हैं, और नन्द को असली बाप से कुछ बढ़कर ही रुतवा मिल गया है। द्वारका और मथुरा की होड़ करना कुछ ठीक नहीं, क्योंकि भूगोल और इतिहास ने मथुरा का साथ दिया है। किन्तु यदि कृष्ण की चले, तो द्वारका द्वारकाधीश, मथुरा और मथुरापति से अधिक प्रिय रहें। मथुरा से तो बाल-लीला और यौवन क्रीड़ा की दृष्टि से वृन्दावन और बरसाना वगैरह अधिक महत्त्वपूर्ण हैं। प्रेमिकाओं का प्रश्न जरा उलझा हुआ है। किसकी तुलना की जाए, रुक्मिणी और सत्यभामा की, राधा और रुक्मिणी की, या राधा और द्रौपदी की। प्रेमिका का अर्थ संकुचित न कर सखा-सखी भाव को लेकर चलना होगा। अब तो मीरा ने भी होड़ लगानी शुरू की है। जो हो, अभी तो राधा ही बड़भागिनी है कि तीन लोक का स्वामी उसके चरणों का दास है समय का फेर और महाकाल शायद द्रौपदी या मीरा को राधा की जगह तक पहुँचाये, लेकिन इतना सम्भव नहीं लगता। हर हालत में, रुक्मिणी राधा से टक्कर कभी नहीं ले सकेगी।

मनुष्य की शारीरिक सीमा उसका चमड़ा और नख है। यह शारीरिक सीमा, उसे अपना दोस्त, एक माँ, एक बाप, एक दर्शन वगैरह देती रहती है, किन्तु मनुष्य हमेशा इस सीमा से बाहर उछलने की कोशिश करता रहता है, मन ही के द्वारा उछल सकता है। कृष्ण उसी तत्त्व और महान प्रेम का नाम है जो मन को प्रदत्त-सीमाओं से उलाँघता-उलाँघता सब में मिला देता है, किसी से भी अलग नहीं रखता। क्योंकि कृष्ण तो घटनाक्रमों वाली मनुष्य लीला है, केवल सिद्धान्तों और तत्त्वों का विवेचन नहीं, इसलिए उसकी सभी चीजें अपनी और एक की सीमा में न रह कर दो और निरापनी हो गयी हैं। यों दोनों में ही कृष्ण का तो निरापना है, किन्तु लीला के तौर

पर अपनी माँ, बीबी और नगरी से परायी बढ़ गयी है। परायी को अपनी से बढ़ने देना भी तो एकअर्थ में अपनेपन को खत्म करना है। मथुरा का एकाधिपत्य खत्म करती है द्वारका; लेकिन उस क्रम में द्वारका अपना श्रेष्ठत्व जैसा कायम कर लेती है।

भारतीय साहित्य में माँ है यशोदा और लला हैं कृष्ण। माँ-लाल का इनसे बढ़ कर मुझे तो कोई सम्बन्ध मालूम नहीं, किन्तु श्रेष्ठत्व-भर ही तो कायम होता है मथुरा हटती नहीं और न रुक्मिणी, जो मगध में जरासंध से लेकर शिशुपाल होती हुई हस्तिनापुर के द्रोपदी और पाँच पाण्डवों तक एकरूपता बनाए रखती है। परकीया स्वकीया से बढ़ कर उसे खबर तो करता नहीं, केवल अपने और पराये की दीवारों को ढहा देता है। लोभ, मोह, ईर्ष्या, भय इत्यादि की चहारदीवारी से अपना या स्वकीय छुटकारा पा जाना है। सब अपना और अपना सब हो जाता है। बड़ी रसीली लीला है कृष्ण की, इस राधा-कृष्ण या द्रौपदी, सखा और रुक्मिणी-रमण की कहीं चर्म सीमित शरीर में, प्रेमानन्द और खून की गर्मी और तेजी में कमी नहीं। लेकिन यह सब रहते हुए भी कैसा निरापना।

कृष्ण है कौन? गिरधारी, गिरधर, गोपाल। वैसे तो मुरलीधर और चक्रधर भी है, लेकिन कृष्ण का गुह्यतम रूप तो गिरधर गोपाल में ही निखरता है। कान्हा को गोवर्धन पर्वत अपनी कानी उँगली पर क्यों उठाना पड़ा था? इसलिए न कि उसने इन्द्र की पूजा बन्द करवा दी और इन्द्र का भोग खुद खा गया, और खिलता रहा। इन्द्र ने नाराज होकर पानी, ओला, पत्थर बरसाना शुरू किया। तभी तो कृष्ण को गोवर्धन उठाकर अपने गो और गोपालों की रक्षा करनी पड़ी। कृष्ण ने इन्द्र का भोग खुद क्यों खाना चाहा? यशोदा और कृष्ण का इस सम्बन्ध में गुह्य विवाद है। माँ, इन्द्र को भोग लगाना चाहती है, क्योंकि वह बड़ा देवता है, सिर्फ वास से ही तृप्त हो जाता है, और उसकी बड़ी शक्ति है, प्रसन्न होने पर बहुत वर देता है और नाराज होने पर तकलीफ। बेटा कहता है कि वह इन्द्र से भी बड़ा देवता है, क्योंकि वह तो वास से तृप्त नहीं होता और बहुत खा सकता है और उसके खाने की कोई सीमा नहीं। यही है कृष्ण लीला का गुह्य-रहस्य। वास लेने वाले देवताओं से खाने वाले देवताओं तक की भारत-यात्रा ही कृष्ण लीला है।

कृष्ण के पहले, भारतीय देव, आसमान के देवता हैं। निस्सन्देह, अवतार कृष्ण के पहले से शुरू हो गये। किन्तु त्रेता का राम ऐसा मनुष्य है जो निरन्तर देव बनने की कोशिश करता रहा। इसलिए उसमें आसमान के देवता का अंश कुछ अधिक है। द्वापर का कृष्ण एक-सा देव है, जो निरन्तर मनुष्य बनने की कोशिश करता रहा। उसमें उसे सम्पूर्ण सफलता मिली। कृष्ण सम्पूर्ण और अबोध मनुष्य है, खूब खाया-खिलाया, खूब प्यार किया और प्यार सिखाया, जनगण की रक्षा की और उसका रास्ता बताया, निर्लिप्त भोगी, महान त्यागी और योगी बना।

इस प्रसंग में यह प्रश्न बेमतलब है कि मनुष्य के लिए, विशेषकर राजकीय

मनुष्य के लिए, राम का रास्ता सुकर और उचित है या कृष्ण का। मतलब की बात तो यह है कि कृष्ण देव होता हुआ निरन्तर मनुष्य बनता रहा। देव और निःस्व और असीमित होने के नाते कृष्ण में जो असम्भव मनुष्यताएँ हैं; जैसे झूठ, धोखा और हत्या, उनकी नकल करने वाले लोग मूर्ख हैं, उसमें कृष्ण का क्या दोष। कृष्ण की सम्भव और पूर्ण मनुष्यताओं पर ध्यान देना ही उचित है, और एकाग्र ध्यान। कृष्ण ने इन्द्र को हराया, वास लेने वाले देवों को भगाया, खाने वाले देवों को प्रतिष्ठित किया, हाड़, खून, मांस वाले मनुष्य को देव बनाया, जनगण में भावना जागृत की कि देव को आसमान में मत खोजो, यहीं अपने बीच, पृथ्वी पर। पृथ्वी वाला देव खाता है, प्यार करता है, फिर रक्षा करता है।

कृष्ण जो कुछ करता था, जम कर करता था, खाता था जम कर, प्यार करता था जम कर, रक्षा भी जम कर करता था, पूर्ण भोग, पूर्ण प्यार, पूर्ण रक्षा। कृष्ण की सभी क्रियाएँ उसकी शक्ति के पूरे इस्तेमाल से ओत-प्रोत रहती थीं, शक्ति का कोई अंश बचा कर नहीं रखता था। कंजूस बिलकुल नहीं था, ऐसा दिलफेंक, ऐसा शरीरफेंक, चाहे मनुष्यों में सम्भव न हो, लेकिन मनुष्य ही हो सकता है, मनुष्य का आदर्श, चाहे जिसके पहुँचने तक हमेशा एक सीढ़ी पहले रुक जाना पड़ता हो। कृष्ण ने खुद गीत गाया है स्थितिप्रज्ञ का, ऐसे मनुष्य का जो अपनी शक्ति का पूरा और जम कर इस्तेमाल करता हो, 'कूर्मांगानीव' ने बताया है ऐसे मनुष्य को। कछुए की तरह यह मनुष्य अपने अंगों को बटोरता है, अपनी इन्द्रियों पर इतना सम्पूर्ण प्रभुत्व है इसको इन्द्रियों से उन्हें पूरी तरह हटा लेता है। कुछ लोग कहेंगे कि यह तो भोग उल्टा हुआ। ऐसी बात नहीं। जो करना, जम कर-भोग भी, त्याग भी। जमा हुआ भोगी कृष्ण, जमा हुआ योगी तो था ही। शायद दोनों में विशेष अन्तर नहीं। फिर भी कृष्ण ने एकांग्री परिभाषा दी, अचल स्थितप्रज्ञ की, चलस्थितप्रज्ञ की नहीं। उसकी परिभाषा तो दी जो इन्द्रियों से इन्द्रियों को हटाकर पूर्ण प्रभुता निखारता हो, उसकी नहीं; जो इन्द्रियों को इन्द्रियार्थों में। कृष्ण खुद तो दोनों था, परिभाषा में एकांगी रह गया। जो काम जिस समय कृष्ण करता था, उसमें अपने समग्र अंगी का एकाग्र प्रयोग करता था, अपने लिए कुछ भी नहीं बचाता था, अपना तो था ही नहीं कुछ उसमें। 'कूर्मांगानीव' के साथ-साथ 'समग्र-अंग-एकांग्री' भी परिभाषा में शामिल होना चाहिए था। जो काम करो, जम कर करो, अपना पूरा मन और शरीर उसमें फेंक कर। देवता बनने की कोशिश में मनुष्य कुछ कृपण हो गया है पूर्ण आत्मसमर्पण वह कुछ भूल-सा गया है। जरूरी नहीं है कि वह अपने आपको किसी दूसरे के प्रति समर्पण करे। अपने ही कामों में पूरा आत्मसमर्पण करे। झाड़ लागाए तो जम कर या अपनी इन्द्रियों का पूरा प्रयोग कर, युद्ध में रथ चलाये तो जम कर, श्यामा मालिन बनकर राधा को फूल बेचने जाये तो जम कर। जीवन का दर्शन ढूँढ़े और गाये तो जम कर। कृष्ण ललकारता है मनुष्य को अकृपण बनने के

लिए, अपनी शक्ति को पूरी तरह एकाग्र उछालने के लिए। मनुष्य करता कुछ है और ध्यान कुछ दूसरी तरफ रहता है। झाड़ू देता है, फिर भी कूड़ा कोनों में पड़ा रहता है। एकाग्र ध्यान न हो तो एक इन्द्रियों का अकृपण प्रयोग कैसे हो। 'कूर्मांगानीव' और 'समग्र-अंग-एकांग्री' मनुष्य को बनाना है यही तो देवता की मनुष्य बनने की कोशिश है। देखो, माँ इन्द्र खाली वास लेता है, मैं तो खाता हूँ।

आसमान के देवताओं को जो भगाये, उसे बड़े पराक्रम और तकलीफ के लिए तैयार रहना चाहिए, तभी कृष्ण को पूरा गोवर्धन पर्वत अपनी छोटी उँगली पर उठाना पड़ा। इन्द्र को वह नाराज कर देता और अपनी गउओं की रक्षा न करता, तो ऐसा कृष्ण किस काम का। फिर कृष्ण के रक्षा-युग का आरम्भ होने वाला था। एक तरह से बाल और युवा-लीला का शेष ही गिरिधर-लीला है कालिय-दहन और कंस-वध उसके आस-पास के हैं। गोवर्धन उठाने में कृष्ण की उँगली दुखी होगी, अपने गोपों और सखाओं को कुछ झुंझला कर सहारा देने को कहा होगा। माँ को कुछ इतरा कर उँगली दुखने की शिकायत की होगी। गोपियों से आँख लड़ाते हुए अपनी मुस्कान द्वारा कहा होगा। उसके पराक्रम पर अचरज करने के लिए राधा और कृष्ण की तो आपस में गम्भीर और प्रफुल्लित मुद्रा रही होगी। कहना कठिन है कि किसकी ओर कृष्ण ने अधिक निहारा होगा, माँ की ओर इतरा कर, या राधा की ओर प्रफुल्ल होकर। उँगली बेचारे की दुख रही थी। अब तक दुख रही है, गोवर्धन में तो यही लगता है। वहीं पर मानस गंगा है। जब कृष्ण ने गोवंश रूपी दानव को मारा था, राधा बिगड़ पड़ी और इस पाप से बचने के लिए उसने उसी स्थल पर कृष्ण से गंगा माँगी। बेचारे कृष्ण को कौन-कौन से असम्भव काम करने पड़े हैं। हर समय वह कुछ न कुछ करता रहा है। दूसरों को सुखी बनाने के लिए। उसकी उँगली दुख रही है। चलो, उसको सहारा दें। गोवर्धन में सड़क चलते कुछ लोगों ने, जिसमें पंडे होते ही हैं, प्रश्न किया कि मैं कहाँ का हूँ?

मैंने छेड़ते हुए उत्तर दिया, राम की अयोध्या का।

पंडों ने जवाब दिया, सब माया एक है।

जब मेरी छेड़ चलती रही तो एक ने कहा कि आखिर सत्तू वाले राम से गोवर्धन-वासियों का नेह कैसे चल सकता है। उनका दिल तो माखन-मिसरी वाले दिल से लगा है।

माखन-मिसरी वाला कृष्ण, सत्तू वाला राम कुछ सही है, पर उसकी अपनी उँगली अब तक दुख रही है।

एक बार मथुरा में सड़क पर चलते एक पंडे से मेरी बातचीत हुई। पंडों की साधारण कसौटी में उस बातचीत का कोई नतीजा न निकला, न निकलने वाला था। लेकिन क्या मीठी मुस्कान मे उस पंडे ने कहा कि जीवन में दो मीठी बातें ही तो सब कुछ है। कृष्ण मीठी बात करना सीख गया है, आसमान वाले देवताओं

को भगा गया है, माखन-मिसरी वाले देवों की प्रतिष्ठा कर गया है। लेकिन उसका अपना कौन-कौन सा अंग अब तक दुख रहा है?

कृष्ण की तरह एक और देवता हो गया है, जिसने मनुष्य बनने की कोशिश की। उसका राज्य संसार में अधिक फैला, शायद इसलिए कि वह गरीब बढ़ई का बेटा था और उसकी अपनी जिन्दगी में वैभव और ऐश न था शायद इसलिए कि जन-रक्षा का उसका अन्तिम काम ऐसा था कि उसकी उँगली सिर्फ न दुखी, उसके शरीर का रोम-रोम सिहरा और अंग-अंग टूट कर वह मरा। अब तक लोग उसका ध्यान करके अपने सीमा बाँधने वाले चमड़े के बाहर उछलते हैं। हो सकता है कि ईसामसीह दुनिया में केवल इसलिए फैल गया है कि उसका विरोध उन रोमियों से था जो आज की मालिक सभ्यता के पुरखे हैं। ईसू रोमियों पर चढ़ा। रोमी आज के यूरोपियों पर चढ़े। शायद एक कारण यह भी हो कि कृष्ण-लीला का मजा व्रज और भारत-भूमि के कण-कण से इतना लिपटा है कि कृष्ण की नियति कठिन है। जो भी हो, कृष्ण और क्रस्टोस दोनों ने आसमान में देवताओं को भगाया। दोनों के नाम और कहानी में भी कहीं-कहीं सादृश्य हैं कभी दो महाजनों की तुलना नहीं करनी चाहिए। दोनों अपने क्षेत्र में श्रेष्ठ हैं : फिर भी, क्रिस्टोस प्रेम के आत्मोत्सर्गी अंग के लिए बेजोड़ और कृष्ण सम्पूर्ण मनुष्य-लीला के लिए। कभी कृष्ण के वंशज भारतीय शक्तिशाली बनेंगे, तो सम्भव है उसकी लीला दुनिया-भर में रस फैलाए।

कृष्ण बहुत अधिक हिन्दुस्तान के साथ जुड़ा हुआ है। हिन्दुस्तान के ज्यादातर देव और अवतार अपनी मिट्टी के साथ सने हुए हैं। मिट्टी से अलग करने पर वे बहुत कुछ निष्प्राण हो जाते हैं। त्रेता का राम हिन्दुस्तान की उत्तर-दक्षिण एकता का देव है। द्वापर का कृष्ण देश की पूर्व-पश्चिम एकता का देव है। राम उत्तर-दक्षिण और कृष्ण पूर्व-पश्चिम धुरी पर घूमे। कभी-कभी तो ऐसा लगता है कि देश को उत्तर-दक्षिण और पूर्व-पश्चिम एक करना ही राम और कृष्ण का धर्म था। 'यों सभी धर्मों की उत्पत्ति राजनीति से है, बिखरे हुए स्वजनों को इकट्ठा करना, कलह मिटाना, सुलह कराना और हो सके तो अपने और सबकी सीमा को ढहाना। साथ-साथ जीवन को ऊँचा उठाना, सदाचार की दृष्टि से और आत्म-चिन्तन की भी।

देश की एकता और समाज के शुद्धि सम्बन्धी कारणों और आवश्यकताओं से संसार के सभी महान् धर्मों की उत्पत्ति हुई है। 'अलबत्ता' धर्म इन आवश्यकताओं से ऊपर उठकर मनुष्य को पूर्ण करने की भी चेष्टा करता है किन्तु भारतीय धर्म इन आवश्यकताओं से जितना ओत-प्रोत है, उतना और कोई धर्म नहीं। कभी-कभी तो ऐसा लगता है कि राम और कृष्ण के किस्से तो मनगढ़न्त गाथाएँ हैं, जिनसे एक अद्वितीय उद्‌देश्य हासिल करना था, इतने बड़े देश के उत्तर-दक्षिण और पूर्व-पश्चिम को एकरूपता में बाँधना था। इस विलक्षण उद्‌देश्य के अनुरूप ही ये विलक्षण किस्से बने। मेरा मतलब यह नहीं कि सब के सब किस्से झूठे हैं। गोवर्धन पर्वत

का किस्सा जिस रूप में प्रचलित है उस रूप में झूठा तो है ही, साथ-साथ न जाने कितने और किस्से, जो कितने और आदमियों के रहे हों, एक कृष्ण अथवा राम के साथ जुड़ गये हैं। जोड़ने वालों को कमाल हासिल हुआ। यह भी हो सकता है कि कोई न कोई चमत्कारिक पुरुष राम और कृष्ण के नाम के हुए हों। चमत्कार भी उनका संसार के इतिहास में अनहोना रहा हो। लेकिन उन गाथाकारों का यह कम अनहोना चमत्कार नहीं है, जिन्होंने राम और कृष्ण के जीवन को घटनाओं को इस सिलसिले और तफसील में बाँधा है कि इतिहास भी उसके सामने लजा गया है। आज के हिन्दुस्तानी, राम और कृष्ण की गाथाओं की एक-एक तफसील को चाव से और सप्रमाण जानते हैं, जबकि ऐतिहासिक बुद्ध और अशोक उनके लिए धुँधली स्मृति मात्र रह गये हैं।

—कार्ष्णि कलाप (पत्रिका), अगस्त 2002

जसुदा के नन्दन

सूरदास के बारे में प्रायः यह विवाद सुनने को मिलता है कि वे जन्मान्ध थे या फिर बाद में अन्धे हुए, दोनों पक्ष अपने-अपने तर्क देते हैं। पर आँख का होना और होकर चला जाना या आँख का शुरू से ही न होना ये कोई महत्त्व नहीं रखते। क्योंकि, सूर ने आँख से देखा ही नहीं, सूर ने आँख को देखा, उस आँख को देखा जो सूर्य और चन्द्रमा के द्वार से बाहर-भीतर के संसार को आलोक देती है। यह देखना, देखना-मात्र नहीं है, यह देखना एक साथ खोना और पाना है, पाकर खोना है और खोकर पाना है। सूर सबसे अधिक आँख को ही निरखते हैं। मृत्युपर्यन्त निरखते हैं 'खंजन नैन रूप रसमातै'। सबसे अधिक वे देखने के व्यापार का वर्णन करते हैं। श्रीकृष्ण ही वह आँख हैं जिसे देखना और देखते रहने की आकुलता भरना व्रज का सौभाग्य है और व्रज का अनन्त वरदान है, दुरन्त अभिशाप है, टोना है जिसमें चरम आनन्द आँखों का गंगाजल बन जाता है।

श्रीकृष्ण अभी बस खड़े होकर चलने लगे हैं और उन्हें गोपी ने देखा, जाने क्या हो गया, प्राण ही पलट गये। आँखों ने काले रंग को देखा तो आँख क्या तन-मन सब काले हो गये। अपने भीतर ऐसा भ्रम हुआ कि चारों दिशाएँ उजियारी हो गयीं, मैं उस प्रकाश में हूँ कि वह प्रकाश मुझमें है, समझ में नहीं आता, देह सँभाले नहीं सँभलती, जल-थल, कानन, घर-भीतर जहाँ तक दृष्टि का प्रसार जाता है, नैनों के आगे नन्द-दुलारे ही नाचते दिखायी पड़ते हैं। वह देखना देखना ही नहीं था, पूरा रस लेना था, ऐसा रस लेना था जिसके आगे और सारे रस सदा-सदा के लिए खारे हो गये। इस देखने का स्वाद वही जानेगा जो एक साथ देखनहार और चखनहार होगा, क्योंकि जिसे देखना है वह देखनहार ही नहीं, दिखावनहार ही है, चाखनहार ही नहीं चखावनहार भी है।

मैं देख्यो जसुदा कौ नन्दन खेलत आँगन बारौ री।
तत छन प्रान पलटि गयौ मेरौ तन-मन ह्वै गयौ कारौ री।
देखत आनि सँच्यौ उर अन्तर है पलकनि कौ तारी री।
मोहि भ्रम भयौ सखी उर अपनै चहुँ दिसि भयौ उज्यारौ री।

हों उन माँहि कि वे मोहि महिया परत न देह सँभारौ री।
जल-थल नभ-कानन घर-भीतर जहँ लौं दृष्टि पसारे री।
तितही नित मेरे नैननि आगें निरतत नन्ददुलारी री।
कहौं कहा कछु कहत न आवै और रस लागत खारौ री।
इनहिं स्वाद जो लुब्ध 'सूर' सोइ जानत चाखनहारौ री।

यशोदा ऐसे श्रीकृष्ण को चन्द्र दिखाने की भूल कर बैठती हैं, क्यों रोते हो, चन्द्र को भर आँख देख कर आँख जुड़ा लो। और श्रीकृष्ण अड़ जाते हैं मैंने तो चन्द्रमा को देखा, अब मैं चन्द्रमा को चखूँगा। बिचारी पछताती है, 'किहि विधि करि कान्हहि समझैहों, मैं ही भूलि चन्द दिखरायौ, ताहि कहत मैं खैहों' यशोदा भूल-पर-भूल करती जाती है। कहती हैं, क्या करोगे यह चन्द्रमा लेकर जो जल के भीतर काँप रहा है, तुम्हें चन्द्र से भी अधिक सुन्दर दुलहिन ला दूँगी। श्रीकृष्ण कहते हैं-तो चलो बस ब्याहने।

श्रीकृष्ण को इसके बाद घर में रखना मुश्किल हो जाता है। श्रीकृष्ण 'आँगन-बारौ' नहीं रहते व्रज की वीथियों में बहने वाले रस-सिन्धु हो जाते हैं और यह प्रक्रिया शुरू होती है माखनचोरी से। माखनचोरी का अर्थ ही है जो वस्तु इतने चाव से, जितने लोभ से छिपाकर रखी है उसे उघार दो, उसे चखो और फिर उसे वस्तु न रहने दो। चोरी से मन की चोरी, 'उघारो', चोरी से मन की छिपी हुई चाह को चखो और ऐसे उघारो, ऐसे चखो कि चोरी तन-मन का उद्‌घाटन हो जाए। पहली बार श्रीकृष्ण ने माखन खाया पर अकेले नहीं, पहले अपनी छाया को खिलाया, जो मणिमय खम्भ में दिखाई पड़ी और इस खाने-खिलाने को जिस गोपी ने देखा उसे लगा कि वह छाया मैं हूँ और वह गोपी गो या इन्द्रिय पालने वाली बुद्धि नहीं, वह न्यारी हो जाती है गो से, गोपी से, आँख से, मन से, बुद्धि से, उसे किसी ने देखा, पूछा कि क्यों इतनी हुलसी फिर रही हो, कहीं कुछ पड़ा धन पा लिया है! कुछ उत्तर नहीं बन पड़ता, केवल इतना कह पाती है–

सूरदास कहै ग्वालि सखिन सौं देख्यौ रूप अनूप।

श्रीकृष्ण घर में पैठ कर घर ही चुरा ले जाते हैं और लोग घर की खोज से बाहर आ जाते हैं। श्रीकृष्ण वृन्दावन में प्रवेश करते हैं तो यशोदा को लगता है श्रीकृष्ण अपने को वृन्दावन के लिए आस्वाद्य रस बना रहे हैं–

देखौ जाई आज बन कौ सुख कहा परोसि धर्‌यो है।

वन के आगे अभी कृष्ण के रूप में अपूर्व सुख परसा पड़ा है।

सूरदास एक ही पंक्ति में ऐसी कुशलता से क्रम बाँधते हैं तो एक साथ दो प्रकार का देखना दिखाई पड़ जाता है–

वृन्दावन देख्यौ नँदनन्दन अतिहिं परम सुख पायौ।

वृन्दावन ने श्रीकृष्ण को देखा, श्रीकृष्ण ने वृन्दावन को देखा, यह देखना ऐसा

हुआ कि वे वृन्दावन जाते, उनके पीछे गाएँ चली जातीं, उनके पीछे ब्रजमात्र की इन्द्रियाँ चली जातीं और वे साँझ को लौटते तो गाएँ आगे रहतीं, वे पीछे, उन गायों की पद-धूलि से सने आते, अनन्त इन्द्रियों के भटकाव के रस में सने हुए आते, उनको देखना अपने देखने की समस्त लालसा की पूर्ति बन जाता। पूर्ति भी न कहें क्योंकि आँखें अपने पुट में भर कहाँ पाती हैं और भर नहीं पातीं, इसलिए पूर्ति होकर भी यह देखना सनातन अपूर्ति बन जाता है।

सोभा कहत कही नहिं आवै।
अँचवत अति आतुर लोचन-पुट मन तृप्ति को पावै।
प्रति-प्रति अंग अनंग कोटि छबि सुनि सखि परम प्रबीन।
अधर मधुर मुसुक्यानि मनोहर करति मदन मनहीन।

एक-एक अंग में कोटि-कोटि अनंग की छवि है और एक हल्की-सी मुस्कान में वह जादू है जो प्यार को मन-हीन बना जाता है। मानो देखने का जादू काफी नहीं था। श्रीकृष्ण वेणु बजाना सीख जाते हैं और उसे सुनना देखने के लिए नया वेध पैदा कर देता है, जब तक केवल देखना था तब तक कुछ-न-कुछ अपने रूप का अभिमान था, पर बाँसुरी का सुनना भर था कि रूप, जीवन का गर्व सब ढर जाता है—

जब तैं बंसी स्रवन परी।
तब ही तैं सन और भयो सखि मो तन सुधि बिसरी।
हौं अपने अभिमान रूप नव जोवन गर्व भरी।
नैंकु न कह्यौ कियौ सुधि सजनी बादिहिं आइ ढरी।

औचक एक दिन श्रीकृष्ण भौंरा चकडोरी लेकर खेलने निकलते हैं और उन्हें एक विचित्र छोरी मिल जाती है, बड़े सज-धज के निकले थे और श्रीकृष्ण ने बहुत ठगा था, पर आज वे खुद ठगे जाते हैं—

औचक ही देखी तहँ राधा नैन बिसाल भाल दिये रोरी।
नील बसन फरिया कटि पहिरे बैनी पीठि लरजि झकझोरी।।
संग लरिकनी चलि इत आवति दिन थोरी अति छवि तन गोरी।
सूर स्याम देखत ही रीझे नैन-नैन मिली परी ठगौरी।।

पहली बार श्रीकृष्ण की ढिठाई लाज बन जाती है—जब राधा सीधे चुनौती देती हैं—'सुनति रहति स्रवननि नँद ढोटा करत फिरत माखन दधि चोरी'। सुनती रहती हूँ कि है कोई नन्द का छोकरा जो माखन-दधि चुराता फिरता है। श्रीकृष्ण लजाकर कहते हैं, और सच कहते हैं—'तुम्हरौ कहा चोरि हम लैहें खेलन चलौ संग मिलि जोरी' और तब से श्रीकृष्ण निरे श्रीकृष्ण नहीं रहते, श्री राधाकृष्ण हो जाते हैं। श्रीराधा राधा नहीं रहती, गोरी नहीं रहती, श्यामा हो जाती है। यशोदा ने अपने हाथों राधा को सँवारा-सिंगारा और श्याम से कहा—श्याम, राधा के संग खेलने जाओ। माँ की आँख ने दोनों का परस्पर भाव पहचाना और एकदम मुग्ध हो गयी देखकर

कि अद्भुत जोड़ी है—संग-संग खेलती है और झगड़ती है, जैसे—बिजली बादल से खेलती, बादल से झगड़ती हो जैसे चन्द्रमा ही बालक बन कर तरैया से खेल रहा हो, झगड़ रहा हो, उसकी साधना कर रहा हो।

संग खेलत दोउ झगरन लागे सो भी बड़ी अबाधा।
मनहु तड़ित-घन इन्दु तरनि है बाल करत रस साधा।।

यह खेल व्रज का ध्यान-केन्द्र बन जाता है और विचित्र है यह उलझाव, उलझाव क्या कहें मन्थन है, दोहन है। सूर ने इसी से दोनों अभिप्राय क्रम से रखे, राधा गोपाल को देखने के लिए यशोदा के घर दही मथने का बहाना बना कर जाती है पर कैसा मथना है, 'रीतौ माठ बिलोवई चित जहाँ कन्हाई।' जिस माठ को बिलोती है वह रीता है। हाँ वह कन्हाई के रूप के भरे हुए माठ को बिलो रही है, चित्त वहीं है, हाथ कुछ दूसरा कहता है चित्त कुछ दूसरा। श्रीकृष्ण राधा की गाय दुहने जाते हैं तो वह दुहना विचित्र होता है। दूध की धार मटकी में नहीं जाती है, जाती है प्यारी के मुख पर—'मोहन कर तैं धार चलति परि मोहिनी मुख अतिहीं छबि गाढ़ी।' दुहना गाय का नहीं होता मोहन का होता है, मोहिनी का होता है, मोहन-मोहिनी-भाव का होता है, परस्पर प्यार का होता है और यह मन्थन, यह दोहन ही रस से 'रास' की भूमिका का निर्माण करते हैं। श्री राधाकृष्ण के प्यार को केन्द्र में रख कर सामूहिक रास होता है। उनका प्यार एक उत्सव हो जाता है, गोपीगण के लिए, जमुना के लिए, शरद की चाँदनी के लिए, वृन्दावन के कुंज-कुंज के पात-पात के लिए। रास का अर्थ है उन्मन मनों का एक साथ एक केन्द्र के चारों ओर उन्मद नृत्य। 'रास मण्डल मध्य स्याम राधा। मनों घन बीच दामिनी कौंधति सुभग एक है रूप है नाहिं बाधा।' बादल और बिजली के दो रूप नहीं हैं, एक ही रूप है उनके दो दिखने में एक अद्भुत सौन्दर्य है, इस एक को दो देखते रहना और दोनों के साथ एक होते रहना, यही रास की गति है। रास रस का उच्छलित समुद्र है। वह मिलन मात्र नहीं है वह मिलन और विरह दोनों एक साथ है। नाचते-नाचते नटवर झाँसा देते हैं, राधा को लेकर खिसक जाते हैं। गोपियों को लगता है श्रीकृष्ण तो साथ नाच रहे हैं, क्योंकि गोपियाँ थोड़े नाच रही हैं, गोपियों का भाव नाच रहा है या यों कहिए नाच ही नाच रहा हो, गति ही गतिशील हो, चैतन्य ही चेतना हो। फिर राधा का एक मन है जो अलग है वह कहलाता है—मैं थक गयी हूँ, मुझे कन्धे पर ले लो। श्रीकृष्ण उस मन को तोड़ने के लिए अन्तर्धान होते हैं और तब राधा का विरह समस्त गोपियों का विरह बन जाता है, विरह की विफलता में गोपी श्रीकृष्ण बन जाती है, कोई माखनचोर, कोई बनवारी, कोई गिरधारी, कोई मुरारी, कोई गाय, कोई बछड़ा, कोई कालिय, कोई कालियमर्दन करने वाला कन्हाई, रास के विरह-रस का समुद्र लीला-रस का समुद्र बन जाता है। यही यात्रा का शिखर है। इतना बड़ा सुख बस एक बार मिलता है और यह सुख मिलकर सब कुछ छीन लेता है, इस सुख

के बाद केवल श्रीकृष्ण का प्यार रह जाता है। श्रीकृष्ण ने पहले सब कुछ लिया, माखन लिया, माखन-सा मन लिया, दही लिया, दही-सा यौवन का रस लिया पर प्यार श्रीकृष्ण को भी आत्मसात् कर लेता है, श्रीकृष्ण चले जाते हैं, राधा रह जाती है और राधा में ही श्रीकृष्ण का प्यार रह जाता है। सूर ने प्यार को देखा है और देखा ही नहीं है पूरा दृश्य रच दिया है। वह दृश्य व्रज का संसार एकाएक द्रष्टा हो गया है। हम सूर को देखते हैं, सूर के संसार को देखते हैं, तो लगता है वह संसार हमें देख रहा है। हम पानी-पानी हो रहे हैं। 'हम न भये वृन्दावन रेनु', हम वृन्दावन की रज क्यों नहीं हुए, होते तो हम भी देख सकते, पा सकते, हो सकते, जो पाना चाहिए, जो होना चाहिए, भले ही सब कुछ खोकर और बिना खोए कोई बालू का कण कैसे होना चाहेगा। सूर का काव्य आमन्त्रण है कि देखना है तो पहले वस्तु देखने वाली आँखें खोकर आओ, द्रष्टा बन क़र न आओ, दृश्य का एक जर्रा बन कर आओ, तब देखो व्रज का टोना, तब हो जाओ व्रज और ब्रजराज-ब्रजराजराजेश्वरी अनभरने वाला प्यार और अन-अनुभव का झनझना देने वाला स्पर्श। ऐसा स्पर्श मिलता है तो जो छोटे रागद्वेष हैं, छोटी नजरों का संसार जाता रहा होता है, जो इस छोटे संसार में चक्कर खाने वाला मन जाग रहा होता है, सब सो जाता है और एक बड़ा संसार एक बड़ापन जाग जाता है। आलोक फूट पड़ता है और आँखें खुल जाती हैं। खुलते ही रूप-रस से भर कर आँख छलछला जाती हैं।

यशोदा-नन्दन को देखना जिन आँखों से हुआ, वे आँखें मात्र नहीं हैं, वे साक्षात यशोदा-नन्दन का भाव हैं।

—अग्निरथ (1985)

अग्रपुरुष की भूमिका

युधिष्ठिर के राजसूय यज्ञ में बड़ा अजीब समा था, कौरवों और पांडवों के सुखद मिलन के ऐसे दृश्य सामने आ रहे थे जो फिर कभी आने वाले न थे। दुर्योधन राजाओं से युधिष्ठिर की ओर से भेंट कर रहे थे, कृपाचार्य रत्नराशि सँभाल रहे थे, दुःशासन भोजन के अधिकारी बने हुए थे, संजय को राजनयिक स्वागत-अधिकारी (चीफ ऑफ प्रोटोकोल) होने के कारण दम लेने की भी फुरसत नहीं थी, कर्ण कोषागार के मालिक थे, विदुर व्यय का नियन्त्रण कर रहे थे, भीष्म और द्रोणाचार्य क्या करना चाहिए और क्या नहीं, इसके मन्त्रदाता बने हुए थे, जरासन्ध के पुत्र सहदेव धर्मराज युधिष्ठिर के निजी सचिव और सहायक का कार्य कर रहे थे। भारत भूमण्डल के अनेक राजा युधिष्ठिर के उस भव्य प्रासाद में इस तरह विचरण कर रहे थे मानो प्रासाद उन्हीं का हो। युधिष्ठिर ने अपना सर्वस्व अर्पण कर दिया था, और युधिष्ठिर को यह अर्पण-बुद्धि देने वाले महान् नीतिज्ञ भगवान् कृष्ण पाण्डवों का विनय अपने में समेटते हुए ब्राह्मणों के पैर धुलाने और जूठी पत्तल बटोरने में लगे थे। उस युग के नारायण नर की सेवा में तत्पर थे।

जब नारद अनेक ऋषियों के साथ यज्ञ के न्योते में आए तो उन्होंने सिर उठा कर देखा कि कोई ऐसा है जिनके आगे उनका हृदय झुकता हो? उन्हें कोई न मिला। उनके वन्दनीय तो उनके पैर पखारने के लिए उन्हीं की नजर के नीचे झुके हुए थे, पर देवर्षि की नजर ऊँचे उठी थी, वे अपने आराध्य को न देख पाए। ज्योनार हुई, तब सिर उठा कर उन्होंने देखा। ऊँचे-ऊँचे मस्तक देखे, पर किसी की भी दृष्टि के आगे उनकी दृष्टि झुक न सकी। उन्होंने सोचा यहाँ आना व्यर्थ हुआ। राजसूय यज्ञ समाप्त हुआ, अर्घ्यदान प्रारम्भ हुआ। भीष्म से युधिष्ठिर ने पूछा : अर्घ्यदान किस प्रकार चले? भीष्म ने प्रस्ताव किया—आपको समस्त समुपस्थित ज्ञानियों एवं वीरों को सम्मानपूर्वक अर्घ्य देना चाहिए, परन्तु पहला अर्घ्य उसी को देना चाहिए जो इस युग के सबसे महापुरुष हों, मेरी राय में भगवान् कृष्ण ही ऐसे व्यक्ति हैं जो ज्ञानियों में ज्ञानी और वीरों में वीर हैं, वे इस युग की प्रत्येक क्रिया में हैं, इस युग के प्रत्येक ध्यान में हैं और इस युग की प्रत्येक सिद्धि में हैं—उन्हीं को पहले अर्घ्य दो। सहदेव अर्घ्य की सामग्री लाने चले।

भगवान् कृष्ण का पता न था। अभी जूठी पत्तलों के अम्बार में वे खड़े थे। नारद उन्हें बुलाने गये और उन्हें देखते ही उनकी दृष्टि खुल गयी। देखा नारायण तो यहाँ हैं—वही नारायण जो महर्षि भृगु के चरण-चिह्न धारण करने में अपना गौरव मानते हैं, जो सदा नर-रूप में ही अपना अस्तित्व सार्थक मानते हैं, वहीं नारायण हैं जिन्होंने अभी कुछ ही वर्षों पूर्व नारद की परीक्षा ली थी! भगवान् ने नारद से कहा था कि मेरे सिर में भयंकर पीड़ा है, दवा लाओ। नारद ने पूछा वह दवा क्या है? भगवान् ने बतलाया कि जब-जब उन्हें यह शिरोवेदना हुई है तब-तब भक्त के चरण की धूलि लगाने से ही अच्छी हुई है। नारद ने कहा : इसमें कौन बड़ी बात है, मैं अभी लाता हूँ। वे प्रह्लाद के पास गये। प्रह्लाद ने भगवान् की शिरोवेदना का वृत्तान्त सुनते ही अश्रुपात शुरू कर दिया, पर जब चरणधूलि देने की बात आयी तो सहम गये: भगवान् के सिर पर मेरी चरण-धूलि, यह पाप न हो? ध्रुव ने इनकार किया। हनुमान् ने इनकार किया। कोई भी भक्त न मिला जो अपनी चरण-धूलि भगवान् के सिर में लगाने के लिए देने को प्रस्तुत हो। नारद निराश होकर लौट आये। भगवान् ने कहा कि मैं पीड़ा से विकल हूँ, तुम अपनी ही चरण-धूलि क्यों नहीं देते? नारद को जैसे झटका लगा, अपने चरण से धूलि लेने जा ही रहे थे कि उनकी अन्तरात्मा काँप उठी और उन्होंने तुरन्त क्षमा माँगी : भगवन् यह कैसे सम्भव होगा, जिन्दगी भर की साध है आपके चरणों की पूजा और उस साध पर इस तरह पानी फिरे कि मेरी ही चरण-धूलि आपके मस्तक पर लगे। भगवान् ने कहा : तुम गोकुल में गोपियों के पास जाओ, वे अपनी चरण-धूलि दे देंगी। नारद दौड़े-दौड़े गोकुल गये, गोपियों से रोकर कहा कि भगवान् सिर-दर्द से छटपटा रहे हैं, भक्त की चरण-धूलि से ही यह सिर दर्द अच्छा होगा, तुम लोगों में कोई क्या एक चुटकी अपनी चरण-धूलि दे देगी? गोपियों में चरण-धूलि देने की होड़ मच गयी। चरण-धूलि की पूरी गठरी बाँधकर नारद को वहाँ से लौटना पड़ा, नारद रास्ते-भर गठरी के बोझ से कसमसाते हुए आये और मन-ही-मन उस कुसाइत को कोसते रहे। जब भगवान् के सिर—दर्द की दवा के लिए उन्होंने अपनी सेवा अर्पित की थी। परन्तु जब उन्होंने गठरी उतार कर भगवान् के पास रखी तो देखा भगवान् मुस्करा रहे हैं! नारद को क्रोध आया : मेरी मुसीबत हो गयी और इन्हें मजाक सूझा है! भगवान् ने पूछा कि मेरा सबसे बड़ा भक्त कौन है? नारद के दृष्टि-पटल अब तक खुल गये थे। उन्होंने कहा : गोपियाँ ही हैं, क्योंकि उन्होंने भगवान् को अपना पाप-पुण्य, यश-अपयश सब कुछ सौंप दिया है, हम लोगों को तो अपने पुण्य से मोह है।

नारद ने उस क्षण का स्मरण किया और फिर प्रभु से निवेदन किया : सभा में अर्घ्यदान लेने चलें।

नारद के अनुरोध पर भगवान् कृष्ण सभा में जब प्रविष्ट हुए उस समय चेदिराज शिशुपाल फुफकार रहा था : इस नदीपुत्र ने जो प्रस्ताव किया है वह धर्म-विरुद्ध

है—अगर राजा की ही पूजा करनी थी तो द्रुपद की करते, अगर ऋत्विक की करनी थी तो द्रोण की करते, अगर विद्वान की पूजा करनी थी तो द्वैपायन व्यास की करते, किन्तु इतने गुरुजनों के रहते हुए एवं स्वयं वसुदेव के रहते हुए भी वासुदेव की पूजा कितनी अशोभन बात है। जन्म के दास, सिंहासन के अयोग्य, मथुरा छोड़ कर भागने वाले कायर, नाचने-गाने-वाले अहीर और जूठी बटोरने वाले की पूजा किस भय से कर रहे हो?

युधिष्ठिर ने समझाया : इतने बड़े-बूढ़े, राजा-महाराजा और विद्वान् कृष्ण-पूजा का समर्थन कर रहे हैं, तुमसे वे बड़े ही हैं, तुम क्यों इस प्रकार युग-पुरुष की अवमानना कर रहे हो? भीष्म को युधिष्ठिर की सान्त्वना बुरी लगी, उन्होंने स्पष्ट कहा—

'नास्मा अनुनयो देयो नायमर्हति सान्त्वनम्।
लोकवृद्धतमे कृष्णे योऽर्हणां नानुमन्यते।।'

इससे अनुनय करने की आवश्यकता नहीं, इसको समझाने-बुझाने की जरूरत नहीं, क्योंकि वह लोकवृद्ध कृष्ण की पूजा का अपमान कर रहा है।

'न केवलं वयं कामाच्चेदिराज जनार्दनम्।
न सम्बन्धं पुरस्कृत्य कृतार्थं वा कथञ्चन।।
अर्चामहेऽर्चितं सद्भिर्भुवि भौमसुखावहम्।
यशःशौर्यमयं चास्य विज्ञायार्चां प्रयुज्महे।।
वेद-वेदाङ्ग विज्ञानं बलं चाप्यमितं तथा।
नृणां हि लोके कस्यास्ति विशिष्टं केशवादृते।
दानं दाक्ष्यं श्रुतं शौर्यं ह्रीः कीर्तिर्बुद्धिसन्नया।
सन्ततिःश्रीर्धृतिस्तुष्टिः पुष्टिश्च नियताच्युते।।
तमिमं सर्वसम्पन्नं प्राचार्यं पितरं गुरुम्।
अर्च्यमर्चितमर्चार्हं सर्वे सम्मन्तुमर्हथ।।'

हम लोग भगवान् कृष्ण की पूजा इसलिए नहीं कर रहे हैं कि वे हमारे सम्बन्धी हैं, उनका हमारे ऊपर बहुत-सा उपकार है और उनसे हमें कुछ प्राप्ति की आशा है। हम उनकी पूजा इसलिए कर रहे हैं कि उनकी पूजा समस्त लोक करता है, उनकी पूजा लोक-कल्याण और लोक-मंगल के लिए है। हम उनकी पूजा नहीं कर रहे हैं बल्कि उनके यश, शौर्य और जय की पूजा कर रहे हैं। वेद और वेदान्तों का ज्ञान और अमित बल—ये दोनों मनुष्यों में किसी के पास है सिवाय कृष्ण के? पूर्ण-पुरुष के लिए जो गुण अपेक्षित हैं—दानशीलता, दक्षता, विद्या, वीरता, लज्जा, कीर्ति, बुद्धि, विनय, धन, धैर्य, सन्तोष और दूसरों के भरण की क्षमता—ये समस्त गुण भगवान् अच्युत में एक साथ सन्निविष्ट हैं। इसीलिए हम उन्हें लोक-दृष्टि से आचार्य मानकर, पिता मानकर और गुरु मानकर, लोक-पूजित मानकर पूजा के योग्य समझते हैं और यह भी विश्वास करते हैं कि आप सभी का समर्थन प्राप्त होगा।

पर शिशुपाल की वाणी में काल समाया हुआ था, उसकी जीभ कतरनी की तरह चलती रही। शिशुपाल कृष्ण की बुआ का लड़का था। उसके संस्कार राजमद के संस्कार थे और उसकी आलोचना उस दुर्बुद्ध की आलोचना थी जो लोक-दृष्टि से संसार को नहीं देखता है, जो अपने काम, क्रोध, लोभ, मोह, मद, मात्सर्य से संसार को देखता है। जितने दुर्गुण उसने कृष्ण में गिनाये, वे ही कृष्ण-चरित्र की अनुपम विशिष्टता हैं। जरासन्ध के पुत्र सहदेव ने भीष्म का समर्थन किया। इसलिए नहीं कि कृष्ण ने उसके पिता का वध कराया था और वह उनसे भयभीत था बल्कि उसने पिता-द्वारा प्रदत्त बन्दी-जीवन से हजारों राजाओं को मोक्ष दिलाने वाले महापुरुष में उस युग के उद्धारक के दर्शन किए थे और इसलिए वह इनका प्रशंसक बन गया था। सहदेव ने कहा कि आज जो राजा हैं वे अपने लिए जीते हैं। कौन हैं जो अत्याचार के कारण गोपालन-व्रत धारण करने वाले क्षत्रियों में वीरता का और विश्वास का संचरण करा सके? कौन है जो नरकासुर-जैसे अत्याचारी के नारकीय कारागार से युग की सर्वश्रेष्ठ सुन्दरियों का उद्धार कर सके? केवल उद्धार ही नहीं उनको ग्रहण करके समाजोचित सम्मान भी दे सके? कौन है जिसे सौन्दर्य और समृद्धि के बीच रहते हुए भी अपनी इन्द्रियों पर इतना नियन्त्रण प्राप्त हो कि सारे संसार के ऐश्वर्य, प्रेम और स्नेह के महत्त्व क्षण-भर के लिए उसे विचलित न कर सकें? कौन है जो राजाओं को जीत कर भी अपने को राज्य-सिंहासन से अलग रख सके? कौन है जो सान्दीपनि, घोर, आंगिरस-जैसे विद्वान से विद्या प्राप्त करके भी अपने को ब्राह्मणों, ज्ञानियों और पण्डितों का सेवक कहलाने में गौरव अनुभव करता हो? कौन है जो अपने पास सब-कुछ रहते हुए भी अपने को निष्किञ्चन मानता हो और निष्किञ्चन जनों की सेवा में, सहायता में, भक्ति में अपनी भावना का अर्पण करता हो? लोक के धर्म को निभाते हुए जो लोकातीत हो; प्रतिदिन के पारिवारिक राग-द्वेष में रहते हुए भी जो सहज हो, और सब प्रकार से शक्तिमान् होते हुए भी जो केवल अपनी सहज स्मिति के ही प्रयोग से विश्व को अपने वश में करने वाला हो—वह कौन-सा महारथी है, वह कौन-सा विद्वान है, और वह कौन-सा योगी है? जीवन के जितने भी दुख-सुख हो सकते हैं उनके बीच अपने को आगे ले चलने का इतना अभ्यास और किसे है? कारागार में जन्म; दूसरे के घर पालन-पोषण; बचपन से ही उत्पातों एवं शत्रुओं के घातों का प्रतिकार करने का अभ्यास; संघर्ष में आनन्द-उल्लास का रास मचाने की उमंग; प्रिय-से-प्रिय जन को छोड़ कर भी उनके विरह में अकातर रहने का आत्मबल; माता-पिता, भाई-बन्धु, स्त्री-पुत्र, किसी के भी स्नेह में न बँधने का संकल्प; एक महान् युग के निर्माण का स्वप्न लेकर भी अपने को हीनतम-से-हीनतम स्थितियों में डालने की विनम्रता, केवल लोकहित के लिए बड़ी-से-बड़ी राज-शक्ति को धूल में मिलाते समय तनिक भी क्लेश और तनिक भी भय न रखने का निरन्तर अभ्यास; समाज की बिखरी हुई इकाइयों को जोड़ने की कुशलता; जीवन के मान

को उसके मन्दी के युग में भी ऊपर चढ़ाने की प्रतिभा; ज्ञान के ऊँचे-ऊँचे धरातल पर रहते हुए भी साधारण-से-साधारण, पामर-से-पामर और तुच्छ-से-तुच्छ जन की आकांक्षा को समझने, लालसा को तृप्ति देने और उत्साह को बढ़ाने की उदारता; नाते-रिश्ते निभाते हुए भी प्रेमभाव रखते हुए भी, यथोचित आदर-सत्कार करते हुए भी भारत के जन के ही साथ एकाकार होने की आजीवन प्रक्रिया—ये तमाम बातें एक साथ और किसी महापुरुष में मिलेंगी? युधिष्ठिर का यह राजसूय केवल एक राज्य-वैभव का प्रदर्शन नहीं है, यह आने वाले युग के निर्माण की तैयारी है। अतीत के त्यागशील गौरव का स्मरण है, यह वर्तमान युग को उसका यथार्थ दर्शन कराने वाला दर्पण है। राजा जिस जन से शक्ति पाते हैं, उस जन के प्रति सबसे ऊँचा सम्मान होना चाहिए; ब्राह्मण जिस जन के लिए त्याग करते हैं, जिस जन के लिए होम करते हैं, जिस जन के लिए मोक्ष-पथ का चिन्तन करते हैं उस जन का सम्मान होना चाहिए। राज-शक्तियाँ नहीं रहेंगी, ऋत्विक् न रहेंगे, पर राजशक्तियों को, ऋत्विजों को, वैश्यों को, शत्रुओं को जोड़ने वाला लोक-धर्म रहेगा, जिसके वेत्ता, कर्ता और स्वरूप हैं भगवान् श्रीकृष्ण। भीष्म पितामह ने भगवान् कृष्ण को लोक-वृद्ध कहा है, मैं कहूँगा वे साक्षात् लोक हैं—

'एष वै देवताः देशकालधनादयः।
अग्निराहुतयो मन्त्राः सांख्ययोगश्च यत्परः।।
सर्वभूतात्मभूताय कृष्णायानन्यदर्शिने।
देयं शान्ताय पूर्णाय दत्तस्यानन्त्यमिच्छता।।'

वे ही सम्पूर्ण देवता हैं, वे ही देश और काल हैं, वे ही लोक की सम्पत्ति हैं, वे ही अग्नि हैं, वे ही आहुति हैं, वे ही मन्त्र हैं, वे ही ज्ञान हैं, वे ही कर्म हैं। वे सब प्राणियों की अन्तरात्मा हैं, वे सब प्राणियों को अपने से अन्य नहीं समझते, और इस ज्ञान को पाकर वे प्रसन्न हैं, जीवन में पूर्ण हैं। उनको सम्मान देने से सम्मान अमर हो जाएगा, उनको युग-पुरुष स्वीकार करने से यह युग धन्य हो जाएगा, क्योंकि वह युग पापी होता है जो अपने अग्रपुरुष को उसकी जीवन-अवधि में पहचान नहीं पाता। इस युग का बहुत बड़ा सौभाग्य है और इस देश के बहुत बड़े पुण्य का फल है कि युग की प्रतिनिधि शक्ति को पहचानने वाले भीष्म, द्रोण, कृपाचार्य, विदुर और युधिष्ठिर-जैसे धर्म-प्राण और युगवेत्ता पुरुष इस सभा में आज मौजूद हैं। युग का ध्वंस हो जायेगा, पर इस युग द्वारा की गयी इस अग्रपुरुष-पूजा के कारण उसकी महत्ताएँ आने वाले युगों में लोगों को प्रेरणा और विश्वास देंगी, जन के मानस का निर्माण करेंगी, और भारत की आत्मा का उन्नयन करेंगी।

शिशुपाल तब भी गाली बकता रहा, क्योंकि गाली बकते-बकते उसे मरना था। उसकी मृत्यु गाली बक कर ही लिखी थी। उसे द्वेष में ही भगवान् को पाना था। जब उसकी गालियाँ सीमा का अतिक्रमण कर गयीं तो अत्यन्त निरुद्विग्न भाव से भगवान्

श्रीकृष्ण ने उसका शिरच्छेद कर दिया, व्यक्तिगत वैर के कारण नहीं, लोक-मर्यादा की रक्षा के विचार से, सभा की प्रतिष्ठा की रक्षा के विचार से।

इस राजसूय यज्ञ के बाद ही जुआ हुआ। पाण्डवों का वनवास हुआ और वनवास से लौटने पर वचन-भंग के कारण कृष्ण के लाख प्रयास करने पर भी भारत का महासमर हुआ। इस महासमर में भयंकर रक्तपात हुआ। भारत के असंख्य वीरों की आहुति हुई। पर उसी महासमर ने उस युग के अग्रपुरुष कृष्ण का अमर सन्देश दिया। उस सन्देश में ही वह बलिदान सार्थक हुआ और यह प्रमाणित हुआ कि सत्य की प्रतिष्ठा सस्ती नहीं होती, धर्म की संस्थापना सस्ती नहीं होती, और युग का निर्माण सस्ता नहीं होता। कृष्ण ने अपने युग को नये युग में ढाला। वही युग तपने का, गलने का और गल कर निखरा हुआ लोहा बनने का युग था। इसके विश्वकर्मा थे कृष्ण।

आज तो बहुतेरे शिशुपाल मिलेंगे जो कृष्ण के पूर्ण व्यक्तित्व को समझ न सकने के कारण उनके जीवन से शिक्षा ग्रहण करने में अपने को असमर्थ पाएँगे। पर कृष्ण-चरित्र को समझने के लिए भीष्म, विदुर, युधिष्ठिर, सहदेव की लोक-दृष्टि अपेक्षित है। क्योंकि भगवान् कृष्ण लोक-पुरुष हैं और पूर्णतया लोक-पुरुष हैं। जब तक कि लोक-भावना में भावित होकर कोई उनके चरित्र का अध्ययन नहीं करता तब तक उसे उस चरित्र का सौन्दर्य एक अंश में भी नहीं दिखाई पड़ेगा।पुरुषों में अग्र वही होता है जो सब पुरुषों के हृदय के साथ एकाकार होता है। निषेध, वर्जन, उपेक्षा, अभिमान, दर्प, राजमद, ज्ञान का अहंकार, लोक-हित को दुर्वह भार मानने की चिन्तनशीलता—ये ही बातें अग्रपुरुष बनने में बाधक हैं। भगवान् कृष्ण इन सबके ऊपर उठे हुए थे और इसीलिए वे न अपने युग के बल्कि भारत के समग्र इतिहास में सबसे बड़े हैं। अग्र-स्वरूप में जनता और साहित्य, दर्शन और इतिहास द्वारा प्रतिष्ठित किसी शासन के स्वीकृत दल की पूजा और स्मारक के निर्माण की उन्हें आवश्यकता नहीं है।

—आँगन का पंछी और बनजारा मन (1960)

श्यामल आलोक की छटा

कृष्ण पक्ष की अष्टमी की आधी रात तक भयंकर अँधेरा रहता है। चन्द्रमा आधी रात के समय उदित होता है। कृष्ण पक्ष के इस गहन अन्धकार-भेदी चन्द्रमा को कृष्णचन्द्र कहना सार्थक है, क्योंकि वे काली रात के चन्द्रमा हैं। काली रात में नहा कर निकलने वाला चन्द्रमा ही ऐसा चन्द्रमा होगा जो आँखों का अंजन बन सकता है—साँवरे लाल को साँवरे रूप में, नैनन में कजरा करि राखौं—जो कानों का नीलोत्पल और हृदय के ऊपर नीलम की मणि बनता है। श्रीकृष्ण को देखने की, सुनने की, छाती से लगाने की, उनकी साँसों में साँस भरने की इतनी उत्कट चाह भारत के चित्त में क्यों होती है? इस प्रश्न के उत्तर में भारतीय संस्कृति की विचित्रता समझ में आने लगती है, एक कृष्ण नहीं हो सकते, कई कृष्ण हैं जो सब मिलकर एक कृष्ण बन गये हैं। एक गोपीकृष्ण हैं, एक पार्थसारथी कृष्ण हैं, एक योगेश्वर कृष्ण हैं, एक मुरलीधर कृष्ण हैं, एक सुदर्शनधारी कृष्ण हैं, एक कंस-निकन्दन कृष्ण हैं, एक बहुवल्लभ कृष्ण हैं, एक निर्मोही-निर्मम और निपट अकेले कृष्ण हैं, एक रिश्ता जोड़ने वाले कृष्ण हैं, एक रिश्ता तोड़ने वाले कृष्ण हैं—ये सभी एक कैसे होंगे? इस प्रश्न का एक ही उत्तर मिलता है कि ये सभी बातें जब एक जगह मिलें, तभी कृष्ण हैं। काले रंग में सभी रंग मिले रहते हैं, काला रंग कोई अलग रंग नहीं होता—श्वेत होता है, पर इन्द्रधनुष में सातों रंग जब एक के ऊपर चढ़ जाते हैं या एक में ही घुल जाते हैं, तब जो रंग सबको सोखता है, सबको खींचता है, सबको अपने में आत्मसात् करता है और फिर उसमें से कोई रंग अलग होना चाहे तो अलग नहीं हो सकता, वह रंग काला है। बहुरंगी हिन्दुस्तान के चित्त का रंग भी इसी काले रंग में रँग गया है। उस पर अब कोई दूसरा रंग चढ़ नहीं पाता। आँखें भी उसकी इस काले रंग में अँजकर ऐसी हो गयी हैं कि कोई दूसरा रंग अच्छा नहीं लगता—

'बावरी वे आंखियाँ जरि जाँय
जो साँवरो छाँड़ि निहारति गोरो'...

व्रज का एक लोकगीत काले रंग पर इसलिए निहाल है कि काला रंग, इसलिए नहीं कि, अँधेरी-काली रात में यशोदा ने कृष्ण को जन्म दिया, बल्कि इसलिए है कि

वृन्दावन के रस-प्रवाह को दूषित करने वाले काले कालिय नाग का विष श्रीकृष्ण ने अपने में खींच लिया। श्रीकृष्ण का पूरा जीवन जहर खींचने में ही तो गया। जब दूध पीते थे तो पूतना का जहर खींच लिया और उसके राक्षसी शरीर पर चन्दन की गन्ध दी। उन्होंने गोचारण के लिए जब छोटा-सा डंडा उठाया तो नन्द के ऐश्वर्य का जहर खींच लिया।

ग्वाल-बालों के साथ सामान्य ग्वाल-बाल होकर गऊ चराने गये, राजकुमार होकर नहीं, जब उन्होंने दूध-दही का अनन्त भण्डार रखते हुए भी चोरी-चोरी मक्खन खाया तो उसका एक ही लक्ष्य था—स्वामित्व के मद का जहर खींचना। चोर बन कर गोरस लेना, चोर बन कर साधारण अहीर के घर में जाना एक तरह से उसके भीतर छिपी हुई हीनता के जहर को चुपके से निगल जाने के लिए ही तो था। उन्होंने गोपियों के चीर हरे, उसके पीछे भी एक ही उद्देश्य था कि अपने ही हृदयेश्वर से दुराव का जो यह जहर है, उस जहर को ही छिपा लें—जो बचेगा वह शुद्ध अमृत होगा, अमृत की तरह छलकता हुआ प्यार होगा। ऐसा प्यार होगा जो प्रिय के आकार के साथ साकार होगा, जो साँवले रंग में सराबोर प्यार होगा।

वे सान्दीपनि के आश्रम में पढ़ने गये तो उन्हें कठिन जीवन जीना पड़ा। दूर जंगल से लकड़ियाँ लानी होती थीं, फल लाने होते थे और कभी-कभी रात हो जाती थी। ऐसा ही एक दिन था कि राह खो गयी, शाम घिर आयी, बादल घिर आये और घनघोर वर्षा होने लगी। कृष्ण एक तने से चिपके पड़े रहे। कृष्ण के सखा सुदामा के पास थोड़े से चने थे, पर उन्हें संकोच था कि चोरी से ही सही पर माखन से जिसकी देह बनी हो, उसे कच्चे चने कैसे दें। चने उन्होंने दिए नहीं और श्रीकृष्ण भूखे रह गये। सुदामा को उस समय ध्यान नहीं था कि श्रीकृष्ण मुझसे चने नहीं माँग रहे हैं, मेरी दरिद्रता माँग रहे हैं। हाय रे दरिद्र मन, तुझसे दरिद्रता भी नहीं दी जाती! श्रीकृष्ण दरिद्रता का जहर पीना चाहते थे, हीनता का जहर पीना चाहते थे, युधिष्ठिर के राजसूय यज्ञ में किसी ने भण्डारे का भार लिया, किसी ने विशेष सम्मानित अतिथियों के स्वागत-सत्कार का, किसी ने यज्ञ की व्यवस्था का, पर कृष्ण ने अपने लिए चुना जूठी पत्तल बटोरने का कार्य। वे जूठी पत्तल बटोर कर ब्राह्मणों, क्षत्रियों और समृद्ध वैश्यों के जाति-जहर को उस जूठन की गन्ध के साथ पी जाना चाहते थे।

एक बार भोजन समाप्त होने पर, दुर्योधन के चढ़ाने पर वनवास में पाण्डवों के पास दुर्वासा आये और कहा कि मुझे भूख लगी है, और साथ में दस हजार शिष्य हैं—उन्हें भी भूख लगी है, हमें भोजन दो।

पांडवों की गृहलक्ष्मी द्रौपदी काँप उठी—कैसे गृहस्थ-धर्म का आज निर्वाह होगा? पर पता नहीं कहाँ से उनके भीतर एक विश्वास उमड़ा और उन्होंने कहा कि महाराज आप स्नान कर आएँ, भोजन तैयार मिलेगा; और फिर अपने मित्र को पुकार लगाई।

वह कृष्णा थी, कृष्ण की मुँहबोली बहन। मुँहबोली बहन अधिक अन्तरंग मित्र होती है, ऐसा मित्र शायद ही कोई हो! हिन्दुस्तान के इतिहास में शायद ही कोई ऐसा उदाहरण मिले, जिसमें नर और नारी के बीच और कोई भी रिश्ता नहीं है, एक रिश्ता है मैत्री का। कृष्णा अपने मित्र का स्मरण कर रही थी, वे आ गये। बोले, मुझे भूख लगी है। द्रोपदी बोली, एक संकट को तो मैंने अभी थोड़ी देर के लिए टाला है, और अब तुम आ गये। पर कृष्ण माने नहीं, बोले, तुम झूठ बोलती हो, तुम्हारी रसोई में भोजन न हो, यह सम्भव नहीं, तुम मुझसे चोरी करती हो। और रोकते-ही-रोकते रसोईघर में चले गए, न हाथ धोया, न मुँह धोया। नीचे जरा-सा साग लगा रह गया था, वह साग की जलाँध खुरच कर उन्होंने तृप्ति पायी और दस हजार शिष्यों के साथ दुर्वासा ऐसे तृप्त हो गए कि उन्हें डकार आने लगी, बहुत आशीर्वाद देकर वे वहाँ सो गये। दुर्वासा का क्रोध उनके तप का अहंकार और दुर्योधन की कूटनीति—इन सबका विष जलाँध के साथ श्रीकृष्ण पी गये।

यशोदा ने इसीलिए तो ग्वालिन से कहा था—

'कारो-कारो जनि कहु ग्वारिन, मेरो जग उजियारो...'

सारे विश्व को जो आलोक देने वाला है, उस उज्ज्वल नीलमणि को काला न कहो! वह यदि काला है तो इसलिए कि उसने तुम्हीं लोगों के लिए काले नाग की विषमय फुंकार को अपने ऊपर ले लिया और काला हो गया। इस संसार में जो माधुर्य है, वह होता ही नहीं, यदि कृष्ण न होते, यदि कृष्ण ने घृणा-द्वेष का कालापन पूरा पी न लिया होता। अँधेरी-से-अँधेरी रात में जो राह दिख आती है, वह राह न होती, यदि यह गोपियों के उर का नीलमणि अपना आलोक उस घनेरी रात में भी नहीं बिखरता।

श्रीकृष्ण को छलिया कहा गया है, और यह झूठ नहीं है—वे छलिया हैं, उन्होंने सबसे छल किया है—शत्रु से भी, मित्र से भी, पिता से भी, पुत्र से भी, प्रिया से भी, पत्नी से भी, गोकुल से भी, वृन्दावन से भी, द्वारिका से भी, मथुरा से भी! श्रीकृष्ण किसी के सगे नहीं हुए—उस अर्जुन के भी नहीं, युद्ध में जिसका रथ संचालित किया था—अर्जुन को छोड़ दिया भीलों से लुटने के लिए। गीतगोविन्द में राधा ने इसीलिए तो कहा है कि हे कृष्ण, तुम्हारा बाह्य रूप जितना काला है, तुम्हारा हृदय भी उतना ही काला है, तभी तो तुम इतना छल करते हो; तुम भीतर-बाहर सभी तरफ काले ही काले हो! पर कृष्ण का यह कालापन आद्याशक्ति महाकाली का कालापन है, जिसमें संहार और सृष्टि दोनों समाहित हैं। धर्म-अधर्म, पुण्य-पाप, विधि-निषेध—इन सबसे परे एक दुर्गम, दुर्बोध और दुराधर्ष पराशक्ति का कालापन है। पुराणों में एक कथा है, काली शिव से कहती हैं—मैं पुरुष होकर नारी का मन समझना चाहती हूँ। ऐसा करो, तुम नारी हो जाओ, मैं पुरुष। शिव राधा बनते हैं, काली कृष्ण बन कर नारी-मन की थाह लगाना चाहती है; और जब महाकाली ही पुरुष बनेगी तो

उसकी निर्ममता का क्या स्वरूप होगा—यह कल्पना ही की जा सकती है, कहा नहीं जा सकता। श्रीकृष्ण का रूप धारण करके काली जब आसक्ति का अनुभव करती है, तो उसे अपने स्वरूप का स्मरण हो जाता है, और तब वह कृष्ण के शरीर में भी कृष्ण नहीं रह जाती, क्योंकि उससे वह समस्त सम्बन्धों को नष्ट करने वाली महाकाली बन जाती है, छोटी-छोटी समस्त आसक्तियों को ध्वस्त करके महाशक्ति बन जाती है। कृष्ण के साथ जुड़ने का अर्थ होता है सम्बन्धों का उच्छेद। सम्बन्धों का यह उच्छेद ही महाप्रभु वल्लभाचार्य के शब्दों में ब्रह्म-सम्बन्ध है। गालिब ने इसी को, 'इशरते कतरा है दरिया में फना हो जाना'; कहा है; अर्थात् बिन्दु की नियति है सिन्धु में विलीन हो जाना बिन्दु से बिन्दु का सम्बन्ध न रह जाय, सारे सम्बन्ध सिन्धु बन जाएँ। ब्रह्म-सम्बन्ध का भी यही अर्थ है। सीपी में जब तक सागर नहीं भरता हो, और भरता ही नहीं, जब तक वह सागर कसक नहीं बनता, तब तक मुक्ता जन्म नहीं लेती। और व्यक्ति के भीतर भी मुक्ति की आकांक्षा तभी उठती है, तब काले और गहरे सागर की कालिमा को मथ कर सूर्य काले भँवर मेघों को पैदा करता है, वे मेघ दूर से पुकारते हैं कि व्यक्तित्व को जोतो, बंजर-परती सरीखे व्यक्तित्व को तोड़ो। हराई को धूप में झँवाने दो। जब वह हराई स्वाहा हो जाएगी, तब मुझे लगेगा कि तुमने सागर की पुकार सुनी है और तब मैं आऊँगा। पर ऐसे-वैसे नहीं आऊँगा, बड़े धूमधाम के साथ, गाजे-बाजे के साथ आऊँगा—दिशाओं को कँपाते हुए, पेड़ों को झकझोरते हुए, आकाश को फोड़ते हुए, प्रभंजन की पीठ को तोड़ते हुए आऊँगा। आऊँगा तो तुम और तुम्हारी हराई, व्यक्ति और व्यक्तित्व मेरे रसभरे जीवन में एक हो जाएँगे। उस क्षण में जब मनुष्य व्यक्ति और उसका व्यक्तित्व ऐसे घनश्याम से आबद्ध और आप्लावित हो जाएँ, न तब शुचिता रहती है न अशुचिता, न पुण्य रहता है, न पाप—केवल असीम का, विराट का एक अनुभव रहता है—जिसको व्यक्तित्व सोख नहीं पाता, कितना भी तपा हुआ या रेतीला क्यों न हो! श्रीकृष्ण इसी अर्थ में छलिया हैं कि व्यक्ति की सीमा को नहीं रहने देते, न व्यक्ति के लिए व्यक्ति के मोह को रहने देते हैं, सब मोह, सब छोह स्वयं बटोरना चाहते हैं। बटोर कर रखते तो भी कोई बात नहीं, वहीं निधि जमा होती रहती। वे बटोरते हैं और फिर बिखेर देते हैं—एक खिलाड़ी बालक की तरह। उनके इस खिलाड़ी रूप में अजीब मोहकता है। हजारों वर्षों से मनुष्य इस मोहकता के जाल में फँसता जा रहा है। श्रीकृष्ण को प्यार किए बिना रहा नहीं जाता, और प्यार करके खीझे बिना भी नहीं रहा जाता कि ऐसे सत्यानाशी से क्यों प्यार किया!

हर युग में इस वन-उजाड़ बनवारी के पीछे कितने हजार-हजार आदमी पागल होकर भटके हैं, और उनका पागलपन मानव की सम्पूर्ण बौद्धिक उपलब्धि को मुट्ठी में भरता है और मुट्ठी खोलता है तो हजार-हजार परिन्दे उसमें से निकलते हैं और आकाश में उड़ कर आँखों से ओझल हो जाते हैं, और पागलपन अट्टहास कर

उठता है—बुद्धि कितनी हल्की है। जब हम भारत के भावनात्मक इतिहास को उसके समूचेपन में देखने का प्रयत्न करते हैं तो लगता है कि इस पागलपन को हटा दें, तो वह इतिहास बिल्कुल खाली हो जाता है। श्रीमद्भागवत्, गीतगोविन्द, आलवार-प्रबन्ध, मीरा-पदावली, नरसी मेहता के भजन, विद्यापति-चंडीदास-सूर के पद, रसखान के सवैये, घनानन्द के कवित्त और नजीर का कन्हैया का बालपन निकाल लिया जाए तो साहित्य में क्या बचेगा? श्रीकृष्ण-लीला को निकाल लिया जाए तो चित्रकला में क्या बचेगा? कन्हैया के बेदर्दीपन को निकाल लिया जाए तो संगीत में क्या बचेगा? निर्ममता का पाठ पढ़ाने वाली भगवद्‌गीता को निकाल लिया जाए तो दर्शन में क्या बचेगा? ऐसे भाव के कन्हैया का जन्मदिन मनाना हमारे लिए इसीलिए एक भीतरी आवश्यकता है; क्योंकि वह निष्ठुर जितना खाली करना जानता है, उतना ही भरना भी तो जानता है और उसका भरना भरने जैसा होता है—वह जब जन्म लेता है तो नदियाँ भर जाती हैं, फूलों को तोड़ने वाले सलिल के उमड़ाव से आकाश भर जाता है, काले और उजलाते मेघों के ठट्ठ-के-ठट्ठ से पृथ्वी भर जाती है, एक प्रकाशधर्मी नीले अन्धकार से। तब सब कुछ सो जाता है, केवल प्राणों का जागरण शेष रहता है कि 'कारो रँग हरि पायो...'

—अंगद की नियति (1984),

व्रज और ब्रजभाव

व्रज केवल भूगोल और इतिहास नहीं है, केवल देशकाल में बँधी हुई कोई सिद्ध वस्तु या वस्तुराशि नहीं है, वह सब भी है, परन्तु उस सबसे अधिक वह भूगोल और इतिहास के बाहर जाने की बेचैनी है, देश और काल को बेचैनी से भरकर देश-काल में व्याप्त चैतन्य राशि को बेचैन करने वाली रस-प्रकिया है, दूसरे शब्दों में बेचैनी को बेचैन करने वाली प्रक्रिया है। व्रज के नायक ब्रजबिहारी की पूरी जीवन-यात्रा व्रज है। वे कभी भी थिर नहीं रहे, जनमते ही जेल से बाहर निकले, घुटनों चलना शुरू नहीं किया कि घर से बाहर निकलना शुरू कर दिया, पैरों से चलने-फिरने लगे तो गोकुल छोटा पड़ने लगा, वृन्दावन में गऊ चराने के बहाने मुक्त वितान में बाँसुरी की तान लहराने गोकुल से निकल पड़े और फिर ऐसा नाटक रचा कि समस्त ब्रजवासियों से गाँव छुड़ा दिया, सबको वृन्दावन में आने के लिए विवश कर दिया। वृन्दावन से मथुरा आए, मथुरा से भी निकले द्वारका आए और लीला समेटते समय द्वारका भी छोड़ दी, एक पेड़ का आश्रय लिया। श्रीकृष्ण का वह व्रजन, यह परिव्रजन, यह प्रव्रजन, यह निर्व्रजन, यही सब तो व्रज है। ऐसे श्रीकृष्ण को यह ब्रजभूमि सिर्फ एक बार जन्म नहीं देती, बार-बार देती है, इसीलिए भागवतकार ने कहा–

जयति तेऽधिकं जन्मना व्रजः
श्रयत इन्दिरा शश्वदत्र हि।
दयित दृश्यतां दिक्षु तावकाः
त्वयि धृतासवस्त्वां विचिन्वते।।

तुम्हें जन्म देकर यह व्रज धन्य है। यहाँ इन्दिरा सदा बिराजती रहती है। प्रिय, देखो न, प्रत्येक दिशा में तुम्हारी तलाश कर रही हैं अनन्त-अनन्त गोपियाँ, तुम्हें नहीं तलाश रही हैं, तलाश रही हैं अपने प्राणनिधि को, उसे, जिसे प्राण सोंप रखे हैं, तुम्हारी तलाश प्राणों की तलाश है, प्राणों में उच्छ्वसित जीवन की तलाश है।

व्रज का सबसे पुराना सन्दर्भ शुक्ल यजुर्वेद में मिलता है, यहाँ अग्नि से प्रार्थना की गयी है कि हमें गउओं वाले व्रज (सीमान्तं व्रजं) में प्रवेश कराओ। टीकाकारों ने अर्थ किया है, यही गोलोक है, गउएँ सूर्य की ऊर्ध्वगामी किरणें हैं, वे उरुशृंग हैं, क्षिप्र

गतिशील हैं, वहीं विष्णु का परम धाम है, वहाँ मधु का झरना बहता है। गउएँ किरणें भी हैं, इन्द्रियाँ भी हैं, गीतमय आकुल पुकार भी हैं। इन सबको पहुँचने की चिन्ता रहती है, वहाँ तक पहुँचने की, जहाँ कभी पहुँचना नहीं होता, जहाँ पहुँचने की साथ हमेशा बनी रहती है। व्रज इन्द्रियगोचर जगत् है; मनुष्य की भाषा से गोचर जगत् है, मनोगोचर जगत् है और आत्मगोचर जगत् है, एक साथ ही सब कुछ है। सामान्य जीवन, पूरा जीवन, वैसे जीवन का रागरंग, मोह-छोह, मान-मनोबल, विरह-मिलन, तृप्ति-प्यास, सब कुछ व्रज है, क्योंकि इन सबमें ही तो व्रजेश्वर श्रीकृष्ण विग्रहवान् होते हैं। जैसे प्रकाश सबको छूता है, सबको वेधता है और सबको रंग-रूप-आकार-गन्ध देता है और अभितप्त करके रस भी देता है उसी प्रकार ब्रतभाव साधारण जीवनचर्या की रसचर्या में रूपान्तरित कर देता है। यह रासायनिक प्रक्रिया केवल व्रज की प्रकृति को, इसके करील और कीकर को, इसके कदम्ब, तमाल और पीलू को, इसकी धूलि को और इसके अपने आकाश को (जिसमें नारायण राधे-राधे की टेर असंख्य कण्ठों से लगा रहे हैं और आकाश उनका धाम न रहकर श्रीराधा का धाम बनता जा रहा है) ही ब्रजेश्वर की लीला के सम्पर्क से प्राप्त है।

इस ब्रजभाव में श्रीकृष्ण के ही गुण हैं, इतने देश-देशान्तर से नर-नारी को अपनी ओर खींचा है, जाने कितने लोगें को मोहित किया है और यह भाव स्वयं कितनी दूर-दूर तक अपने भावित करने वालों तक गया है, उन लोगों के जीवनछन्द से मोहित होकर उसमें बँधा है। असम, मणिपुर, बंगाल, उत्कल, मिथिला, आन्ध्र, तमिलनाडु, केरल, महाराष्ट्र, गुजरात, राजस्थान, पंजाब, हिमाचल प्रदेश कहाँ नहीं यह भाव ब्रजभाषा के माध्यम से पहुँचा और कहाँ नहीं यह भाव उन्हीं-उन्हीं स्थलों का हो गया? ब्रजभाषा के कवियों की सूची उठाते हैं तो लगता है कि यह सूची पूरे भारत का चित्रपट है। इसमें राव-रंक, हिन्दू-मुसलमान, सन्त-रसिक सब डूबे हैं, सब तिरे हैं। ब्रजभाषा इस देश की कोरी साहित्यिक भाषा ही चार-पाँच शताब्दियों तक ही नहीं रही, वह प्राणों की झनकार थी, जिसमें शरीर और शरीर के जाति-कुल-प्रतिष्ठा के बन्धन उसी तरह टूटकर अलग हो जाते रहे हैं, जिस तरह श्रीकृष्ण के आविर्भाव के साथ-साथ देवकी-वसुदेव की जंजीरें टूटकर अलग हुई थीं। ब्रजभाषा के साहित्य को जो लोग भ्रमवश सामन्त साहित्य या दरबारी साहित्य कहते हैं वे भूल जाते हैं कि यह केवल ब्रजभाषा साहित्य का प्रभाव था कि बड़े-बड़े सामन्त, यहाँ तक कि अनेक मुगल बादशाह भी इसे सीखने के लिए कवियों और गायकों के आगे सिर झुकाते थे। ब्रजभाषा का कवि राजा-दरबार में ऊँचा आसन पाता था, शिवाजी और छत्रसाल उस कवि की पालकी अपने कन्धों पर उठाते थे और सन्त कवियों के चरणों में तो मुकुट बिछे रहते थे। इसका कारण यह था कि ब्रजभाषा जन-साधारण के कण्ठ में समग्र भारतवर्ष में चढ़ी हुई थी। अनपढ़ से अनपढ़ व्यक्ति भी ब्रजभाषा के पद, दोहे, सवैये और कवित्त सैकड़ों की संख्या में कण्ठस्थ करता था और इन्हें

'जीवन-मूरि' (जीवनमूल्य) के रूप में सँजोकर रखता था। इन्हीं के माध्यम से वह अपने मन को ऊँचा रख पाता था, अपने को मुक्त अनुभव कर पाता था। आज हम जब देश की बात, देश की एकता की बात भावात्मक स्तर पर करते हैं तो हमें पर्यालोचन करना चाहिए कि कौन-सी वस्तु हमने खोयी कि आज उसका अभाव साल रहा है, वह वस्तु कहाँ मिलेगी? जयदेव ने, चैतन्य महाप्रभु ने और श्री बल्लभाचार्य ने यह वस्तु ढूँढ़ी थी, उन्होंने इस देश के प्राणों का स्पन्दन ब्रजभूमि में पाया था। भक्ति भी यद्यपि कावेरी के तट पर उपजी पर वह बूढ़ी हो गयी, वह जड़ हो गयी, व्रज में यमुना के जल में अवगाहन करके वह फिर नयी हो सकी। इस जनश्रुति का यही तो अभिप्राय है कि ब्रजभूमि में एक जबर्दस्त भाव-प्रवाह है, जो जड़ता को तोड़ डालता है, चैतन्य को अनावृत कर देता है, राग की शुद्धि करता है। यहाँ आने पर आदमी अनुभव करता है कि उसके आगे सच्चिदानन्द हैं, उसके पीछे सच्चिदानन्द हैं, कभी वे उसके कन्धे पर हैं और कभी वे बाजी हार गये तो आदमी अपने को उनके कन्धे पर चढ़ा हुआ पाता है। व्रज में व्रजन करते हुए आदमी ब्रह्मा की सृष्टि को विस्थापित करने वाली सृष्टि बन जाता है। उसमें सारे सम्बन्ध एक सम्बन्ध बन जाते हैं या एक सम्बन्ध अनन्त सम्बन्ध बन जाते हैं। सम्बन्ध विशेष होकर कृष्ण के प्रति और सामान्य होकर समस्त भूतों के प्रति उद्दिष्ट हो जाता है। भारतवर्ष ने ब्रजभमि में जो पुनर्जीवन पाया, उसका यही रहस्य था कि ब्रजभूमि ने स्तरभेदों की जकड़न ढीली की, इसी ने पहचान करायी कि सच्चिदानन्द का गौरव तो गौरव है, उनका मुकुट तो वन में नाचने वाले पक्षी का पंख है, इसलिए जीवन का चरम लक्ष्य सामान्य में पाने का प्रयत्न करो, सामान्य को सम्मान दो, वही परम ऐश्वर्य है, वही परम सौन्दर्य है, जहाँ प्यार निःशेष हो जाय। श्रीमद्भागवत में वृन्दावन-विहार का एक वर्णन है, जिसे मैं पूरा उद्धृत करना चाहता हूँ, क्योंकि यह वर्णन इस निर्विशेष प्यार की पूरी तसवीर सामने रख देता है—

क्वचिद् वनाशाय मनो दधद् व्रजात्
प्रातः समुत्थाय वयस्यवत्सपान्।
प्रबोधयन् शृंगरवेण चारुणा
विनिर्गतो वत्सपुरस्सरो हरिः।।

एक दिन श्रीकृष्ण की इच्छा हुई वनाश की, वनाश का एक अर्थ तो यह कि वन में भोजन करना, पर दूसरा अर्थ यह भी है कि वन को भोज्य बनाना, और तीसरा वन का भोज्य बनना, बाँसुरी के रिक्त अवकाश को पीना और बाँसुरी के द्वारा अधर सुधा का पिया जाना भी वनाश ही तो है, बाँसुरी आखिर वन का ही तो एक अंश है। इस वनाश की ललक से उन्होंने सवेरे ही तुरही बजाकर साथियों को जगाया और बछड़ों को आगे-आगे करके गोष्ठ से निकल पड़े।

कृष्णवत्सैरसंख्यातैर्यूथीकृत्य स्ववत्सकान्।
चारयन्तोर्भलालाभिर्विजिह्रुस्तत्र तत्र ह।।
फलप्रवालस्तबकैः सुमनःपिच्छधातुभिः।।
काचगुंजामणिंस्वर्णभूषिता अप्यभूषयन्।।
मुष्णतोन्योन्यशिक्यादीन् ज्ञातानाराच्च चिक्षियुः।
तत्रत्याश्च पुनर्दूराद्धसन्तश्च पुनर्ददुः।।
यदि दूरं गतः कृष्णो वनशोभेक्षणाय तम्।
अहं पूर्वमहं पूर्वमिति संस्पृश्य रेभिरे।।
केचिद् वेणून् वादयन्तो दृष्टान्तः शृंगाणि केचन।
केचिद् भृंगैः प्रगायन्तः कूजन्तः कोकिलैःपरे।।
विच्छायाभिः प्रधावन्तो गच्छन्तः साधु हंसकैः।
वकैरूपविशन्तश्च नृत्यन्तश्च कलापिभिः।।
विकर्षन्तः कीशबालानारोहन्तश्च तैर्दुमान्।
विकुर्वन्तश्च तैः साकं प्लवन्तश्च पलाशिषुः।।
साकं भेकैर्विलंघन्तः सरित्प्रस्रवसम्प्लुताः।
विहसन्तः प्रतिच्छायाः शपन्तश्च प्रतिस्वनन्।।

असंख्य-असंख्य काले बछड़ों (कृष्णमय बछड़ों) के साथ असंख्य गोपबालक उन्हें वन में चराने चले, जो आभूषण माँ ने पहनाए थे, उनसे मन नहीं भरा, फल-फूल नये पल्लवों से अपने को सजाने लगे, फिर एक-दूसरे का छींका चुराया, पकड़े गये तो दूर रख आये, वहाँ दूसरे थे, उन्होंने फिर हँसकर वापस लौटा दिया। कहीं कृष्ण दूर चले गये तो फिर उन्हें दौड़कर छूने की होड़ मच गयी, मैं पहले छुऊँगा, मैं पहले छुऊँगा। कुछ ने बाँसुरी बजायी, कुछ ने तुरही फूँकी। कुछ भौरों के साथ गुनगुनाने लगे, कुछ कोकिलों के संग गाने लगे, कुछ हंसों की छाया पकड़े-पकड़े दौड़ने लगे, कुछ बगुलों के साथ चुपचाप ध्यान लगा बैठ गये, कुछ मोरों के साथ नाचने लगे। कुछ वानरों के बच्चे पकड़ लाये, उन्हीं के साथ पेड़ पर चढ़े, उन्हीं की तरह दूसरों को उन्होंने चिढ़ाना शुरू किया, फिर एक डाल से दूसरी डाल पर छलाँग मारी। कुछ मेंढकों के साथ हो लिए उन्होंने पानी में छलाँग लगायी, अपनी परछाईं देखी तो हँसी आयी, अपनी आवाज की प्रतिध्वनि सुनी तो क्रोध आया और जोर से आवाज लगायी और गाली दी, कौन मेरी आवाज दुहरा रहा है।

यह है ब्रजभूमि का प्रभाव, सबमें रम जाना, सबके संग हो जाना, सबका हो जाना, पर यह होते हुए भी सर्वमयता के केन्द्र से कभी नहीं बिछुड़ना, आखिर श्रीकृष्ण के संग आये तभी तो सबके हुए, उन्हें कैसे बिसारें। आज हम एक होने की चिन्ता तो कर रहे हैं, पर जिससे एक हुआ जा सकता है, उस ब्रजभाषा साहित्य के

रस को भूल गये हैं। खोखले नारों से भावात्मक एकता नहीं आती है, वह आएगी तन्मय लीला के सहज प्यार से। वही प्यार हमने एक-दूसरे के लिए खो दिया है, वह छीनाझपटी, वह उन्मुक्त हँसी, वह क्षणभर में खीझ, क्षणभर में मनुहार, वह कोयलों के साथ गाना, हंसों के साथ चलना, मोरों के साथ नाचना हमने खो दिया है। हम विशिष्ट बनने के चक्कर में अपना सामान्य धर्म भूल बैठे हैं, उससे भी अधिक भूल बैठे हैं उस सामान्य धर्म के केन्द्र में अधिष्ठित उस विशेष चिन्मय सत्ता को, जिसने अपनी विशिष्टता सामान्य को अर्पित कर दी है। हम बनते-बनते बनावटी बन गये हैं, हमारी एकता भी बनावटी हो गयी है।

मैं ब्रजभाषा और ब्रजसाहित्य के उद्धार की बात करके इन्हें संरक्षणीय और दयनीय नहीं बनाना चाहता। मैं केवल स्मरण दिलाना चाहता हूँ कि इनका हम पुनः स्मरण करें, इनमें कहीं हमारे प्राण धरोहर रखे हुए हैं। उस प्राण की फूँक मिले तो हम अपने भावरूप को वापस पा जाएँ।

हम सबको मिलकर उस भाव की पुकार लगानी है, जो सामान्य का न होकर विशेष का हो गया है, इंशा अल्ला खाँ के शब्दों में—

जब छाँड़ि करीर की कुंजन कों वहाँ द्वारका में हरि जाय छये
कलधौत के धाम बनाए घने महराजन के महराज भये
तज मोर के पंख औ कामरिया कछू औरहि नाते हैं जोड़ लये।
धरि रूप न ये किए नेह नये अब गइयाँ चराइबो भूल गये।

यह पुकार लगाएँगे तभी देश में सांस्कृतिक क्रान्ति होगी, संस्कृति सौंधी से उतरेगी, नंगे पाँव रेतीले कुंज में प्रविष्ट होगी, उन्हीं कुंजों में रमेगी जहाँ इस देश के सामान्य विशेष बनकर रमे हैं। वह संस्कृति किसी जन की उपेक्षा नहीं करेगी, वह किसी राज्याश्रय की अपेक्षा नहीं करेगी। उस संस्कृति को आकुल प्रतीक्षा से पसीज कर इस युग-संध्या में उनके आराध्य फिर लौटेंगे। महबूब अली के शब्दों में वे लौट रहे हैं मधुवन से—

आगे धेनु धारी गेरी खालम कतार तामें
फेरि-फेरि टेरि धौरी धुमरन गनते।
पोंछि पचकारन अंगौछन सों पोंछि पोंछि
चूमि चारु चरण चलावें सुबचन तें।
कहै महबूब जरा मुरली अधर वर
फूँकि दई खरज निखाद के सुरन तें।
अमित अनन्द भरे कन्द छवि वृन्दावन
मन्द गति आवत मुकुन्द मधुवन तें।

—संचारिणी (1982)

गोपी और श्रीकृष्ण

अद्भुत आश्चर्य है कि ऐतिहासिक घटनाओं के दबाव में जिस क्षेत्र में नफरत की पर्त-पद-पर्त जमनी चाहिए, वहाँ प्यार, कामहीन प्यार उभरता रहा। दूसरा अचरज यह है कि यहाँ की समृद्धि धन-लोलुपों को इतना ललचाती रही कि उसके कारण इस क्षेत्र को दर्जनों बार रौंदा गया, बस्ती-की-बस्ती टीला बनती गयी और टीलों पर नयी बस्ती बनी, परन्तु यहाँ आर्थिक, सामाजिक विषमता के स्थान पर बराबरी या समता की भावना पनपती रही। प्यार और समता के इस योग के होते हुए लोग कहते हैं कि भक्तिकेन्द्र व्रज संस्कृति के तो मानवीय आयाम कुछ हैं ही नहीं, लौकिक आयाम भी नहीं हैं; वहाँ तो बस एक अलौकिक अतिमानवीय रूप की छटा है; या ठीक कहें, घनघटा है वहाँ मानवीय आयाम की बात करनी ही व्यर्थ है, यहाँ भक्ति ने मनुष्य को उसके अस्तित्व से वंचित कर दिया है।

प्रश्न है कि मानवीय या लौकिक कोई ऐसी चमत्कार की कोटि है, जिसमें भक्ति कीर्तन हो जाये या उलट कर दूसरा प्रश्न उठाया जा सकता है कि क्या भक्ति स्वयं केवल लोकोत्तर की चिन्ता है, क्या भक्ति मानवीय नहीं है? दोनों प्रश्नों का उत्तर एक ही है कि ऐसा कुछ नहीं और कम-से-कम व्रज में अपनी तरुणाई फिर से पाने वाली, फिर से नयी शक्ति पाने वाली वैष्णव-भक्ति के सन्दर्भ में दोनों प्रश्न अर्थहीन हो जाते हैं।

एक तो यहाँ परमेश्वर स्वयं मनुष्य के, बहुत सामान्य मनुष्य के सहज सलोने अपनाव के चाहक हैं। उनकी भूख बिना माखन, माखन-सा मानव-मन चखे जाती ही नहीं। उनकी प्यास यशोदा के दुलार के बिना नहीं बुझती, दूसरे मनुष्य की मनुष्यमात्र के लिए, व्यक्ति की समष्टि के लिए और एक की अनेक के लिए चिन्ता ही भक्ति का चरम चरितार्थ है। सबसे बड़ी कामना यहाँ मोक्ष नहीं है; क्या करेंगे पत्थर जैसा मोक्ष-पद लेकर, जहाँ खुद पत्थर होने का जोखिम है, हमें तो ऐसी भूमिका चाहिए जहाँ दूसरे की पीड़ा अपनी पीड़ा हो जाए, दूसरे का दर्द अपना दर्द हो जाए और विशाल और विपुल के सुख में ही अपना सुख समा जाये। हमें तो एक साथ दीया होना है—अर्थात् मिट्टी की काया, स्नेह का आपूरण और अपने को जलाकर रोशनी

करने वाली बत्ती की चित्तवृत्ति—तीनों का एक अस्तित्व के रूप में संपुंजन—और होना है ओस-बिन्दु की ढरकन, आकाश जैसे खुले मन का ऐसे द्रव में रूपान्तरण, जो मोती की तरह एक क्षण झलकता है, पर छूने में नहीं आता; वह दिखता भी नहीं, बस थोड़ा-सा भिगो देता है। मनुष्य की ऐसी भूमिका को, जहाँ जीवन की सबसे ऊँची भूमिका माना जाय, वहाँ अलग से कौन और मानवीय आयाम ढूँढ़ने की जरूरत रह जाती है?

श्रीमद्भागवत में उद्धव जब गोपियों के सहज भाव से विभोर होकर मथुरा लौटते हैं तो सोचते हैं :

आसामहो चरणरेणुजुषामहं स्यां,
वृन्दावने किमपि गुल्मलतौषधीनाम्।
या दुस्त्यजं स्वजनमार्यपथं च हित्वा,
भेजुर्मुकुन्दपदवीं श्रुतिभिर्विमृग्याम्।।

जिन गोपियों ने सारी निजता विसर्जित करके स्वजन तज कर, लोक-परलोक की चिन्ता छोड़कर, अच्छा और भला कहलाने लायक रास्ता छोड़ कर, एकान्त भाव से श्रीकृष्ण की पदवी पायी, श्रीकृष्ण के चरणों में स्थान पाया, उन गोपियों की पद-रज से उमहने वाला काश मैं कोई झाड़ ही होकर यहाँ रह जाता, कोई औषधि होकर यहाँ पसर जाता, यह वृन्दावन का पथ ही मेरा पड़ाव बन जाता। जिसे ऋषियों की दिव्य दृष्टि नहीं पा सकी, उस श्रीकृष्ण-भाव को गोपियों ने ऐसे सहज निश्छल आत्म-निषेधी प्यार से पा लिया। देवता होना व्यर्थ है, तप व्यर्थ है, नैष्कर्म्य व्यर्थ है, ज्ञान व्यर्थ है, जब तक कि माटी की काया में भाव की देह बनने की सम्भावना की तलाश नहीं होती। सबकी, देव, ऋषि, गन्धर्व की यही तो तरस है—'हम न भई वृन्दावन रेनु', कुछ न होते हम वृन्दावन की रज ही हो जाते—विशाल रस के पारावार का स्पर्श तो पा सकते, और कभी उस पारावार में और उद्वेलन होता, तो हम रज न रह कर रस में कभी-न-कभी विलीन होने की बाट जोहते रहते। उद्धव की यह आकांक्षा, देवताओं-मुनियों की यह तरस, जिस मानवीय आयाम के लिए है, वह क्या है, इसे थोड़ा और गहराई में जाकर समझा जाये। व्रज में सभी लोग शुद्ध निश्छल तो होंगे नहीं, कुछेक बाबले होंगे और होते रहेंगे। अधिकतर लोग छल-प्रपंच में लिपटे पड़े रहेंगे, और जहाँ भगवद्भक्ति को ही छल-प्रपंच का सामान बनाने की सुविधा हो, भगवान् के चाहक गाहक बन कर उपस्थित हों, वहाँ तो और अधिक सुरक्षित सुविधा मिल जाती है, वहाँ तिलक-छापे और जपमाला प्रवंचना के सहज साधन बन सकते हैं, फिर कैसे वहाँ संस्कृति का निर्माण होगा? संगमरमर के फर्श से होगा, सोने-हीरे के मुकुट से होगा या मखमली-रेशमी पहरावे से होगा या छप्पन प्रकार के भोगों से होगा? आज के सन्दर्भ में यह प्रश्न कुछ और तीखा हो उठता है, कल का वंचक वैष्णव भी चिन्ता करता कि व्रज की जमीन का जर्रा-जर्रा साफ-सुथरा होना चाहिए,

पानी निर्मल होना चाहिए, हवा परब्रह्म की वंशी की फूँक से एक बार शुद्ध हो चुकी है, उसे उतना ही शुद्ध बना रहना चाहिए, कँटीले करीलों को वहाँ वैसे ही बने रहना चाहिए क्योंकि वे ही तो श्रीकृष्ण की रस-सृष्टि के प्रत्यक्ष साक्षी हैं। उनकी जड़ों में श्रीकृष्ण की उस वेदना का रस आज तक मिला हुआ है, जो वेदना उन्हें प्रिया जी के पैरों में चुभे काँटे को निकालते समय हुई होगी। वह ब्रज के अस्तित्व के लिए कुछ-न-कुछ गुहार तो लगाता, पर आज तो किसी को चिन्ता नहीं। आज हम मनुष्य हो गये हैं न। यह जरूरी है कि ब्रज-संस्कृति मनुष्य को उसके परिवेश से उसके समूचे अस्तित्व से काट कर नहीं रखती; मनुष्य, पशु, पहाड़, नदी, पेड़-पौधे, पक्षी, रात-दिन, चाँद-सूरज, सभी से मिल कर बड़ा मनुष्य बनता है। दूसरे शब्दों में नर-रूप में कृष्ण, गोपाल और बनवारी का योग ही नारायण है। पर मनुष्य कितना भी वंचक क्यों न हो जाए, कभी-कभी उसके मन में हूक उठती है : बच्चों की निर्व्याज हँसी क्यों नहीं हँसी जाती? किशोर मन का आवेग सत्यानाशी पर समूची सुख-चाह से तिरस्कृत करने वाला आवेग क्यों नहीं उच्छ्वसित होता? गाँव के जंगल के आदमी की सीधी समझ क्यों नहीं समझ में आती? सब उस हूक के कारण रहीम, रसखान, हरिराम व्यास, हरिदास, हरिवंश, मीरा, सूरदास नहीं बनते, पर अकबर जैसा प्रतापी बादशाह साधारण लिबास में छिप कर ब्रज का होना चाहता है, ब्रजभाषा में कुछ कहना चाहता है, ग्राउज जैसा परदेसी हाकिम ब्रजभाषा की कवि-गोष्ठी राजा के तौर पर नहीं, सहृदय भावुक के तौर पर करना चाहता है। यह सब यही सिद्ध करता है कि ब्रज-संस्कृति में एक विचित्र बात है। वह एक ओर परायों को अपना बना लेती है तो दूसरी ओर अपनेपन के भाव को सीमित अपनेपन के भाव को, अहन्ता को ऐसा नष्ट करती है कि आदमी अपने से पराया हो जाता है। चैतन्य के परकीय-भाव का वास्तविक काव्यार्थ यही है कि श्रीकृष्ण के लिए प्यार करने का अर्थ है अपने से, अपने भाव से वंचित हो जाना, ऐसे वंचित हो जाना कि पराया होकर करुणावश अपने लिए चिन्ता करने लगे। ऐसा परकीय भाव जब धारा बनकर उमड़ता है तो अपने आप ऐश्वर्य देह में लगी उबटन की तरह घुल जाता है; कुल-जाति के साथ जुड़ाव दूर किनारे छूट जाता है, सारी विद्या की सुधि-बुधि जाने कहाँ बिला जाती है, केशों में गुँथे फूलों के साथ और धार में बहते हुए अस्तित्व अपने-आप कागद की नाव बन जाता है। वह नाव भी गल जाती है, अस्तित्व पानी बन जाता है। क्या मनुष्य-जीवन की चरम सार्थकता इससे कुछ अधिक होनी चाहिए? क्या कोई जगह सुरक्षित नहीं रहनी चाहिए जहाँ मीरा को बावली बनाने के लिए, हरिदास के करवा में रखे जल को अमृत बनाने के लिए, राजाओं के मुकुट को भूलुंठित करने के लिए, रहीम-रसखान, ताज जाने कितने ऐसे लोगों के भीतर एक ऐसी चाह भरने के लिए जिसमें न बैकुण्ठ की चाह रहे, न बैकुण्ठ में रहने वाले हरि की चाह रहे, केवल चाह ही चाह रह जाए, प्यास की प्यास रह जाए, जीवन एक अन्तहीन उत्कंठा बन जाए

और समस्त विश्व और विश्वात्मा उस उत्कंठा में ही आकार पा जाए? वह जगह अब भी ब्रजभूमि है, आज की इतनी सारी अमानवीय विडम्बनाओं के बावजूद। आज भी ब्रज-संस्कृति में, व्रज में पूरी तरह व्रज की कल्पना से एकदम अलग हो जाने के बाद भी स्वप्न-रूप में ही सही, आँखों के छलावे के रूप में ही सही मानवीयता का इतना समान्य, इतना निर्विशेष पर इतना ओर-छोर-हीन आयाम देखने को मिल सकता है, कोई देखे तो सही, अपने को किनारे करके कोई भीतर झाँके तो सही। यह अपना ही सही बड़ा बनाता है, यह स्मृति की सही मधुर बनाती है और यह छलावा ही सही मनुष्य को अनन्त की ममता देता है।

—जसुदा के नन्दन (2002)

गोवर्धन की भूमि

भगवान श्रीकृष्ण के लीला-प्रसंग में गोवर्धन का महत्त्व क्यों है, इस पर पर्याप्त चिन्तन कहीं नहीं मिलता। महाप्रभु वल्लभाचार्य ने गोवर्धनधारी श्रीनाथजी के विग्रह को आराध्य बनाया। लोग कहते हैं, बालकृष्ण के पराक्रमी रूप को वे ध्याना चाहते थे। उन्हें लोक के लिए ऐसे रूप पर ध्यान टिकाना था, जो सहज सुलभ हो और साथ ही अपूर्व पराक्रमशाली हो। भगवान का गोचारण वाला रूप सहज सुलभ और कानी उँगली पर गोवर्धन पर्वत उठाने वाला रूप अत्यन्त पराक्रमी। दोनों एक विग्रह में सबसे अधिक उन्हें मोहक लगे। कुछ भक्त लोग यह व्याख्या करते हैं कि श्रीगोवर्धन पर्वत तो विष्णु पर्वत है, जैसे नन्दगाँव ब्रह्म पर्वत है या बरसाना शिव पर्वत है। भगवान ने गोवर्धन क्या धारण किया, अपने स्वरूप को धारण किया। वह स्वरूप ब्रजेश्वर का स्वरूप है, वन, वनवासी, वन में चरने वाली गउओं, इन सबका पालन करने वाले का रूप है। इन्द्र के प्रतिशोध का अर्थ यह है कि ब्रजभूमि का अधिपति इन्द्र नहीं है, ब्रजभूमि के कण-कण में, पात-पात में द्रव-द्रव में अपने आप ऐश्वर्य है। यह भूमि ही अपनी अधिपति है। भगवान के नंगे पैरों के स्पर्श से धन्य हुई भूमि तो साक्षात् देवताओं की देवता है। यहाँ इन्द्र बापुरो कौन! यह भी उल्लेखनीय है कि गोवर्धन-लीला के पहले ही ब्रह्मा का मोहभंग हो चुका है। वे एक वर्ष तक बछड़ों, गोप-बालकों के शरीरों को श्रीकृष्णमय बनाकर ब्रह्मा को छका चुके थे। एक प्रकार से ब्रजभूमि की नयी पीढ़ी की नयी सृष्टि कर चुके थे, सहस्रों गोमाताओं ने श्रीकृष्ण को दूध पिलाया, सहस्रों गोप-माताओं ने श्रीकृष्ण को गोद में लिया, उबटन लगाया, नहलाया, खिलाया, उनकी बलैया लीं। व्रज का साधारण भी असाधारण हो गया, और असाधारण परब्रह्म सर्वजन साधारण हो गया।

एक व्याख्या और है। रासलीला की भूमि तैयार करने का काम करती है गोवर्धन लीला। गोवर्धनधारी श्रीकृष्ण दो प्रकार से समस्त सृष्टि के साकार रूप हो गये हैं, एक तो गिरिराज स्वयं विष्णु हैं, व्यापक हैं, वह आश्रय हैं, वह गोपालकों, गउओं और वनस्पतियों के समष्टि चैतन्य हैं, दूसरे श्रीकृष्ण समस्त गोकुल की गायों, गोपियों, गोपों, गोप-बालकों और बछड़ों के साथ, छकड़ों पर रखे समस्त ब्रज-वैभव

के साथ सबके प्राण बनकर, सबकी ऊर्जा बनकर ललित भाव से खड़े मुस्करा रहे हैं, इन्द्र की नादानी पर, गिरिराज फूल की माला की तरह उँगली पर टँगा हुआ है, मानो समस्त ब्रह्माण्ड दो भागों में अपने को बाँटकर कोई कौतुक कर रहा हो। ऐसे श्रीकृष्ण के साथ महारास विश्व चेतना को उमड़ाने वाली घटना बन जाता है। वहाँ शरीर शरीरी बन जाते हैं, इन्द्रियाँ आत्मा बन जाती हैं। नृत्य की चेष्टाएँ आनन्द की वृत्तियाँ बन जाती हैं और श्रीकृष्ण बन जाते हैं ब्रह्म के रस के रूप में चंचल द्रव, पारे की तरह हाथ में न आने वाले, कभी यहाँ, कभी वहाँ, कभी कहीं नहीं, सबमें और सबसे छिटककर अलग। समय वहाँ ठहर-सा जाता है, चाँदनी में भीगे हुए झाऊ, यमुना पुलिन के रेतकण, यमुना और यमुना की तरह उद्वेलित रुपहला आकाश—सब उस रस में नहाकर सिहर उठते हैं। एक तरह से सृष्टि पुलकित हो जाती है। वह साधारण देह-संयोग नहीं है क्योंकि देह-गेह का वहाँ बोध नहीं रह गया है। ऐसा महारास बिना गोवर्धन लीला की पीठिका के सम्भव कैसे होता। श्रीकृष्ण का इनका सान्निध्य सात दिनों तक निरन्तर रहा, श्रीकृष्ण के मुस्कराती दीठ का दुलार, इनकी सहस्र आँखों को मिला। ऐसा सख्य जिसे मिला, वह क्या गोपीमात्र रह सका, अपने प्रिय को निहारने वाली राधा के नयन क्या स्वयं राजीव नयन नहीं हो गये, कौन अपना रह गया, सब तो उसी एक ऐसी अपूर्व घटना के कारण श्रीकृष्णमय हो गये। श्रीकृष्ण का प्यार झरने की ऐसी घटना हुए बिना महारास का आयोजन कैसे होता।

एक और बात सूचित होती है। सिर पर गोवर्धन-धारण का अर्थ है, पूरी वनमयी उपत्यका की शोभा को महत्त्व देना, गिरिमाता के साथ जुड़ी हुई सहज जीवन-पद्धति को महत्त्व देना। सबसे अधिक इसका महत्त्व इस रूप में है कि श्रीकृष्ण गोवर्धनधारी होने के बाद फिर सदा-सदा के लिए ब्रज-संस्कृति के ऋणी हो जाते हैं। यह ऋण वे कभी अदा नहीं कर पाते। इसी से वे इतनी बड़ी भूमिकाओं में उतरने के बाद भी अपनी सामान्यता ही बनाये रखते हैं। ब्रज का भाव ही उनका मुख्य भाव है। इसी के कारण वे इतने खुले हुए, इतने असीम, इतने निस्संग, इतने उत्सर्ग भाव वाले महापुरुष के रूप में अपनी लीला का वितान रचते जाते हैं। राजकाज और राजनीति उनके सिर पर नहीं विराजती, उनकी उँगलियों में नाचती रहती है। कोई भी ऐश्वर्य उनके ब्रजवैभव के आगे तुच्छ ही सिद्ध होता है।

इन सन्दर्भों में श्रीकृष्ण के गोवर्धनधारण को देखना सम्भव तभी होता है, जब हम इस गोवर्धन के चारों ओर विचरण करें, गोवर्धन की महिमा का स्पर्श करें। भगवान द्वारा प्रकटायी मानसी गंगा में अवगाहन करें और प्रतिक्षण अनुभव करें कि श्रीकृष्ण की उँगली पर छत्र की तरह तना यह गुल्मों का वितान, यह पथरीली धरती, यह हिमालय को लजाने वाली उपत्यका सबसे विश्वसनीय आश्रम है, इसे रावण ने उठाकर नहीं हिलाया, इसे श्रीकृष्ण ने लीला-भाव से सिर पर उठाया और

इसे वह ऐश्वर्य प्रदान किया जो देवताओं को नहीं मिला क्योंकि वह मनुष्य और देवता के बीच समता स्थापित करने वाला, मनुष्य और मनुष्य के बीच सख्यभाव स्थापित करने वाला, मनुष्य और प्रकृति के बीच बन्धुभाव स्थापित करने वाला स्थल है। यह अनुभव अपने आप में श्रीकृष्ण का होने की तैयारी बन जाता है। किसी न किसी कोने में से वे निकल आएँगे, आँखें मूँद लेंगे, पीछे से छकाकर चल देंगे, तरसाकर चल देंगे।

—रथयात्रा (2002)

लीला का विधान

सूरदास श्रीकृष्ण लीला के अद्‌भुत उद्‌गाता हैं उनके कुछ विशिष्ट बिन्दु विचारणीय हैं। पहला बिन्दु है बार-बार आये अभिप्रायों का; दूसरा बिन्दु है उलाहनों के प्रकार का, तीसरा बिन्दु है लौकिक-अलौकिक की आँखमिचौनी का।

पहले बिन्दु में मैं केवल ये अभिप्राय लेना चाहता हूँ—माखन-दधि की चोरी और लूट, गाय दुहाने, मोती की लड़ी खोने या सर्पदंश के ब्याज के श्रीकृष्ण-मिलन, बिम्ब-प्रतिबिम्ब और वास-परिवर्तन। दधि-माखन चोरी श्रीकृष्ण की कीर्ति-पताका है—"सुनति रहति स्रवननि नंद-ढोटा, करत फिरत माखन-दधि चोरी"—अन्तस्तल में निगूढ़ स्नेह ही तो दधि है, उसका सारतत्त्व ही माखन है। श्रीकृष्ण ऐसे ही निगूढ़ रस के चाहक हैं; और जो वस्तु छिपाकर रखी गयी है, उसे छिपकर ही तो लिया जा सकता है। पर श्रीकृष्ण छिपाये नहीं छिपते; न छिपाये छिपता है, श्रीकृष्ण के लिए उन्मद प्यार! इसीलिए जब तक श्रीकृष्ण का प्रियतम रूप अव्यक्त है तभी तक चोरी है; जब वह व्यक्त होता है—जब श्रीकृष्ण के दायें हाथ में लकुटी और बायें में वंशी आ जाती है, तब चोरी बरजोरी हो जाती है, तब वे रास्ता रोककर दही का दान माँगते हैं। बड़ी कहासुनी होती है—माँगकर दही नहीं लेता, लूटना चाहता है; क्या अधिकार है इसका? और इस बतरस में दही की बात जाने कहाँ बिसर जाती है। भाँडे में तो गोपाल भर जाते हैं, दही बेचना भूल जाती है; गोपी पुकारने लगती है—कोई गोपाल लेगा, कोई गोपाल लेगा? गोपी दही बेचने आती है तो वह गोपाल की मटकी बनकर लौटती है, उस देह में केवल गोपाल रह जाते हैं। श्रीकृष्ण का माधुर्य-भाव दही और माखन ही तो है। वह दूध के खौलने में है, फिर मन्द आँच पर औटाने में है; उसके सिराने के पहले उसमें जामन पड़ने में है, जामन के बाद हल्के ताप में रहने में है, दही बनने में है, मथानी से बिलोये जाने में है, रस-बिन्दु के बिखरने में है, माखन का गोला बनकर उक्त बिन्दुओं के सिमटने में है। श्रीकृष्ण माखन या दही चुराते हैं तो अपने स्वरूप को ही पहचानने के लिए, यह जाँचने के लिए कि मथा जाना कैसा होता है, तपना कैसा होता है। वे अपने माधुर्य को उसकी सम्पूर्णता में पाना चाहते हैं। माखन-दधि चोरी और माखन-दधि लूट (जिसे कन्हैया

'राजा की ओर से दान' कहते हैं) वस्तुतः सबसे अधिक सार्थक होती है राधा से दधि-दान माँगने में। राधा गर्व से कहती है—

मेरे दधि कौ हरि स्वाद न पायो।
जानत इन गुजरिन कौ सौ हे ल्यौ छिड़ाइ मिलि ग्वालनि खायो।
धौरी धेनु दुहाइ, छानि पय, मधुर आँचि में औटि सिरायौ।
नयी दोहनी पौंछि-पखारि धरि, निरधूम खिरनि पै तायौ।
तामें मिलित मिसिरी करि, दे कपूर-पुट जावन नायो।
सुभग ढकनियाँ ढाँकि, बाँधि पट, जतन राखि छींके समदायौ।
हौं तुम कारन लै आई गृह मारग में न कहूँ दरसायो।
सूरदास, प्रभु रसिक-सिरोमनि, कियौ कान्ह ग्वालिनि मन-भायौ।।

और गोपियों का-सा दही नहीं है! धौरी गाय का दूध, वह भी छानकर बड़ी मधुर आँच में तपाया गया; जिसमें दूध दुहा गया, वह दोहनी नयी थी; उसे निर्धूम आग पर सोंधाया गया था। मिसरी और कपूर का पुट देकर जावन डाला गया; बर्तन ढँककर रखा गया। न घर में किसी ने इसे देखा, न रास्ते में; बस तुम्हारे कारण ही मैंने इतने यत्न से अपने को अपूर्व दही के रूप में रूपान्तरित किया। तुमने इस दही का आस्वाद नहीं लिया, तुम्हारा आस्वादक होना सार्थक नहीं हुआ! सही बात तो यह है कि और गोपियों के साथ श्रीकृष्ण मनमानी करते हैं और राधा के साथ भूमिका बदल जाती है—श्रीकृष्ण के साथ राधा ही अपने मन की करती हैं, तब श्रीकृष्ण जो दही खाते हैं वह दही तो स्वयं श्रीकृष्ण हैं; और श्रीकृष्ण कहाँ चखते हैं, श्रीकृष्ण का मुँह है, पर वह देह राधा की हो गयी रहती है।

जिन लोगों को इस अभिप्राय में दैहिक गन्ध आती है, उन्हें पता नहीं कि देह तो मन हो जाती है और मन हो जाता है मनमोहन। यदि ऐसा नहीं तो धिक्कार है उन मन को, धिक्कार है उस घर को, जिसमें मन बसता है—

तुमहिं बिना मन धिक अस धिक धर।
तुमहिं बिना धिक-धिक माता-पितु, धिक कुलकानि लाज-डर।।
धिक सुत-पति, धिक जीवन-जग को, धिक तुम बिनु संसार।
धिक सो दिवस-पहर-घटिका-पल जो बिनु नन्दकुमार।
धिक-धिक स्रवन, कथा बिनु हरि के, धिक लोचन बिनु रूप।
सूरदास, प्रभु तुम बिन घर ज्यों बन भीतर के कूप।।

श्रीकृष्ण के बिना सब व्यर्थ, सब हेय-देह, गेह, देह—गेह के समस्त सम्बन्ध, समस्त ऐन्द्रिय व्यापार, समस्त देश-काल सबको धिक्कार है। जंगल के भीतर का कूप बनकर जीना कोई जीना है। जीना हो तो सिन्धु के लिए नदी का उद्वेलन बनकर जिएँ, लहर बनकर जिएँ, लहर न बन पाएँ तो बुद्‌बुद बनकर जिएँ, सिन्धु से मिलने की उतावली में इन्द्रधनुषी बिन्दु बनकर जिएँ! जब देह में श्रीकृष्ण भरते हैं, जब इन्द्रिय

के विषय श्रीकृष्ण बनते हैं—विश्वात्मा बनते हैं तो देह देह कहाँ, इन्द्रिय इन्द्रिय कहाँ—इन्द्रिय तो स्वयं विषय बन जाती है, ऐसे पारा-वार-पूरन अनुभव की, जिसमें श्रवण किसी के श्रवण नहीं रहते। नदी सरोवर के पास आती है, उसके किनारे तोड़ देती है; वह सरोवर नदी बन जाता है। ब्रह्मा ने अवश्य छोटा-सा पात्र रचा था और शोभा-सिन्धु अपार है, सिन्धु अगर नहीं भरता तो यह तो किया जा सकता है कि अपने भाजन को उलट दो—वह समुद्र हो जाए! कब कौन उस सिन्धु से भाजन को बाहर निकाल पाएगा, जैसे साँप केंचुल छोड़ता है, वैसे ही देह प्रेम-मग्न होकर आँख-कान-मुख-नासिका सबकी अलग-अलग पहचान खो देती है। यही 'पूरन नेहु' का प्रकट होना है—

ग्वालिनि प्रगट्यौ पूरन नेहु!
दधि-माखन सिर पर धर कहति गोपालहिं लेहु।।
सुनैं काके स्रवन है काके सूरति-संकोच।
कौन डरे पथ-अपथ तें को उत्तम को पोच।।
सरिता निकट तड़ाग के निकसी कूल बिदारि।
नाम मिट्यौ सरिता भई, कौन निबारे वारि।
विधि भाजन ओछौ रच्यौ, सोभा-सिन्धु अपार।
उलटि मगन तामें भई, कौन निकासनहार।
प्रेम-मगन ग्वालिनि भई, सूरज प्रभु के संग।
स्रवन-नैन-मुख-नासिका केंचुल तजैं भुजंग।।

स्पष्ट है कि यह अभिप्राय आभ्यन्तर प्रेम को बाहर लाने के लिए है। आभ्यन्तर होकर वह छोटा है और विराट् से एकाकार होकर बड़ा हो जाता है; क्योंकि तब प्रेम देह नहीं रहता, चित्तवृत्ति नहीं रहता, वह प्रेमी बन जाता है। यह उल्लेखनीय है कि देह से अकारण घबराहट में प्रच्छन्न कामुकता जन्म लेती है; उसी घबराहट में, काम के प्यार में रूपान्तर की घटना भी काम ही लगती है; जबकि वह काम नहीं है, काम का ध्वंस है—समस्त इच्छाओं का ही नहीं, इच्छा करने वाले का भी विलय है। ऐसे में कौन प्रेमी, कौन प्रेमिका—बस केवल प्यार के रूप में देह का नया जन्म, श्रीकृष्ण-भाव के रूप में गोपी का बेगानापन, परायापन, अपने मन से विलगाव, यही तो विधि के रचे ओछे भाजन की परिपूर्ण सार्थकता है! सूर की काव्य-दृष्टि देह-गेह को छोड़ती नहीं है, केवल उन्हें देह-गेह नहीं रहने देती। देह, गेह और इसके सारे अनुष्ठान ही तो माध्यम हैं, भाषा हैं, इन्हें तब बिसराएँगे, जब बिसराना अपने आप ज्वार बनकर आएगा। आनन्द कुमारस्वामी ने राजपूत-चित्रकला के सन्दर्भ में एक स्मृति की बहुत सटीक बात कही है, और श्रीकृष्ण की मधुर लीला के रूपायन के सम्बन्ध में पश्चिमी शुचिवादी मन की भ्रान्ति पर करारी चोट की है; वह बात सूर के काव्य पर भी लागू है—

भारतीय कला (और मध्ययुगीन कविता) ने यह सिखलाया है कि 'काम' को गलत नहीं समझना चाहिए; काम ही अपनी सम्पूर्णता, निःशेषता में प्यार बनता है। यह कला (और यह कविता) निरन्तर सिखाती रहती है कि माधुर्य-भाव की रमणीयता, भाव की दिव्य आत्मा कभी कलुषित नहीं हो सकती। जितनी अधिक गहरी और सूक्ष्म दृष्टि से इस कला को निरखेंगे (और इस कविता को पढ़ेंगे) उतना ही आपको अपने आप स्पष्ट होता आयेगा कि इस रस-सृष्टि में जो छिछली भावुकता से निरन्तर बचने का जागरूक संकल्प है और जो एक विश्व को व्याप्त करने का दुर्निवार भाव है, उस सबका सन्दर्भ भौतिक-इन्द्रियगोचर संसार है, अमूर्त्त और अध्यात्म नहीं! अमूर्त्त और अध्यात्म, मूर्त्त और भौतिक से ही प्रभान्वित होते हैं। ये प्रभान्वित भी वहीं होते हैं, जहाँ भौतिक और अध्यात्म, मूर्त्त और अमूर्त्त परस्पर ओत-प्रोत हैं।

माखन-दधि की बात से ही जुड़ी बात है गोदोहन की। राधिका को श्रीकृष्ण से इसी बहाने मिलने की आज्ञा मिलती है। गायें बाहर खरिक में हैं; गाय दुहाने के लिए खरिक में जाना है और गाय श्रीकृष्ण से ही दुहवानी है। पर बहाना तो बहाना है! गाय दुही कहाँ जाती हैं। दुही तो जाती है आँख, जो देख रही है—जो देखी जा रही है। राधा खीझती है—ऐसे अनाड़ी से मुझे गाय नहीं दुहानी—

तुम पै कौन दुहावै गैया।
लिए रहत हौ कनक दोहनी बैठत हो अधपैया।

श्रीकृष्ण को दुहना भूल जाता है—

हाथ धेनुथन बदन तियातन छीर छींटि छल छोरे।
आनन रही ललित पय छीटें छाजति छवितृन तोरे।।
मनौ निकसे निष्कलंक कलानिधि दुग्धसिन्धु मथि बोरे।
इहिं विधि हरसत बिलसत दम्पति हेत हिये नहिं थोरे।
सूर उमगि आनन्द सुधानिधि मनु बेला बन फोरे।।

हाथ कहीं, मुँह कहीं और शरारत यह कि दूध की धार दोहनी में न जाकर राधा के मुख पर पड़े—राधा का मुख दूध के सिन्धु में नहाकर निकला निष्कलंक चन्द्र बन जाये; गोदोहन का व्यापार ऐसा चले कि आनन्द का अमृत-सिन्धु अपनी सीमाएँ तोड़ दे। इस गोदोहन से दोहनी ही नहीं भरती, भर जाता है राधा-कृष्ण का चित्त, और भरकर दोनों एक हो जाते हैं। राधा-दुग्ध-समुद्र में नहाकर जब लौटती है तो लगता है, दोहनी वहीं रह गयी; अमृतसिन्धु विष का ज्वार बन जाता है। कहती है—तुम्हें दूध की पड़ी है, मुझे तो कारे भुजंग ने डँस लिया है, किसी गारुड़ी को बुलाओ। पता चलता है, श्रीकृष्ण एक बार एक ग्वालिन के सर्पदंश का विष उतार चुके हैं। श्रीकृष्ण बुलाये जाते हैं। जिसने डँसा है, वही अपना जहर उतारने की कला जानता है। यह बहाना भी एक अपूर्व अभिप्राय है। श्रीकृष्ण अमृत भी हैं, विष भी हैं। अमृत-सिन्धु होते तो कूल तोड़ देते हैं, प्रवाह बनते हैं; विष होते हैं तो उद्वेलन

बन जाते हैं, लहर बन जाते हैं। जो भुजंग है, वही गारुड़ी है; जो जीवन है, वही मरण है। श्रीकृष्ण का प्यार जीवन भी है और मरण भी है। जो मिलन का व्याज बनता है, वही दंश राधा के जीवन की दहकती सचाई बन जाता है। तभी तो वह गोरी नहीं रहती, श्यामा बन जाती है। वह बहाना भी घर में कितनी बार चले; और जहर बाहर उतर भी गया है तो भीतर है ही। मिलने की उत्कंठा होती है, रात बड़ी मुश्किल से बीतती है; एकदम सवेरे-सवेरे राधा घर निकलती है, डाँट पड़ती है—कहाँ घूमती फिरती है? कुछ लाज-शरम नहीं रह गयी है। कहती है—मेरी मोतीलर कहीं खो गयी है, उसी को ढूँढ़ने जा रही हूँ। अब कई लाख की मोतीलर; माँ फिर डाँट पिलाती है—जो हार ढूँढ़ नहीं लाएगी तो घर में घुसने नहीं पाएगी। बड़ी अपने मन की हो गयी है। पर हार कहाँ खोया, बस उसे तोड़ताड़कर भीतर छिपा लिया था। श्रीकृष्ण से मिलने चल पड़ती है। उधर श्रीकृष्ण कलेवा करते बैठे अचानक उठ जाते हैं, कुंज की ओर। श्रीकृष्ण मिलते हैं, हार मिल जाता है; पर यह हार श्रीकृष्ण के हाथों जाने कितनी बार तोड़ा जाता है! कहीं ऐश्वर्य का व्यवधान उन्हें असह्य है—ऐश्वर्य चाहे रत्न का हो, चाहे परमार्थ का दोनों तोड़े बिना रसिक का मन नहीं मानता। श्रीकृष्ण का जो है, उसे मुक्ता से मुक्ति की कामना से क्या लेना-देना! मुक्ति भी कोई मूल्य में मूल्य है, इस मूल्यभंजक मूल्य के आगे? प्रिया-प्रीतम के बीच यह हार क्यों आये, यह प्रभुता का मद क्यों आये, इस मर्यादा का कवच क्यों आए, यह अन्तरंगता में संकोच क्यों आये। इसलिए यह बहाना भी सचाई बन जाता है—राधा की मोती लर जाने कहाँ बिसर जाती है। दधिदान के समय भी बरजोरी में यह गरीब हार ही पहले टूटता है; हार के लिए आग्रह होता है, फिर वह आग्रह भी टूट जाता है। सर्वस्व समर्पण में हार की क्या औकात! हार का मोह टूटता है, तभी तो श्रीकृष्ण गली-गली दही बनकर बिकते हैं। इन बहानों में एक अद्‌भुत नाटकीय विडम्बना का विन्यास हुआ है।

इसी कोटि में बिम्ब-प्रतिबिम्ब भाव का अभिप्राय भी आता है। तीन रूपों में मुख्यतः यह अभिप्राय आया है। पहला आया है चन्द्र-प्रस्ताव प्रसंग में। फिर माखन-चोरी के बाद श्रीकृष्ण मणिमय गृह में अपना प्रतिबिम्ब देखते हैं; प्रतिबिम्ब निहारते समय एक गोपी उन्हें देख लेती है और निहाल हो जाती है। तीसरा प्रसंग है जब राधा का प्रतिबिम्ब श्रीकृष्ण की कौस्तुभ मणि में, जिसे दूसरी नारी की छाया समझकर वे मान कर बैठती हैं, मनाये नहीं मानतीं। श्रीमद्‌भागवत में रास वर्णन के प्रसंग में कहा गया है—"रेमे रमेशो ब्रजसुन्दरीभिर्यथार्भकः स्वप्रतिबिम्ब विभ्रम"—श्रीकृष्ण ने ब्रजसुन्दरियों के साथ ऐसे विलास किया, जैसे बच्चा अपने प्रतिबिम्ब के साथ खेलता हो। इस बिम्ब-अभिप्राय में कहीं न कहीं इसकी गूँज जरूर है। श्रीकृष्ण पानी में चन्द्र के बिम्ब से सन्तुष्ट नहीं होते हैं, वे कहते हैं चन्द्रमा थोड़े ही है, यह तो इतना काँप रहा है; चन्द्रमा तो स्थिर है। यह नीचे है, वह ऊपर है,

यशोदा बहुत समझाती हैं, पर हठी बालक तो चन्द्र खिलौना लेगा! फिर फुसलाती हैं–चलो चाँद से भी सुन्दर बहू ला दूँगी! बस श्रीकृष्ण झटपट ब्याह के लिए मचल उठते हैं। चन्द्र-प्रस्ताव में ही बिम्बानुबिम्ब रूप से एक आकांक्षा चाँद जैसे मुँह के लिए शिशुमन में ऐसी जगती है कि बच्चा रोते-रोते सो जाता है। प्रतिबिम्ब की इस पहचान के बाद श्रीकृष्ण अपने प्रतिबिम्ब को माखन खिलाते हैं–

प्रथम आजु मैं चोरी आयौ, भलो बन्यो है संग।
आपु खात प्रतिबिम्ब खवावत, गिरत कहत को रंग।।
जो चाहो सब देऊँ कमोरी, अति मीठी कत डारत।
तुमहि देत मैं अति मुख नायौ, तुम जिय कहा विचारी।।
सुनि-सुनि बात स्याम के मुख की उमँग हँसी ब्रजनारी।।

मैंने आज पहली बार चोरी की; अच्छा हुआ, तुम साथी मिल गये! लो तुम भी चखो–क्यों गिरा रहे हो? कहो तो मैं सारी की सारी कमोरी तुम्हें दे दूँ। अपनी पहली चोरी की वस्तु तुम्हें खिलाते समय मुझे तो बहुत अच्छा लगता है–तुम्हें कैसा लगा? कुछ बोलो तो। वह गोपी जिसके घर में चोरी हुई, यह देख-सुनकर हँस पड़ी और श्रीकृष्ण भाग चले। गोपी ने इस बिम्ब-आलाप में ऐसा सुख पाया कि लगा, उसे कहीं गड़ा धन अनायास मिल गया। दूसरी गोपियाँ कहती हैं–अरी, मुझे भी तो बता, कौन सुख पाया तूने कि वह सुख तुझमें समा नहीं पाता। गोपी उत्तर देती है–

तज न्यारौ जिय एक हमारौ, हम-तुम एकै रूप।
सूरदास, कहै ग्वालि सखिनि सों देख्यौ रूप अनूप।।

गोपी के इस कथन में यह ध्वनि है कि वह प्रतिबिम्ब तो मैं थी, मुझे ही तो माखन उन्होंने खिलाया, मुझसे खाया नहीं गया। पर मैं जब प्रतिबिम्ब न होकर गोपी बनकर दिखी तो वे भाग गये। सुख इसीलिए तो है कि श्रीकृष्ण ने अपने प्रतिबिम्ब को साझीदार बनाया, संगी बनाया। प्रतिबिम्ब के तीसरे रूप में जब राधा को परायी नागरी का भ्रम होता है तो उसमें केवल ईर्ष्या नहीं है, उसमें अपनी छवि में परायेपन की पहचान है–प्रतिबिम्ब में साफ दिखता है, कोई दूसरी है; क्योंकि राधा स्वयं दूसरी हो चुकी है। नये कुंज ने, नवलकिशोर ने, नयेव सन्त ने राधा को नया कुछ कर दिया है। राधा अपने ही नये रूप को जब श्रीकृष्ण के हृदय में प्रतिच्छादित देखती है तो उन्हें लगता है, यह जो इनके हृदय में अंकित है, वह तो कोई दूसरी है। गोपी को जो बिम्ब-प्रतिबिम्ब दिखा था, उसने अपनेपन की पहचान करायी। यह बिम्ब-प्रतिबिम्ब बाद में वास्तविकता बन जाता है; बिम्ब गायब हो जाता है, प्रतिबिम्ब जैसे टँका हुआ टिक जाता है। बिम्ब चंचल है, प्रतिबिम्ब थिर हो जाता है। चन्द्र खिलौना रह जाता है, खिलौने के लिए मचलने वाला बालक किशोर बनकर मधुपुरी चला जाता है।

चौथा अभिप्राय है वस्त्र-परिवर्तन का। इसका प्रयोग बहुत कम हुआ है। पहली बार, जब राधा-कृष्ण का पहला समागम होता है और रसरंग में भूल जाता है कि

मेरा वस्त्र कौन है; श्रीकृष्ण सुरंग ओढ़नी लेकर लौटते हैं, राधा पीताम्बर लेकर। दूसरी बार अनजान में नहीं होता, जानबूझकर होता है, राधा स्वयं कृष्ण बनकर कृष्ण के की भूमिका करती हैं, श्रीकृष्ण राधा के शृंगार में सजते हैं। फिर तो होली में श्रीकृष्ण को पूरी तरह राधावेश में रचा जाता है। और जब प्रेम उन्माद की अवस्था में पहुँचता है तो पुनः श्रीकृष्ण की भूमिका में राधा अपने को तल्लीन होकर सजाती हैं।

इन सबके पीछे उद्देश्य दिखता है, अपनी पहचान भूलना और दूसरी पहचान पाना। वस्त्र पहचान है। वस्त्र-परिवर्तन लीला जिस तादात्म्य से अतादात्म्य की ओर प्रसृत होती है, उसी को संकेतित करने के लिए इस अभिप्राय का उपयोग हुआ है। सहज ढंग से एक बड़े परिवर्तन को व्यक्त करने के लिए यह अभिप्राय मध्य-युगीन कृष्ण-काव्य और कृष्ण-कला दोनों में बड़ी शक्ति से चित्रित हुआ है। पहले राधा को श्रीकृष्ण का वस्त्र ले जाकर परेशानी होती है कि कोई लख न ले; बाद में जब वह श्रीकृष्ण बनकर श्रीकृष्ण की ओर देखती है तो उन्हें एक दूसरी परेशानी होती है—मैं श्रीकृष्ण बन पाऊँगी भी कि नहीं। और सही बात है, वे श्रीकृष्ण नहीं बन पातीं। मुरली बजायी, कहा—प्रिय, तुम लाड़ी बनकर मान करो, मैं मनाऊँगी। श्रीकृष्ण लाड़ली बनते हैं तो भी रहते हैं श्रीकृष्ण ही—बड़े निठुर, मानते ही नहीं। राधा भी राधा ही हैं; मनाते-मनाते बेचैन हो जाती हैं, भूल जाती हैं कि मैं राधा हूँ; और राधा अपने मन की बेचैनी अपने श्रीकृष्ण-तन को दे देती हैं।

इस वस्त्र-परिवर्तन में राधा की उलझन स्वाभाविक है, राधा प्रकृति ही है। वह पुरुष बनकर भी प्रकृति की कोमलता-विकलता नहीं छोड़ पातीं; पर श्रीकृष्ण को इसमें बड़ा सुख मिलता है कि राधा पैरों पड़ रही हैं, मना रही हैं; यह सुधि आएगी तो मेरा मनाना कुछ महत्त्व रखेगा! पर राधा को इस मान की सुधि नहीं होती; राधा रहती है तो इस प्रकार का निश्शब्द मान वह नहीं रच सकती है, न वह इतनी देर तक धैर्य धारण कर सकती है। उसकी नाराजगी आँसुओं में, बैन में, कम्प में बोलती रहती है, और श्रीकृष्ण तो प्रिया बनकर परमहंस—कहीं कोई स्पन्दन नहीं! श्रीकृष्ण के लिए राधा बनना एक कौतुक है—नारायण का नर बनना एक कौतुक है; पर राधा के लिए श्रीकृष्ण बनना एक सम्पूर्ण मरण है। वस्त्र-परिवर्तन के अभिप्रायों में यह बात बीच-बीच में साफ झलकती है।

अभिप्रायों के बाद मैं उलाहनों के बिन्दु पर आता हूँ। सूर का काव्य उलाहनों से ही बुना हुआ है। बचपन में गोपियाँ उलाहना देने के बहाने श्रीकृष्ण को आँख भर देखने आती हैं। यशोदा झिड़कती हैं—तुम सब यौवन-मदमाती, मेरे बच्चे के खिलाफ झूठमूठ तोहमत लगाती हो! इन उलाहनों में एक प्यार अंकुरित हो रहा है—इस कन्हैया के कारण कहीं चैन नहीं पड़ती! घर में रहने पर प्रतीक्षा रहती है—कब चोरी करने आये, कब इसे पकड़ूँ; और जब यह भाग आता है तो इसके पीछे-पीछे आना पड़ता है। पर जब उलाहनों की परिणति दामोदर के बन्धन में होती है तो गोपी का चित्त

व्याकुल हो जाता है; यशोदा को मनाती है, बलराम को बुलाकर लाती है; पर माँ को ताव चढ़ आया है माँ होने का—माँ के अधिकार का—कुछ नहीं, इसे रोने दो! माँ को पता नहीं कि वह क्या रोएगा—उसका रोना तो नाटक है, वह तो हर बात को हँसते-हँसते लेता है। रो तो रहा है मेरा हृदय, और मैं फूट-फूटकर रो भी नहीं पाती!

इन उलाहनों के बाद श्रीकृष्ण का उलाहना शुरू हो जाता है—माँ, मुझे बलदाऊ बहुत खिझाते हैं, सभी सखाओं को उकसा देते हैं, वे भी मुझे चिढ़ाते हैं! श्रीकृष्ण की निरीहता का नाटक यशोदा के मन में एक मोह बढ़ाता जाता है; वह मोह यह है कि मेरा बच्चा शरारती तो है, पर बड़ा अबोध है! इस मोह के कारण एक ओढ़ा हुआ मातृत्व देवकी के मातृत्व से अधिक भाग्यशाली हो जाता है। श्रीकृष्ण जब मथुरा जाते हैं तो यशोदा की यही चिन्ता होती है—

प्रात होत मेरे अलक लड़ैतहि माखन-रोटी भावै।
सूर, पथिक सुनि मोंहि रैनि-दिन बँध्यौ रहत उर सोच।
मेरो अलक लड़ैतो मोहन ह्वैहैं करत संकोच।।...

मेरा बच्चा मेरे आगे हठ करता था, वहाँ तो संकोच ही करता होगा!

उलाहनों का तीसरा क्रम शुरू होता है, जब गोपियाँ यशोदा के पास नहीं आतीं; श्रीकृष्ण से उलझती भी पहले सीधे नहीं, श्रीकृष्ण की मुरली को उलाहना देती हैं—यह तुमने क्या किया! मेरे प्रिय को अपने वश में कर लिया; उन्हें एक पैर पर खड़ा रखती हो, इतना नाच नचाती हो, अपने अधरशय्या पर सोती हो। उन्हें लगता है, यह निपट बाँस की जंगली बाँसुरी हमें जीने नहीं देगी! इसने जनमते ही अपने कुल को जला दिया; यह किसी की नहीं हुई, इसे कोई मोह-छोह नहीं है! मुरली ने ही तो कामशक्ति पैदा की—उसकी ध्वनि ब्रह्मांड को भेदकर एक उत्कट अभिलाषा उत्पन्न करती है। दौड़ो, आकर मिलो उससे, जिसके तुम हो—जिसमें तुम हो! मुरली-प्रसंग के उलाहनों के माध्यम से, मिलने की आकुलाहट और मिलने में बाधा, दोनों का दुख परोक्ष रूप से प्रकट होता है। मुरली को रुद्र का अवतार कहा गया है; वह प्रलय करेगी ही। पर अभी गोपी पूरे प्रलय के लिए तैयार नहीं है; रिश्ते अभी तोड़े नहीं जा रहे हैं। पर जब बुद्धि, मन, सब टूटते चले जाएँ, तब जो लाचारी आती है, वह सही नहीं जाती! क्या करें, जब तक इस मुरली ने श्रवणरन्ध्र से प्रवेश करके मन को मथा नहीं था, तभी तक बुद्धि भी काम करती थी, तभी तक धैर्य था; अब कहाँ—

तब लगि सबै समान रहे।
जब लगि नवल किसोर न मुरली बदन समीर बहै।।
तब हो लौं अभिमान, चातुरी पतिव्रत, कुलहि चहै।
जब लगि स्रवन रन्ध्रपग मिलिकै नाहिन मनहि महै।
तब लगि तरुनि तरल-चंचलता, बुधिबल सकुचि रहै।
सूरदास, जब लगि वह धुनि सुनि नाहिन धीर दहै।।

और मुरली से शिकायत सबसे बड़ी यह है कि इसने श्याम को कुछ और ही कर दिया है, वरना वे इतने निठुर नहीं थे। दिन-रात हम उनके साथ रहती हैं तो हमारी प्रीति पुरानी हो गयी; मगर अब लगता है, हमारा अभी नया परिचय है और यह एक ही दिन में उनकी कितने दिनों की प्यारी हो गयी! इसने घर को बन बना दिया है और बन को घर।

प्रेम के उलाहनों का क्रम कुछ-न-कछद चलता रहता है। जब श्रीकृष्ण से सीधे उलाहना देने का भी साहस हो जाता है, जब वे लँगरई पर उतर आते हैं; पर तब उलाहना नहीं देती हैं, तब जमकर लड़ती हैं; अन्त में बातों में हार जाती हैं। पर अन्तिम क्रम उलाहनों का तब आता है, जब उलाहना ही उलाहना बचा रहता है—उलाहना ही जीवन का आलम्बन बचा रहता है। उद्धव के आने पर उपालम्भ उद्धव को सुनाकर, काले भौंरे को सुनाकर—सम्पूर्ण श्यामता को सुनाया जाता है—अगोचर पर अभिव्याप्त श्यामता को सुनाया जाता है। विश्व के जिस श्यामल सौन्दर्य को एक स्थान पर राशिभूत हमने पाया, छुआ, सूँघा, चखा, देखा, मुरली बजाते हुए सुना—वह अब दुर्निवार स्मृति बन जाए, यह कैसी अनीति है! हमको मिटाकर चल देना, हमें केवल स्मृति की जलन बना देना और उस पर नमक छिड़कना कि योग साधो, हम मिल जाएँगे! आग लगे ऐसे योग पर, जो उन विषयों से हटता है जो विषय प्रियतम की गन्ध से सुवासित हैं, स्पर्श से पुलकित हैं, आस्वाद से रसमय हैं, दृष्टि से दीपित हैं और नाद से आविष्ट हैं। हमारे लिए श्रीकृष्ण को छोड़कर कोई सत्ता, कोई वास्तविकता है ही नहीं; हम कैसे इस आप्लावित वास्तविकता से अपने को खींचें! और खींचने के लिए चित्त चाहिए; चित्त अपना है ही नहीं, कौन खींचे? इस उलाहने में निर्गुण-निराकार का खंडन उतना उद्दिष्ट नहीं लगता, जितना एक जाग्रत और उदय अनुभव कि श्रीकृष्ण जिसके परोक्ष हों वे करें योग; हमारे लिए तो वे न केवल प्रत्यक्ष अनुभव के विषय रहे, बल्कि अभी भी हैं, हम उस अनुभव-शरीर से योग की छोटी भूमिका क्यों साधने जाएँ! वे उद्धव से कहती हैं—

तुम अज्ञान कतहि उपदेसत, ज्ञान रूप हमहीं।
निसि-दिन ध्यान सूर प्रभु को अलि देखन जित-तितहीं।।

हम तो ज्ञान-रूप हैं, हमें यह अज्ञान क्यों सिखाते हैं! ये आँखें जो छवि छाक चुकी हैं; उसके आगे और क्या छवि होगी! यह हृदय में उनकी पहनायी माला पड़ चुकी है, ये बाँहें उन्हें झकझोर चुकी हैं झूले में—यह सब पाकर भी क्या कुछ पाना शेष रहता है? यह पाना ही तो शूल हो गया है—इतनी हम क्यों लुटी, इतना हमने क्यों पाया कि पाना ही उन्मथित किए रहता है—

वह छवि छाके हैं अति लोचन बाहैं गहि-गहि झूलन की।
खरकति है वह सूर हिये में माल दई, मोहिं फूलन की।

अन्त में उलाहनों की तान राधा की इस लाचारी पर टूटती है—

लरिकाई कौ प्रेम कहौ अलि कैसे छूटत।
कहा कहौं, ब्रजनाथ चरित अन्तरगति लूटत।।
वह चितवनि, वह चाल मनोहर, वह मुसकानि, मन्द धुनि गावनि।
नटवर-भेष नन्दनन्दन कौ, वह विनोद, वह बन तैं आवनि।।
चरन-कमल की सौंह करति हों, यहु सन्देस मोंहि विष लागत।
सूरदास पल मोहिं न बिसरत मोहन-मूरति सोवत-जागत।।

वह प्रेम जो सहज-सीधे चित्त से हुआ, कैसे छूटे! उनका हर एक चरित भीतर की चित्तवृत्ति को लूट चुका है; सोते-जागते यही मूर्ति सामने रहती है—वह चितवन, वह बाँकी चाल, वह बेधक मुस्कान, वह मन्द-मन्द गायन, वह नटवर वेष, वह दिनभर की प्रतीक्षा के बाद वन से आना—सब तो भरा हुआ है! ऐसे में यह सन्देश जहर लगता है। किसको यह सन्देश भेज रहे हैं?

राधिका ने इसीलिए जो सन्देश दिया, उसमें एक आमन्त्रण है—मक्खन तो सब कूबरी ने काढ़ लिया, ब्रज में तो केवल मठा रह गया है। पर उद्धव जाकर उनसे कहना—श्याम की रति की सुधि से प्रेम का पय फिर जमकर दही हो गया है, वह दही तुम्हें जोह रहा है। न ऐसा जामन कहीं पड़ा होगा, न ऐसा दूध कहीं उफना होगा, न इतना औटाया गया होगा—इतने लम्बे समय तक! इसका स्वाद श्रीकृष्ण ने नहीं लिया तो उनका श्रीकृष्ण होना व्यर्थ है, उनका 'माखन-दधि चाखनहार' विरुद व्यर्थ है! रूप गया, केश झड़ चले, पर यह जो प्रेमासक्ति का दिव्य रूपान्तर है, वह तुम्हारे ही योग्य नैवेद्य है।

तुम्हारी भावती कह्यो।
यह कह्यो नन्दनन्दन आगे अति दुसह दुख सह्यौ।।
लेति उसाँस सोच निसि-दिग के नेकु न रूप रह्यौ।।
विगलित केस बदन छवि ऐसी, जनि ससि राहु गह्यौ।।
माखन काढ़ि कूबरी लीन्हो, ब्रज में रह्यौ मह्यौ।।
सूर स्यामरति जाम प्रेम-पय बहुरौ जम्यौ दह्यौ।।

उलाहनों की भाषा ऊपर से वक्रोक्तियों और विदग्धोक्तियों से भरी लगती है, पर यदि उनकी तह में जाएँ तो निश्चय ही लगेगा कि यही सहज उक्ति है, सीधी बात कही जाती तो अधिक उपचरित हो जाती, क्योंकि प्रेम के व्यापार में सीधा ही वक्र होता है और वक्र ही सीधा होता है। प्रेम की धार हमेशा तिरछी होती है। इस सहज प्यार को अभिव्यक्ति देना बहत मुश्किल है, उसके लिए वक्रता का सहारा अपरिहार्य है!

अब अन्तिम बिन्दु पर आता हूँ, जिसे मैं लौकिक-अलौकिक की आँखमिचौनी कहता हूँ। सूर, तुलसी और मीरा बराबर सजग रहते हैं कि उनके आराध्य का नर रूप और परब्रह्म रूप दोनों आमने-सामने रहें, एक भी कभी ओझल न होने पाए।

कहीं परब्रह्म रूप ओझल हो रहा हो तो बतला दें कि इन्हें नर न समझो, ये चराचर जगत् के स्वामी हैं; कहीं नर रूप ओझल हो रहा हो तो प्रभु को द्रवित दिखला दें और प्रतीति हो जाए कि यह तो हमारे-जैसे साधारण नर हैं—इन्हें माया व्यापती है, ममता व्यापती है, इनकी आँखों से नीर ढुलकता है। किसी-किसी पाठक को यह बड़ा विचित्र लगेगा कि लोकजीवन में रमे हुए चरित्र का प्रवाह बह रहा है, बीच में ब्रह्म का पहाड़ खड़ा करके रंगभंग क्यों कर रहे हो? लोक-चेतना की बात करो, अलौकिक अगोचर की बात क्यों करते हो। पर वह पाठक स्वयं ही कहीं अलौकिक है; नहीं तो यदि वह भारतीय लोकमानस को अपना मानस मानता तो देखता कि अलौकिक और लौकिक दो नहीं हैं। यह द्वैत प्रतीत होता है तो कहीं मनुष्य के भीतर एक खोट आ जाता है, उसके लिए ईश्वर ढोंग बन जाता है या फिर समाजवाद ढोंग बन जाता है। भारतीय चित्त में राम-कृष्ण सगे हैं, अपने हैं; पर सबके सगे हैं, सबके अपने हैं; इसीलिए विलक्षण हैं—इसीलिए और मोहक हैं—बिसारे नहीं बिसरते। यह चित्त गोचर संसार को सार्थक मानता है, अपरूप नहीं मानता; क्योंकि इस संसार को अपने स्पर्श से पुलकित करके परब्रह्म सार्थक होते हैं। उनकी लीला का उद्‌देश्य भक्ति या भक्त को सार्थकता देना मात्र नहीं है; उसका उद्देश्य परब्रह्म, परम-चैतन्य के प्रकाश को सार्थकता देना भी है; उसका उद्‌देश्य एक प्रकाश की नदी बहाना भी है। यह प्रकाश की नदी पिघले लावे की नदी भी बन सकती है, जिसमें अंग-अंग जलकर न कोयला बनता है, न राख—वह तरल आग बन जाता है।

सूरदास ने लौकिक-अलौकिक की आँख-मिचौनी को दूसरे ढंग से प्रस्तुत किया है। वे जब कभी किसी अलौकिक पराक्रम या स्वरूप का गायन करते हैं तो ध्यान रखते हैं, कहीं इतने न छा जाएँ कि माधुर्य में व्यवधान पड़े; इसलिए जगत्पति को ही प्रेरत करते हैं कि मोहिनी डालकर विस्मरण करा दो, कहीं कुछ अलौकिक शक्ति मुझमें है। तुलसी के राम नटवर नहीं हैं, वे ऐसा नहीं कर सकते; पर श्रीकृष्ण पूरे नटवर हैं, वे अभिनय भी कर सकते हैं। पर तब भी वे वरणीय बने रहते हैं, उनका अभिनय ही सच्चा लगता है, उनका प्रतिभासिक रूप ही अपना लगता है; क्योंकि वह रूप न हो तो संसार दुस्सह हो जाए। संसार को जीवन्त जगत् बनाने में वही रूप सहायक होता है; उसी के कारण पशु-पक्षी, नदी-बादल सब अपने हो जाते हैं। पर चूँकि वे नट हैं, इसलिए जो अपनापन छिन जाता है, वह वापस नहीं मिलता। हाँ, वे नट ठहरे—अपनी भूमिका से अलग, निपट निठुर रह सकते हैं। मैं केवल चार उदाहरण देना चाहूँगा, वैसे इस तरह के उदाहरण असंख्य हैं, उनसे मेरी स्थापना कुछ अधिक स्पष्ट हो सकेगी।

पहला उदाहरण मैं माटी-भक्षण प्रसंग से दूँगा। मोहन ने माटी खायी और माँ के हाथ में पहली बार साँटी आयी। यशोदा कहती हैं—मिट्टी क्यों नहीं उगलते मोहन—"काहे न उगिलौ माटी"—श्रीकृष्ण ने मुँह खोल दिया, आँख, मूँद ली और

अजीब नाटक किया—मुँह में सारा ब्रह्मांड! बड़ी देर हो गयी तो आँखें खोलीं और फिर प्रकृत शिशु हो गये। माँ का भ्रम मिट गया। पर सूर को लगता है, नहीं दूसरा भ्रम हो गया, कुछ भी बात मुँह से नहीं निकलती—बच्चे की स्तुति करें या बच्चे को डाँटें? श्रीकृष्ण नर है। या नारायण। यशोदा बौरा जाती है—यह बालक तो भगवान् है! सूर को यह आवश्यक प्रतीत होता है कि प्रेम बालक से हो, पर उस प्रेम की परिपूर्णता अनुभव हो, इसलिए यह भी भाव रहे कि यह प्रेम का आलम्बन साधारण आलम्बन नहीं है। यहाँ अलौकिक भाव बनाने के लिए श्रीकृष्ण ने अपनी अलौकिकता का आभास एक विशेष उद्देश्य से करा दिया है; पर वे प्रकृत प्रेम का आस्वाद नहीं कम करना चाहते, इसीलिए इतनी चपलता करते हैं, इतनी शरारत करते हैं कि ईश्वरत्व भूल जाता है।

दूसरा प्रसंग है दावानल-पान का। बड़ी विकट आग लगी है। सूर का शब्द-चित्र उस आग को बहुत सशक्त ढंग से प्रस्तुत करता है—

भहरात, झहरात दवा नल आयौ!
घेरि चहुँ ओर करि सोर अन्दोर वन, धरनि-आकास चहुँ पसरि छायौ।
बरत बन-बाँस थहरत कुलकाँस जर उड़त है भास अति प्रबल धायौ।
झपटि झपटत लपट, फुलफल चटचटकि फटत, लट-लटकि दुम-दुम नवायौ।।
अति अगिनि झार झुँझार धुधार करि उचटि अँगार झंझार छायौ।।
बरत बन-पात भहरात, झहरात, अररात तरु महा धरनी गिरायौ।।
भये बेहाल सब ग्वाल-ब्रजबाल तब सरन गोपाल कहि कै पुकार्‌यौ।
तृना, केसी, सकट, बक, अधासर बाम कर राखि गिरि ज्यौं उबार्‌यौ।।
नैकु धीरज धरौ, जियहिं जिनि कोउ डरौ, कहा इहि सरौ लोचन मुँदायौ।
मुठी भरि लिए सब नाइ मुख ही दियौ, सूर प्रभु दियौ ब्रज-जन बचायौ।।

इतना लम्बा उदाहरण देने का तात्पर्य सिर्फ इतना है कि इतनी भयंकर आग जिसमें सरा जंगल अभिभूत है, एक मुट्ठी में भर ली जाती है, पर श्रीकृष्ण नहीं चाहते कि आग को मुट्ठी में भरते और पीते कोई देखे। वे कहते हैं—क्यों डरते हो, बस जरा आँख तो मूँदो! बस ब्रज-जनों के आँख मूँदते ही श्रीकृष्ण विराट् रूप धारण करके आग को मुट्ठी में भर कर पी जाते हैं; अर्थात् वे अपनी विराट् क्षमता अनदेखी रखना चाहते हैं। लोग विस्मय करते हैं—न पानी बरसा, न किसी ने पानी छिड़का; आग बुझी कैसे? श्रीकृष्ण इस घटना को हल्की बताते हुए हँसकर कहते हैं—घास-फूँस की आग की क्या बिसात! लगते ही बुझ गयी—

तृन की आगि बरत ही बुझि गयी, हँसि-हँसि कहत गोपाल।
सुनहु सूर वह कहनि, करनि यह, ऐसे प्रभु के ख्याल।।

यहाँ सूर ध्यान दिलाना चाहते हैं—सुनो, प्रभु क्या करते हैं और क्या कहते हैं; अपने लोगों को कितना ख्याल करते हैं? वे रक्षक हैं, पर रक्षक का भाव बने नहीं रहने देते।

रक्षक होने का अर्थ दूरस्थ होना है, प्रभु होना है। सूर के प्रभु, प्रभुता का भान नहीं कराने देते। वे झूठ बोलते हैं, ताकि उनका झूठा सच अधिक मोहक सच बन जाए।

यही बात गोवर्धन-धारण और कालिय-दमन में दिखाई पड़ती है। गोवर्धन बाँयें हाथ पर ऐसे फूल की तरह धारण करते हैं, और श्रेय देते हैं ग्वालों को, कि तुम सबने ही तो लकुटी लगाकर टेका था पर्वत; अकेले मैं क्या करता! और यह बात सही भी है—श्रीकृष्ण की शक्ति तो ब्रजवासियों का अपार प्यार है। इतनी असंख्य सच्ची-सहज भावनाओं का केन्द्र शक्तिशाली होगा ही! लोक में रमने से अधिक गहरा होता है लोक से रमना, लोकमंगल से अधिक गहरा होता है लोक-रंजन; क्योंकि यह रंजन लोक को ही लोकातीत बना देता है, यह सनातन वृन्दावन में सनातन विहार रच देता है, यह बालू के कण में रस भर देता है। ऐसे भाव से रंजित व्यक्ति समाज-बाह्य लगता है, दिखता है; पर होता है वह समाज का परम मंगल—क्योंकि वह निरपेक्ष हो जाता है अपने से, अपने क्षुद्र स्वार्थ से। वह कुछ छोटी बात सोच ही नहीं सकता; वह तो केवल एक महिमा से मंडित रहता है, जिससे मंडित होने का अर्थ है सम्पूर्ण जीवन को अपना हृदय मानना। सत्य वहाँ जीवन की सम्पूर्णता का अनुभव ही है। वह यदि किसी लोकरंजक भाव से आप्यायित होने से अपने आप आ जाए तो ये साधन अपने आप साथ जाते हैं।

श्रीकृष्ण कालिय-दमन करके जब निकलते हैं तो माँ की घबराहट न बढ़े, इस लिए कहते हैं—मैं कूदता नहीं, पर मैं डर गया, कहीं कंस चढ़ाई न कर दे कमलों के लिए! मैंने सोचा—कालिया को नाथकर उसी के फणों के ऊपर कमल लाद दूँगा! लोग इस डर के अभिनय से मोहित होकर भूल जाते हैं कि यह बालक विषधर की ज्वाला झेलकर निकला है। माँ ने डाँटा—तुम क्यों कालियदह के पास गये?

श्रीकृष्ण बोले—

कंस कमल मँगाई पठए, तातें गयउँ डराइ!
मैं कह्यौ निसि सयन तोसों, प्रगट भयौ जु आइ।।
ग्वाल संग मिलि गेंद खेलत, आयो जमुना तीर।
काहु लै मोहि डारि दीन्हौं कालिया-दह नीर।।
यह कही तब उरग मोसों, किन पठायो तोहिं।
मैं कही नृप कंस पठयौ कमल कारन मोहिं।।
वह सुनत डरि कमल दीन्यौ लियौ पीठि चढ़ाइ।
सूर, यह कहि जननि बोध्यौ, देख्यौ तुम ही धाइ।।

जैसे कोई बड़ी घटना नहीं घटी, किसी ने मुझे दह में डाल दिया। मैंने भी कहा—कंस ने कहा है, कमल दो! कालिय डर गया, पीठ पर उसने खुद ही मुझे चढ़ाया और कमल भी दे दिये। श्रीकृष्ण की यह धजा ही सबसे अधिक मोहक है, वे अपने ऐश्वर्य को बराबर झुठलाते रहते हैं। अपने सखाओं से हारते रहते हैं और जीते हुए

सखा को कन्धे पर चढ़ाते हैं। श्रीकृष्ण का जो पारमार्थिक रूप है, वह जगदीश्वर नहीं है—वह जगत् है, वह लोक है, लोक का प्यार है। प्यार की अलौकिकता उन्हें साधनी है, ऐश्वर्य की नहीं! इसीलिए अलौकिक रूप बराबर आँखमिचौनी में हारता रहता है, लौकिक ही जीतता रहता है। परन्तु इससे यह निष्कर्ष निकालना कि श्रीकृष्ण ने छोटी जातियों में विश्वास भरकर या प्रचलित देवपूजा की रूढ़ियों को तोड़कर लोक-देवताओं की प्रतिष्ठा कराके एक क्रान्तिकारी कार्य किया—श्रीकृष्ण-लीला के रस को बहुत फीका करना है! श्रीकृष्ण केवल छोटी जातियों में विश्वास भरने के लिए माधुर्य का प्रसार नहीं करते; वे भद्रता मात्र का ध्वंस करना चाहते हैं। वे यह भी नहीं चाहते कि प्रिया-प्रीतम युगल-विहार करते रहें। विहार भी प्रयोजन नहीं प्रयोज्य है। वे चाहते हैं कि प्रिया-प्रियतम के विहार से अधिक महत्त्वपूर्ण है प्रिया-प्रीतम की एकाकारता, और एकाकारता होते ही एक दुःसह बिछुड़न, एक मछली की-सी तड़पन। कुछ भी अलौकिक नहीं—न राधा न श्याम, न वृन्दावन का कुंज, न यमुना की बालू, न करील के कुंज, न बाँस की बाँसुरी, न मोरपंख का मुकुट, न वन-तुलसी की माला, न दही, न माखन, न चोरी, न बटमारी—अलौकिक केवल प्यार है। लोक में रहते हुए ऐसा प्यार बस एक शाश्वत आमन्त्रण है। इसे पा न सको तो दूसरी बात है; पर कम-से-कम एक हूक तो पैदा करो अपने भीतर कि श्रीकृष्ण कहाँ-कहाँ घूमे-फिरे, पर हृदय में गोकुल का प्यार है, हृदय में व्रज है, इसीलिए कुछ कर सके। वह ब्रजभाव—अपने से बाहर निकलने का भाव आज भी कितना सार्थक है, कितना स्पृहणीय है? सूर का काव्य कोई सन्देश नहीं देता, कोई उपदेश बर्दाश्त नहीं करता, कोई आदेश नहीं देता; बस एक लाचारी की बात करता है—रोकना हमारे बूते की बात नहीं है—

प्रेम न सकत हमारे बूते!
किहिं गयन्द बाँध्यौ सुनि ,मधुकर पदुमनाल के काँचे सूते।।

उन्मत्त हाथी को कभी कमलनाल के कच्चे सूत से किसी ने बाँधा है?

यह दुर्निवार प्यार, यह तोड़ने वाला प्यार आता है, तभी श्रीकृष्ण आते हैं और आते हैं तो सहमे हुए आते हैं, वंशवद हुए आते हैं। सूर का काव्य श्रीकृष्ण की शाश्वत प्रतीक्षा का काव्य है—वे गोचर संसार को रस से भरकर व्रज में जाकर लौटेंगे! शायद अभी साँझ नहीं गहरायी है; शायद अभी मन के किसी कोने में कोई और अभिलाषा है, कोई और आकर्षण है, उसे निकाल फेंको! तभी यकायक एक श्यामल रूप का रेला आएगा, तन-मन-आकाश सब भर देगा, किसी के लिए कोई भी कोना-अँतरा खाली नहीं छोड़ेगा!

—लागौ रंग हरी, श्याम-रसायन (1985)

भाव की सत्ता

भागवत का प्रारम्भ सब कोमनाओं के श्रीकृष्ण भाव में विसर्जन से होता है और परिणाम होता है भक्त जन में श्रीकृष्ण भाव के भरने से। भागवत के केन्द्र में श्रीकृष्ण हैं, भागवत एक तरह से श्रीकृष्ण का विग्रह है। गीतगोविन्द के केन्द्र में श्रीराधा हैं, अतः वह राधा का, श्रीकृष्णमय राधा का गीतमय विग्रह है, भागवत राधा की माधवी वृत्ति में चरितार्थ हो जाता है। श्रीकृष्ण और श्रीराधा पृथक् नहीं हैं, जैसे भाव और रस पृथक् नहीं हैं। भाव का उच्छलन ही रस है, श्रीकृष्ण का राधामय होना ही सच्चिदानन्द सागर का ज्वार है ब्रह्म अतिक्रामी ही नहीं होता, अतिक्राम्य भी होता है, ब्राह्मी स्थिति सबके भीतर होती हुई सबके परे चली जाती है तो ब्राह्मी स्थिति के परे भी एक स्थिति होती है, मोह रूप द्वैत को पार करके अद्वैत की जड़ता तोड़ने वाली भी एक गति होती है, उसी का नाम राधा है।

कृष्ण शब्द की व्युत्पत्ति कई प्रकार से की जाती है, आकृष्ट करने का जिनका स्वभाव है, वे कृष्ण हैं; जो हरी-भरी फसल की तरह श्यामल हैं वे कृष्ण हैं; जो प्रकाश के सघन केन्द्र बिन्दु होने के कारण आँखों के अगोचर हैं, इसलिए श्याम हैं, सूर्यमंडल के भीतर कमल पर आसीन जो प्रकाश का तरल रस होगा, वह होगा तो उजले का भी उजला, पर लगेगा गहराई के कारण काला भँवर।

कृष्ण की एक दूसरी व्युत्पत्ति है: 'कृषिर्भूवाचको शब्दो णस्तु निवृत्तिवाचकः'। कृष्ण में कृष् का अर्थ है खींचना, जोतना, धरती में बीजवहन की क्षमता उत्पन्न करना, धरती की उत्पादक शक्ति का आवाहन करना, भू को सत्ता न बने रहने देना, उसे भाव, परार्थभाव बनाने के लिए प्रेरित करना, जहाँ कहीं जड़ता है, स्थिरता है, बंजर भाव है, वहाँ एक हलचल पैदा करना और ठीक इसका विलोम भी है, जो अत्यन्त गतिशील है, जिनकी गति रोके नहीं रुकती, इतनी चंचल है कि कहीं ध्यान का ठहराव नहीं है, उसको स्तब्ध कर देना, उसके स्पन्द को एक क्षण रोक देना, जलती हुई बत्ती को प्राणों के निरोध से निष्कम्प कर देना, स्थिति और गति दोनों को खींचना, दोनों में परिवर्तन लाना ही कृष् का, कृषि का, कृष्ण का, सनातन व्यापार है। इसीलिए तो ण जुड़ा हुआ है, निषेधार्थक न का मूर्धन्यीकरण, नकार को शीर्ष

पर स्थापित करने वाला था निवृत्ति का वाचक है। जितने घेरे हैं, जितने आवरण हैं, जितनी कामनाएँ हैं सबको उखाड़कर रख देता है, तुम अपने को जो कहोगे, जो मानोगे, वह नहीं रहने पाओगे। जो भी तुम्हारे भीतर अभिमान होगा, कितना भी सात्विक अभिमान क्यों न हो, वह कृष्ण रहने नहीं देंगे, उन्होंने अपना अभिमान तो रहने नहीं दिया, किसी भी प्रकार का अभिमान, नर रूप में यदुवंशी होने का, पालित पुत्र के रूप में गोपाल होने का, साधक रूप में योगेश्वर होने का, निरस्त्र सारथी होने का, कोई भी अभिमान बिना खंडित किये न रहे, अन्त में उन्होंने परब्रह्मता का अभिमान भी खंडित किया, एक मामूली व्याध के तीर के वेध्य बनकर, उन्होंने ऐश्वर्य का अभिमान खंडित किया राधा के उदार पद-पल्लव के चाहक बनकर।

कृष्ण के बारे में एक देवीपुराण में कथा है कि देवी ने शिव से कहा कि मैं तुम्हें पुरुष बनकर प्यार देना चाहती हूँ, तुम नारी रूप हो जाओ, शिव तो शिवा की बात रखते ही, उन्होंने राधा रूप धारण किया और देवी ने (श्यामा ने) कृष्ण रूप। देवी की सम्पूर्ण निरोधशक्ति कृष्ण में प्रस्फुटित हुई। बचपन से ही कृष्ण ने ध्वंस और खंडन ही की लीला तो रची, जेल की जंजीरें तोड़ी, यशोदा के प्रसूति गृह के द्वार तोड़े, पूतना का वध किया, प्रभंजनों का भंजन किया, छकड़ा तोड़ा, पेड़ तोड़ा, कालिय का गर्व तोड़ा, इन्द्र का मान तोड़ा, ब्रह्मा का अभिमान तोड़ा, कितने तो मटके फोड़े, कितने तो मन तोड़े, तोड़ते-तोड़ते ऐसे निर्मम हो गये कि कोई रिश्ता नहीं रह गया, सख्य, प्रीति, वात्सल्य, स्वामित्व, कुछ नहीं। यहाँ तक कि आत्मसम्बन्ध भी नहीं, आत्माराम के योग का सम्बन्ध भी नहीं। ऐसी निवृत्ति, ऐसी उन्मुक्तता और कहाँ मिलेगी। पर इस निवृत्ति की एक विवशता है, निर्मम होकर भी इसे ऐसे अनात्म निरहंकार सर्वस्व-समर्पक भाव के आगे चाहक बनना है, रस-सागर को मथकर जो मक्खन निकलता है; वह मुझे मिले। बड़े यत्न से मक्खन निकलता है और बहुत छिपाकर इसे रखना पड़ता है, अपने हृदय की तरल सघनता को कोई क्यों बाँटता फिरेगा! श्रीकृष्ण उस सघनता को उसी तरह छिपाव की भूमिका में उतर कर ग्रहण करना चाहते हैं, सब तो ग्रहण कर नहीं पाते, उसे बाँटते हैं और ढरका देना चाहते हैं। व्यष्टि का रस सबमें वितरित हो जाय, सर्वात्मा को समर्पित हो जाय, वह इस प्रकार के अधिग्रहण में ही मक्खन न रहकर मिट्टी के भाजन में न रह सकने वाली अमृत की धार बन जाने को आतुर हो जाय। गोपी अपनी न रहकर परायी हो जाय। निर्वृत्ति की निष्ठुरता भाजन को भाजन नहीं रहने देना चाहती, उसे रस बना देना चाहती है। गोपी दही बेचने जाती है और पुकारती है कोई गोपाल लेगा मोल, दही को गोपाल के लिए अर्पित होने की उदग्र कामना में गोपाल होना ही होना है, दही बेचने वाली को भी, गोपाल की चाह बन जाना है, न गोपी रहना है, न नारी देह रहना है, न प्रिया रहना है बस चाह हो जाना है। उसे छन्दोमय कर्म बन जाना है, गाय दुहने बैठें, धान कूटने चलें, दही बिलोयें, घर लीपें, झूले पर झूलने चलें, बच्चा

रो रहा है, उसे चुप कराने चलें, उसे उबटन लगाने चलें, कुछ भी करें, रोम-रोम में श्रीकृष्ण की चाह की सिहरन होती है, एक गान उमड़ता रहता है, सर्वनाशी प्यार का, इतने विशाल और विराट् श्रीकृष्ण भाव के लिए चित्त यान बन जाता है, भाव तुम्हें चलना है तो तुम्हारी लाचारी है, यह छोटा-सा चित्त है, बड़ा कठोर, बड़ा ही अपने आग्रह में दृढ़, इस पर विराजो, यही तुम्हें ले जाएगा इस छोर से उस छोर तक, इसय अँधेरी आत्मा की गुफा से बाहर प्रकाश के प्लावन तक, इस निभृत निकुंज से शरद के निरभ्र रुपहले आकाश के अनन्त और उन्मुक्त रस-ज्वार तक।

या दोहनेवहननेमथनोपलेप-
प्रेंखेंखनार्भरुदितोक्षणामार्जनादो।
गायन्ति चैनमनुरक्तधियोश्रुकंठ्यो
धन्या व्रजस्त्रिय उरुक्रमचित्तयानाः।।

ध्यान साँवरे के रंग में रँगा है, आँखों में साँवरे का रस आँसू बनकर उमड़ा चला आ रहा है, कहीं नाभि से स्वर उठ रहा है, कृष्ण-कृष्ण, गोविन्द-गोविन्द, दामोदर-दामोदर, माधव-माधव। श्रीकृष्ण को इसी रस की तरस है, अतृप्य तरस है। सबसे अधिक तरस है शिव के शान्त निर्धूम तप के ताप पर खौलाये सात्विक वाणी के रस से धैर्य के जेमन से जमाये दही के स्वाद की। सूर की राधा ने कहा—मेरे दधि कौ हरि स्वाद न पायौ। हरण करने वाले लुटेरे ने मेरे दही का स्वाद कहाँ पाया? वह लूटने से नहीं मिलेगा, वह मिलेगा, निःशेष समर्पण से, भूमिका परिवर्तन से, पीताम्बर देकर नीली ओढ़नी ओढ़ने से, वंशी देकर, मोर मुकुट देकर बेंदी सिर पर धारण करने से, वास परिवर्तन से आगे जाकर चित्त परिवर्तन से। पुनः स्वभावज नारी रूप में अपना शृंगार कराके और अपने हाथ से शिव रूप राधा को पुरुष में प्रतिष्ठित कराके प्राणों के विनिमय से। राधा श्रीकृष्ण होकर बिचारी राधा के लिए अकुला उठें, उसे बहुत सताया, कैसी होगी, श्रीकृष्ण राधा होकर रूठ जाएँ और मनाये न मनें, कृष्ण हुई राधा थक जाये, खीझ जाये, क्या अपराध मुझसे हुआ। यह वैचित्य, चित्त का अपना चित्त न रह जाना, अपना विशिष्ट चित्त हो जाना, सामान्य चित्त की तरह आत्म-चिन्तक न रह जाना, परकीय हो जाना, श्रीकृष्ण भाव का उच्चलन है। तभी श्रीकृष्ण रस बनते हैं। मैंने उन्हें भावपुरुष कहा है, रस होने की अधिकारिणी तो केवल उनकी आह्लादिनी वृत्ति है, उनका राधामय रूपान्तर है।

मैं श्रीकृष्ण चरित को तत्त्वसमीक्षक इतिहास-लेखक धर्म-परायण कलाकार या कवि की दृष्टि से नहीं भागवत और गीतगोविन्द से अभिभूत पाठक की दृष्टि से अखंड रूप में देखने में सुख पाता हूँ, क्योंकि मुझे इसी में संगति दिखायी पड़ती है कि इतनी लीलाओं में अपने को विभक्त करने वाला, इतनी कलाओं में अपने को अलग-अलग छिटकाने वाला ही अखण्ड और षोडशकलाओं वाला महापुरुष हो

सकता है, महाषोडशी के अपांगविलसित के बिना गोवर्धन धारण नहीं होगा। व्रज में गोचारण के बिना भीतर की गायों, इन्द्रियों का चारण नहीं होगा, छल की क्रीड़ा बिना सारे संसार के छल और दुराव का छलन नहीं होगा। छान्दोग्य उपनिषद् में श्रीकृष्ण को दिये गये उपदेश की कथा आती है, जो घोर आंगिरस के मुख से कहलायी गयी है, पूरा उपदेश इस प्रकार है–

स यदशिशिषति यत् पिपासनि यत्स रमते तदस्य दीक्षा।
स यदश्नाति यत् पिबति यद् रमते तदुपसदैरेति।
स यद् हसति यज्जक्षति यन्मैथुनं चरति स्तुतशस्त्रैरेव तदेति।
अथ यत्तपो दानमार्जवमहिंसा सत्यवचनमिति ता अस्य दक्षिणाः।
तस्मादाहुः सोष्यत्यसोष्टेति।
पुनरुत्पादनमेवास्य तत्। मरणमेवावमृथः। तद्धैतद् घोर आंगिरसः कृष्णाय देवकीपुत्राय उक्त्वोक्तवोवाच। अपिपास एव स बभूव।
सोऽन्तवेलायां प्रतिपद्येत-अक्षितमस्यच्युतमसि प्राणसंचितमसि।

इस काव्यमय भाषा का एक अत्यन्त स्थूल रूपान्तर है–यह आदमी जो है न, जब उसे भूख लगी होती है, प्यास लगी होती है, कहीं उसे चैन नहीं पड़ता है, वह कहीं रमना चाहता है, उस समय यह अनुभव करना चाहिए कि वह जीवन-यज्ञ की दीक्षा ले रहा होता है। दीक्षा की शर्त है खाली होकर, रिक्त होकर भरने की आकांक्षा करना। जब वह खाता है, पीता है और उसका मन रमने लगता है, कोई उसे प्रिय लगने लगता है, तब समझना चाहिए कि वह यज्ञवेदी के पास पहुँच गया है।

जब वह हँसता है, प्रमुदित होता है, जब वह भोग को आत्मसात् करता है, जब वह अपने संसार को नष्ट करता रहता है, जब वह दो का एक होता रहता है, जब वह स्त्री-पुरुष के संयोग के अद्वैतात्मक क्षण में प्रविष्ट होता रहता है, रूपक की भाषा में परस्पर निगीर्ण होता रहता है, तब वह यज्ञ में शस्त्र और स्तोत्र नामक मन्त्रों के उच्चारण के साथ यज्ञ के भीतर आहुति बनता है, यह अनुभव करना चाहिए।

इस यज्ञ की दक्षिणा के रूप में उस प्रेरक कर्त्ता को जिसने अपने को इस जीवन-यज्ञ में झोंका और अपने को अलग रखा, दक्षिणा के रूप में मिलते हैं, तप, दान, आर्जव (सूधापन), अहिंसा और सत्य। एक प्रकार से यज्ञ पुनरुत्पादन है, सृष्टि का नवीकरण है, जीवन जीना मात्र नहीं है, नयी रचना है, विशाल रचना है। इस प्रकार जिया गया जीवन नाश है अहंकार का, ममकार का। इसलिए यज्ञ समाप्ति पर जो स्नान किया जाता है, वह अवभृथ स्थान (भीतर से भरने वाला स्नान) ही मृत्यु है, मृत्यु विराम नहीं है, नया आरम्भ है, पुनः नये जीवन-यज्ञ में दीक्षा और आहुति की तैयारी है 'पुनः सबेरा एक बार फेरा है जी का'।

यही विद्या घोर आंगिरस ने देवकी पुत्र कृष्ण को सिखायी और उनकी प्यास

बुझ गयी, ऐसा हुआ कि अन्तवेला तक उन्हें ज्ञान बना रहा—तुम्हारा कोई घर नहीं है, तुम अक्षत हो, तुम्हारा कुछ नहीं घटता, तुम अव्यय हो, अच्युत हो, प्राण तुम्हें बराबर सान पर चढ़ाये रहते हैं, तुम्हें हमेशा चीरते रहते हैं, तुम कितने अपने हो, कितने दूसरों के हो, इस द्वन्द्व में जीना जीना है।

मृत्यु प्राचीन बीज का नया अंकुरण है, यह भाव बना रहे, हम अन्धकार को पार करते रहें, बराबर आगे की ज्योति की ओर देखते रहें, आत्मरूप प्रकाश से ज्योति के कणों को भी देखते रहें। यही देवता होना है, इसी मार्ग से देवता प्रकाश होते हैं, होते रहते हैं।

जो इस उपदेश के साथ श्रीकृष्ण को जुड़ा देखेगा, उसे श्रीकृष्ण की जीवन-यात्रा के क्षण-क्षण सार्थक लगेंगे, अखंडता के साधक लगेंगे। उनका रासेश्वर रूप उनके योगेश्वर रूप का विरोधी नहीं है, न उनका सेवक रूप उनके सेव्य होने का, न उनका निर्मम रूप उनके प्रेयान् क्या प्रेष्ठ होने का।

मुझे यह लगा कि भागवत श्रीकृष्ण भाव की विशाल यात्रा का एक साक्षात् देखा हुआ, भीतर से देखा हुआ विवरण है, इसीलिए वह विवरण इतिहास नहीं है, पुराण है, पुराना न पड़ने वाला है, इसे पढ़ते हैं तो हम अतीत की स्मृति में नहीं खोते, हम प्रत्यक्ष अनुभव करते हैं : श्रीकृष्ण सत्ता नहीं हैं, इतिहास पुरुष नहीं हैं, वे भाव हैं, इस देश के स्थायी पर रसायित होने को आकुल भाव हैं। भागवत और गीतगोविन्द की सिहरन मुझे कभी-कभी होती है और मुझे लगता है इन ग्रन्थों का जातीय अनुभव स्मृति नहीं है, प्रत्यक्ष है। मैंने जो भी अनुचिन्तन प्रस्तुत किया है, उसमें यही दृष्टि खोजें तो मेरा श्रम सार्थक होगा।

अन्त में एक बात राधा के बारे में। एक दूसरे देवीपुराण में आख्यान है, राम ने अश्वमेध यज्ञ किया तो सीता की स्वर्णमयी प्रतिमा में प्राण प्रतिष्ठित करके उसे सह यज्ञ-भागिनी बनाया। यज्ञ पूरा हुआ, वे स्वर्ण प्रतिमा को विसर्जित करने लगे, स्वर्ण प्रतिमा में प्राण थे ही, बिगड़ गयी, तुम्हारा इतने कठिन कार्य में, पवित्र कार्य में साथ दिया और तुम मुझे फेंक देना चाहते हो, यह नहीं होगा। वह अपने आसन पर अड़ गयी, राम मनाते रहे, सीता की पूर्ति तुमसे नहीं होगी। पर उसके आग्रह के आगे राम लाचार हो गये, कहा कि अगले अवतार में तुम राधा होगी, तुम्हारा मुझसे नित्य संयोग रहेगा, पर तुमने दुराग्रह किया इसलिए साथ-ही-साथ नित्यवियोग भी रहेगा। इस आख्यान का अर्थ यही है कि एकनिष्ठ प्रेम की साकार प्रतिमा सीता और उस सीता की भावना, प्रतिमा, उस भावना का राधा रूप में प्रादुर्भाव राधा को देह नहीं, भाव-विग्रह बना देता है, राधा न शरीर हैं, न इन्द्रिय, न पत्नी, न पुत्री, वे केवल प्यार हैं। राम में पन्द्रह कलायें हैं, सोलहवीं कला तो यह राधा है, जिसको अमृता कहें, जिसे राधने का व्यापार कहें, जिसे चाहत कहें, जिसे अपने को मिटाकर

विराट का वरण कहें, सब अधिकारों को छोड़कर, सुविधाओं, ऐश्वर्यों को छोड़कर केवल आराधिका के अधिकार का वरण कहें, कुछ भी कहें, श्रीकृष्ण के जीवन की जीवन-मूरि राधा हैं। जयदेव ने ऐसी नित्यसंयुक्त नित्य-विमुक्त मिली-बिछुड़ी राधा को केन्द्र में रखकर भारत के रचनासंसार में ऐसी रसवृष्टि की है, जिससे सब भीगे हुए हैं, पर अभी तक भीगने से अघाते नहीं। श्यामरस में अनघायी राधा की बेकली से कोई भी नहीं अघायेगा। मैं इसी से बार-बार कहता हूँ हमारी संस्कृति की किशोरावस्था है कृष्ण युग, अर्थात् भागवत की भूमि और प्रौढ़ावस्था है राधायुग अर्थात् गीतगोविन्द की भूमि।

—भाव पुरुष श्रीकृष्ण (1989)

भागवत परम्परा की पृष्ठभूमि

श्रीमद्भागवत की कथा के लिए बहुत समय चाहिए, बहुत धैर्य, बहुत श्रद्धा चाहिए। लेकिन उस कथा में रुचि पैदा करने के लिए, उसकी ओर अभिमुख करने के लिए यहाँ इसका सारांश प्रस्तुत है। सबसे पहले इस बात पर ध्यान देने की आवश्यकता है कि श्रीमद्भागवत क्यों लिखा गया? किसके लिए लिखा गया? भागवत के पहले स्कन्ध में कहानी वहाँ से शुरू होती है जब श्रीकृष्ण लीला का संवरण कर चुके थे। उससे थोड़े पहले की कहानी है और परीक्षित राज-सिंहासन पर आरूढ़ हुए हैं। युधिष्ठिर और उनके भाई हिमालय की ओर प्रस्थान कर चुके हैं। यदुकुल का संहार हो गया है। इसके पहले भीष्म जा चुके थे और विदुर युद्ध से पहले ही हस्तिनापुर छोड़ कर जा चुके थे। यह सब कथा जो बाद में होनी चाहिए पहले है। लेकिन इस कथा के पहले शुकदेव-परीक्षित संवाद है। शुकदेव ने पूछा कि भागवत की कथा के बारे में आप कुछ बताइए?

भगवान व्यास ने भागवत किसको पहले सुनाया और किस उद्देश्य से सुनाया? इसकी कथा श्रीमद्भागवत में इस प्रकार आती है। भगवान वेदव्यास अट्ठारह पुराणों की रचना कर चुके, महाभारत की रचना कर चुके, इसके पहले वेदों की अलग-अलग संहिताओं का सम्पादन कर चुके और अपने शिष्यों को इसकी शिक्षा भी दे चुके थे, सरस्वती के किनारे। सरस्वती नदी दो जगह है। एक तो वह बदरी आश्रम में है, छोटी-सी नदी। और उसी के किनारे आज भी वेदव्यास जी का आश्रम है। तो यहाँ संकेत उसी से है। एक दूसरी सरस्वती नदी थी, जो कुरुक्षेत्र के पास से बहती थी और राजस्थान से होते हुए चली जाती थी, लेकिन यह सरस्वती वही है जो बदरीनाथ में अलकनन्दा में मिलती है और उसी के किनारे भगवान् वेदव्यास ने गुफा में पुराणों की रचना की, महाभारत की रचना की। वहीं गणेश जी का स्थान है जहाँ महाभारत के वक्ता भगवान् वेदव्यास बोलते जाते थे और गणेश जी लिखते जाते थे। यह सब रचने के बाद भी उनको भीतर से तृप्ति नहीं हुई, भीतर से बड़ा असन्तोष हुआ, कुछ सूना-सूना-सा लगा, कुछ खाली-खाली-सा लगा। क्या बात है? क्यों हम प्रसन्न नहीं हो रहे हैं? तो ऐसे खिन्न होकर, उदास होकर सरस्वती नदी के किनारे बैठे

थे। इस बीच नारद आ गये। नारद ने कहा कि क्यों इतना उदास बैठे हैं? उन्होंने कहा, आपसे क्या कहें, मन अभी भरा नहीं है। आत्मा में कहीं बड़ी बेचैनी है तो आपसे कारण जानना चाहते हैं। तो नारद जी कहते हैं कि देखो महाराज! आपने बहुत कुछ किया है, पर असली काम जो करना चाहिए, वह नहीं किया है। आपने तीर्थ तो बनाए हैं, जिससे लोग पार जा सकें, लेकिन ऐसे तीर्थ आपने नहीं बनाए, जिसमें वापस आने के लिए तरसें। जो पार जा चुके हैं जो मुक्त हो चुके हैं वे भी इस तीर्थ में आने की लालसा करें। ऐसा तीर्थ आपने नहीं बनाया है। तो कितना भी सुन्दर वचन हो, पर भगवान की लीला का वर्णन उसमें न हो तो सोहता नहीं है, वह अच्छा नहीं लगता, आत्मा को प्रसन्न नहीं करता है। तो आप भगवान की लीला देखते तो रहे हैं लेकिन भगवान की लीला का वर्णन नहीं किया है।

प्रश्न उठता है कि महाभारत में भी भगवान की लीला का वर्णन है, उनके पराक्रम का संकेत है, गीता का उपदेश भी महाभारत में है। कौन-सी लीला है, जिसका वर्णन व्यास ने नहीं किया है? नारद ने समझाया कि निष्काम कर्म की बात तो गीता में कही गयी है। लेकिन अगर भगवान के प्रति भाव के साथ निष्काम कर्म न हो तो वह भारी है और भगवान के भाव के साथ अगर निष्काम कर्म किया जाय तो फूल की तरह हल्का लगता है। काम लगता है जैसे खेल रहे हों। काम काम ही नहीं लगता, परिश्रम नहीं लगता। आयास नहीं लगता, कोई प्रयत्न नहीं लगता अपने आप होता जाता है काम। यदि भगवान के रूप से मजा हुआ न हो और भगवान के रूप को देखने की शक्ति अगर उसमें न हो तो ज्ञान भी दोष ही होता है। तो जो भगवान अंजनवर्ण हैं. अंजनि की तरह से हैं। उनके बिना निरंजन तो मल सरीखा है और वह एक दोष ही होता है गुण नहीं। आपने यह किया नहीं देखा है पर आपने देखकर भी आपने नहीं देखा है। देखने का स्मरण आपको नहीं हुआ उसका कारण है कि भगवान की तरफ ध्यान तब जाता है जब आदमी बहुत उपेक्षित होता है। आदमी के भीतर बड़ी ग्लानि होती है। उसके भीतर गहरी बेचैनी होती है। बिना उसके भगवान की ओर ध्यान नहीं जाता है।

भगवान श्रीकृष्ण के प्रति ध्यान जाने के लिए आदमी के भीतर जितनी शक्ति, जितनी सामर्थ्य है, सब खाली हो जाना चाहिए, उसका जितना बोध है सब खाली हो जाना चाहिए। अगर खाली नहीं हुआ तो आदमी में पात्रता नहीं आती है क्योंकि भगवान इतना भरते हैं कि जब तक पात्र में साफ करके न रखा जाये तो स्थान ही नहीं अटेगा। इसलिए यह आवश्यक है और देखिए भगवान ने भक्ति हमको ऐसे ही नहीं दी है। मैं पूर्व जन्म में एक दासी का लड़का था और मेरी माँ जहाँ रहती थी वहाँ साधु आते-जाते रहते थे, मैं उस समय छोटा था और मैं माँ के साथ ही लग जाता था, और जब काम में नहीं लगता था तो उनकी बात सुनता था। वे लोग भगवान की चर्चा करते थे और भगवान की लीला की चर्चा करते थे। मेरी उत्सुकता

बढ़ती चली जाती थी कि ये लोग हैं कौन? इनको देखने की लालसा बढ़ती चली जाती थी और मैं अपनी माँ के साथ अकेला रहता था। मन हुआ कि साधुओं के साथ भाग चले, लेकिन माँ की चिन्ता थी, माँ जब संसार से चली गयी तो मैं साधुओं के पीछे-पीछे चला गया। उनकी सेवा करता रहा, करता रहा। भगवान के बारे में उन्होंने और बात की तो मेरी लालसा और बढ़ी। मेरी प्यास और बढ़ी तो मैं तपस्या करने चला गया, तब भी भगवान के दर्शन नहीं हुए फिर जब उनसे मिला, नारद के रूप में, तो पूर्व जन्म की प्रवृत्ति ऐसी थी कि मुझे फिर बेचैनी हुई और जन्म से ही भगवान की ओर अभिमुख हो गया, तब जाकर मुझे भगवान के दर्शन हुए और मैं उनके मुण गाता रहता हूँ यहाँ से वहाँ, वहाँ से यहाँ। महाराज मुझे यह जो क्षमता मिली है, पहले मुझे अपने भीतर उपेक्षा का भाव था, "मुझे कोई नहीं जानता है", "मैं जानता नहीं हूँ", "पढ़ा-लिखा नहीं हूँ" जब यह बोध हो गया, तब जाकर भगवान मुझे मिले। तो आपको भी अपने समस्त कार्यों से अरुचि हो जाये कि मैंने क्या किया? यह धर्म, अर्थ, काम, मोक्ष की बात की, चार पुरुषार्थों की बात की। क्या हुआ इससे? इससे कुछ होता है क्या? मोक्ष होकर भी क्या मिला? भगवान की लीला में रहने की बात अगर नहीं आयी, तो मोक्ष ले करके क्या करना? तो भगवान की लीला में कैसे आ जाएँ, इसके बारे में अब कुछ नया नहीं करना है।

ब्रह्मा ने सनक, सनन्दन, सनत कुमार और सनातन चार भाइयों को यह भागवत् का उपदेश पहले ही किया था। वहीं भागवत का उपदेश कर दिया और भागवत की लीला बोली। वेदव्यास के समय में यह बोली। द्वापर में हुई, तो कहाँ से पहले चर्चा हुई? तो उसका अर्थ यह है कि यह सृष्टि एक चक्र के रूप में घूमती रहती है और एक कृष्णावतार नहीं होता। हर द्वापर में कृष्णावतार होता है और हजारों द्वापर होते हैं। चक्र निरन्तर चल रहा वेद व्यास ने इसकी कोई शुरुआत नहीं की। सब कुछ पहले से जैसा घटित होता चला आ रहा है और फिर वही होता है। लेकिन फिर होता है तो कुछ नया जरूर होता है। रामचरितमानस में बालकाण्ड में जिन्होंने कथा सुनी होगी या पढ़ी होगी कि सती को भ्रम होता है और चलती हैं परीक्षा करने कि भगवान रामचन्द्र हमारे आराध्य वही हैं, या नहीं, कैसे होंगे? पति-पत्नी के विरह में इतने साधारण आदमी इस तरह से बिलख रहे हैं; ये तो नहीं हो सकते। लेकिन जब पहुँचती हैं तो राम प्रणाम करके कहते हैं कि शंकर जी कहाँ हैं? अकेले क्यों आई हैं माता जी? तो उन्हें बड़ा संकोच होता है और संकुचित होकर चली जाती हैं। वह तो अलग कथा है लेकिन जब जाती हैं तो ज्यों ही आँख मूदती हैं तो उन्हें दिखता है कि हजारों-हजार ब्रह्मा एक पंक्ति में खड़े हैं हजारों-हजार विष्णु हैं, लेकिन वह वन में जा रहे और वन में सीता को खोजते जा रहे राम, राम में परिवर्तन नहीं होता और सारा परिवर्तन होता चला जाता है। यही हालत काकभुशुण्डि की होती है। काकभुशुण्डि ने देखा कि है कि भगवान हाथ बढ़ाते-बढ़ाते चले जा रहे हैं और

काकभुशुण्डि घबड़ा जाते हैं उन्हें यही दिखाई पड़ता है कि सब ब्रह्माण्ड बदल रहा है, ब्रह्मा बदल रहे हैं, विष्णु बदल रहे हैं, लेकिन वही बालरूप बना हुआ है जिसके हाथ से मैं रोटी छीन रहा था, वह बालरूप राम नहीं बदल रहे हैं। तो यह बालरूप की जैसे वहाँ पुनरावृत्ति होती है, वैसे यहाँ होती है। लेकिन सारी चीजें बदल दी गयी हैं। इसलिए कथा का अभिप्राय पहले घट चुका है।

व्यास ने जो देखा वह ब्रह्मा के अनुभव में पहले ही आ चुका है। वह सृष्टिकर्ता के, विधाता के अनुभव में पहले ही आ चुका है और व्यास को उन्होंने समय-समय पर उसका दर्शन भी कराया, उनसे नारद ने पाया, नारद ने बताया तो उनको लगा कि इतना सब सीखा तो कोई व्यक्ति होना चाहिए जो हमसे इसे ग्रहण कर ले और फिर इसके द्वारा उसका प्रचार हो, लेकिन उनको ऐसा कोई व्यक्ति नहीं मिल सका। उनको सूझा कि मेरे पुत्र हैं—शुकदेव, जो पाँच वर्ष के हुए, यज्ञोपवीत नहीं हुआ लेकिन परमहंस के रूप में विचरण करने लगे और उनके बारे में श्रीमद्‌भागवत में शुरू में कथा आई कि अप्सराएँ नहा रही थीं, पहले शुकदेव जी किनारे से निकले, अप्सराओं को कोई लज्जा नहीं हुई, जब व्यास जी निकले तो अप्सराओं ने कपड़े पहन लिए, बदल लिए। उन्होंने कहा कि ऐसी क्या बात है? मैं तो बूढ़ा आदमी हूँ, उन्होंने कहा कि बूढ़े की बात नहीं है। उनको स्त्री-पुरुष का विवेक ही नहीं है, पहचानते नहीं कि क्या स्त्री क्या पुरुष, ऐसी स्थिति में है और शुकदेव जी के बारे में कहा जाता है कि वे उतनी ही देर तक कहीं रुकते थे जितनी देर में गाय दुही जा सकती थी। गोधूलि वेला तक वे कहीं ठहरते नहीं थे, चलते रहते थे, चलते रहते थे। आधी घड़ी रुक गये तो रुक गये, फिर चल दिये। तो कथा सुनाने के लिए कैसे कथा सुनावें तो समाधि में वर्षों से पड़े हुए थे। उनको एक युक्ति सूझी कि उन्होंने एक श्लोक सुनाया। श्लोक भगवान के बंशी वादन का है।

श्लोक का अर्थ यह है कि मुकुट में मोर के पंख और नटवर रूप नट भी हैं, और वर भी है। नट के रूप में कैसी प्रतीति होती है कि नट हैं तो वह नाटक कर रहा है छल कर रहा है तो नट के साथ कभी मन नहीं मिलता। जानते हैं कि यह तो नाटक कर रहा है। इनसे क्या मन लगाना? तो नट से आदमी अलग रहता है, उससे जुड़ता नहीं है। कहता है तुम तो एक खेल हो। भूमिका के बारे में मन से कुछ नहीं है और वर माने जो अपना वर हो, अपने से श्रेष्ठ हो, जिसके बारे में जानकारी होती है कि यह तो गम्भीरता है तो एक ही विग्रह में नट भी हैं और वर भी हैं। एक ही विग्रह में संयोग भी है और वियोग भी है। एक ही विग्रह में उनके ऊपर विश्वास नहीं होता है। एक ही विग्रह में उन्हीं के ऊपर विश्वास होता है ऐसा शरीर है उनका ऐसी देह है उनकी। ऐसी देह किसी अवतार की नहीं हुई जैसी उनकी है। वे बड़े से बड़ा पराक्रम बचपन में करते हैं और उन्हें लगता है कि खेल-खेल में हो गया। कालिय नाग का मानमर्दन किया। उसके ऊपर नाचे, ऐसा खेल हुआ

उसकी अलौकिकता लोग नहीं देखते। ऐसी रचना वह करते हैं कि गोवर्धन पर्वत बाईं उँगली पर उठाते हैं। तो लोग समझते हैं कि हम लोगों ने लाठी से टेका था इसलिए गोवर्धन पर्वत उठा हुआ है। बाल्यावस्था में इतनी लीलाएँ करते हैं और माया कर देते हैं तो लोग समझते हैं यह तो बच्चे का खेल है। बच्चे की चपलता है अलौकिकता में इसमें कुछ नहीं है। वे अलौकिक होते हुए भी लौकिक लगते हैं। यही उनका नट का रूप है और जो साक्षात प्रेम के निग्रह हैं, गोपियों की आँखों के कागल हैं, उनके हृदय के हार हैं, तो यह सब विश्वसनीय लगता है कि यह सब सही है। उनका एक रूप ऐसा है जो अविश्वसनीय है और एक रूप ऐसा है जिसमें आत्मविश्वास बराबर रहता है। कभी आँखों के सामने से हटते नहीं हैं।

लीला बराबर होती रहती है और एक रूप ऐसा है कि सामने रहते हैं तो भी विश्वास नहीं होता ये मेरे नहीं हो सकते, यह किसी के नहीं हो सकते, तो इस रूप में बराबर वियोग की भावना बनी रहती है। उनके कानों में कनेर के फूल लगे हुए हैं। पीले-पीले फूल कनेर के खँसे हुए कानों में। यह दोनों जो आभूषण हैं, वन में होते हैं। मोरपंख बिखरा ही मिलता है वन में, इसका अर्थ है—पूरा विस्तार। अर्थात् सतरंगी दुनिया का जो भी विस्तार हो सकता है वही मोर का पंख है। उसका मुकुट उन्होंने सिर पर धारण किया है। सारी लौकिकता, सारे सांसारिक व्यवहार मित्र बनकर के, किसी के बच्चे बनकर, किसी के शिष्य बनकर, किसी के प्रिय बनकर किसी न किसी रूप में तमाम लौकिक सम्बन्धों को निभाते हुए लौकिकता को निभाते हैं और हैं अलौकिक। जितने लोगों का व्यवहार है वे सब निभाते हैं। यही है मोर मुकुट का अर्थ। कानों में कनेर का फूल, कनेर का फूल और कुछ नहीं है, जो गौर वर्ण की राधा है, उनका नाम है, उनका नाम ही गौर है। उन्हीं का नाम कानों में रहता है और पीले ही वस्त्र पहनते हैं अर्थात् पीताम्बर धारण करने का अभिप्राय यही है कि श्रीकृष्ण का विग्रह राधा के विग्रह से ढँका हुआ है। सोने की तरह चमकता हुआ विग्रह ही पीताम्बर के रूप में है और श्रीराजराजेश्वरी राधा नीला वस्त्र पहनती हैं। श्रीकृष्ण चन्दन, केसर का तिलक लगाते हैं। श्री राधा कस्तूरी का तिलक लगाती हैं। कस्तूरी काली होती है इसका तिलक काला होता है तो दोनों ही एक-दूसरे को धारण करते हैं। वैजयन्ती माला पहने हुए हैं, वैजयन्ती क्या है? वैजयन्ती है—तुलसी माला। तुलसी जो सबको जीत लेती है। वह वैजयन्ती माला पहने हुए है। और अब उन बंसी वादन का आता है। वे बाँसुरी के पोरों को अपने अधर की सुधा से भरते हैं। बाँसुरी तो पोली होती है, खोखली होती है लेकिन ऐसी खोखली बाँसुरी भगवान के अधरामृत से भरी जाती है। किसी को यह सौभाग्य नहीं मिलता कि भगवान के अधरामृत से इस प्रकार से पोर-पोर में उनका अमृत समा जाये। उनके होंठ एक छेद से दूसरे छेद तक जाते हैं और अमृत उड़ेलते जाते हैं और अमृत से बाँसुरी भरती जाती है।

एक जगह गोपियों ने उलाहना दिया है कि इस बाँसुरी ने कौन-सा तप किया था, तो बाँसुरी ने उत्तर दिया था कि भाई मैं कितने दिनों तक जंगल में रही, वर्षा सही, धूप सही, ताप सहा, ठंड सही और एक दिन घर से हटा दी गयी। हमें अलग कर दिया गया। इसके बाद हमको तपाया गया, तपाकर छेदा गया। छेद करके फिर हमारे साथ बहुत-बहुत अत्याचार हुआ और इसके बाद हमको यह अवसर मिला है। इसके लिए तैयार हो तो तुम्हें भी यह मिलेगा। पहले समझ तो लो कि हमने तप क्या किया है? इतना तप करो, इतनी धूप, इतनी वर्षा सहो, घर से वियोग हो, घर छोड़ो, घर से बाहर जाओ अर्थात् घर से बाहर का केवल उन्हीं का सम्बन्ध रखो, तैयार हो तो बताओ। बाँसुरी रुद्र और शिव का अवतार कही जाती है और उसका कार्य होता है—सब नष्ट करना। जितने लौकिक सम्बन्ध हैं उन सबको नष्ट करना; यही उसका कार्य है। रुद्र का अवतार संहार के लिए है। बाँसुरी पहले सारे सम्बन्ध समाप्त कर देती है। भगवान में प्रीति हो इसके पहले दूसरे में प्रीति न रह जाये। दूसरे जितने भी सम्बन्ध हैं, जितनी आसक्तियाँ हैं, उन सबसे छुट्टी मिल जाये तब जाकर के भगवान की कृपा होती है। भगवान तब स्मरण करते हैं।

इस तरह से उन्होंने जो बाँसुरी भरी है उसका स्मरण कर रहे हैं कि अब ग्वाल-बालों के साथ बाँसुरी बजाते हुए भगवान प्रवेश करते हैं। तब उनके मन में उत्सुकता जागती है और व्यास उनको पूरी कथा सुनाते हैं। कथा के पहले श्रोता व्यास के मुख से सुनने वाले शुकदेव जी हैं और शुकदेव जी कथा सुना देते हैं और शुकदेव जी कथा जान करके करेंगे क्या? दो घड़ी भी कहीं रुकेंगे नहीं तो कथा चलेगी कैसे? तो इसके लिए परीक्षित हैं। परीक्षित नाम का अर्थ होता है—जब जन्म हुआ तो परीक्षित ने चारों ओर देखा, यहाँ देखा, वहाँ देखा जो आया था।

उसी आदमी को तलाश रहे हैं, जिसने उसको बचाया। उसी की तलाश करने में लगे थे, उस नगर में जिस नगर के वे थे और उनको शाप मिला और शाप का कारण भी विचित्र है। कलियुग सता रहा था तो कलियुग के पीछे पड़े, कलियुग शरण माँगने आया, महाराज, आपके राज में सबके लिए जगह है, हमारे लिए भी कहीं जगह दे दीजिए। उन्होंने दो-तीन जगह बता दीं—जिसमें एक जगह सोना भी है। सोने में रह सकते हो तुम, जहाँ झगड़ा होता है वहाँ रह सकते हो तुम। जहाँ जुआ होता है वहाँ रह सकते हो, इत्यादि इत्यादि। एक सोना जगह को वरदान के रूप में दे दिया और यह भूल गये कि हमारे मुकुट में तो सोना है। असावधानी हो गयी। मुकुट के सोने को नहीं उतारा। सोने की आसक्ति तो नहीं थी परन्तु मुकुट में सोना था। तो कलियुग को गुंजाइश मिल गयी जंगल में गये, प्यास लगी। आश्रम में मुनि ध्यान में बैठे हुए थे उनसे पानी माँगा वो तो ध्यान में बैठे हुए थे उन्हें क्या पता कि कौन यहाँ खड़ा है। तो उसी क्रोध में, कलियुग तो था ही, विवाद भी उसने कराया, क्रोध भी कराया और एक मरा हुआ साँप भी उनके गले में डाल दिया। उसी के लड़के

हुए, क्योंकि तपस्वी थे वे भी, उन्होंने शाप दे दिया। समाधि समाप्त होने पर ऋषि कुटिया में गये और कहा यह तुमने क्या किया? इतने बड़े राजा को, इतना अच्छा राज कर रहा है, यह तुमने क्या किया, प्यास लगी थी तो पानी को पूछते। उन्होंने कहा कि अब तो शाप दे दिया। सात दिन बाद यही साँप तक्षक बनकर काटेगा।

तक्षक बनकर काटने वाला जो साँप है, वह कौन है? साँप, कौन-सी वृत्ति का साँप है, यह जानना जरूरी है जो आ रहा है, साँप समय है, काल है। एक काल परिवर्तन हो रहा है, परीक्षित के समय में। श्रीकृष्ण के जाते ही सब कुछ उलट-पलट हो रहा है तो वह काल आया है और उस काल का निवारण कैसे हो तो वे गंगा किनारे जाकर बैठ जाते हैं। अन्न-जल छोड़ देते हैं, भगवान का स्मरण करने लगते हैं कि वही सारी शक्तियों के अधिष्ठान हैं। वही काल का निवारण करते हैं। मृत्यु से भय नहीं है, मृत्यु को अनिवार्य मानते हैं सात दिन बाद मृत्यु तो होगी, ठीक है मृत्यु हो, उसकी तैयारी करें। यह जान कर ऋषियों ने तो सूतजी से पूछा, महाराज, यह क्या बात है कि भगवान में लीन रहने वाले आदमी उन्होंने शरीर को अपने आप छोड़ने का निश्चय क्यों किया। अपने शरीर से इतने उदासीन क्यों हो गये? होना नहीं चाहिए उनको। जो लोग भगवत् परायण होते हैं, जो भगवान में ही रहते हैं वे अपने लिए नहीं जीते हैं, लोक कल्याण के लिए जीते हैं, लोक के अभ्युदय के लिए, लोक के ऐश्वर्य के लिए जीते हैं। तो उनका शरीर तो पराश्रय है, दूसरों के अधीन है। उनका शरीर है ही कहाँ? उनको शरीर को छोड़ने के निश्चय करने का अधिकार कैसे है? शरीर पर अधिकार जब दूसरों का है तो शरीर को छोड़ने का निश्चय कैसे किया? यह प्रश्न सन्तों ने किया तो सूत जी ने उत्तर दिया। भागवत इसी प्रश्न का उत्तर है कि जिस शरीर से भगवान के कार्यकलाप होते हैं, जिस शरीर से भगवान की इच्छा की पूर्ति होती है, दूसरों के दुख का निवारण होता है शरीर के ऊपर हमारा अधिकार नहीं है तो हम क्यों इस प्रकार का निश्चय करते हैं? क्यों ऐसी अवस्था आती है? तो उसका उत्तर इस प्रकार है कि वह शरीर भगवान चाहते तो बचा लेते। जिन्होंने अश्वत्थामा के ब्रह्मास्त्र से बचाया, वैसे बचा सकते हैं। किन्तु भगवान को उस रूप में नहीं बचाना था, उनको दूसरे रूप में बचाना था। उनको बचाने वाले बनाकर के बचाना था। उनके माध्यम से अपना एक दूसरा विग्रह दे रहे थे।

श्रीमद्भागवत् को भगवान का विग्रह कहा जाता है। और उनका तिरोधान हो गया। वह तो चले गये लेकिन भागवत् के रूप में रह गये और रह गये सनातन रूप में। लेकिन उस रूप को कहीं तो पहले स्थान मिले तो परीक्षित ही उसके सबसे उपयुक्त पात्र थे। जन्म से उनको तलाश रहे थे। वे भगवान इस ग्रन्थ के रूप में उनको मिले और देने वाले कौन थे जो कहीं टिकते नहीं। लेकिन परीक्षित को देख करके परीक्षित के निश्चय और उनके संकल्प को देखकर कि काल की उन्हें चिन्ता नहीं है। मानो स्मरण कर रहे हैं कि काल की चिन्ता उन्हें नहीं है तो उन्हें लगा कि

इससे उपयुक्त पात्र कोई नहीं होगा। कोई भी विद्या, कोई भी ज्ञान, उपयुक्त पात्र को ही दिया जाता है जिसको इससे कुछ पाना नहीं है उनको भागवत् सुनना है। भागवत् से कुछ लाभ नहीं लेना है क्योंकि अपने जीवन का संकल्प कर चुके हैं। लेकिन भागवत् सुनना है, भागवत् का एक तरह से प्रारम्भ करने के लिए। प्रारम्भ तो हो, तभी भागवत्, भागवत् की कथा का प्रारम्भ का क्षण का सबसे उत्तम कौन-सा होगा कि जब कहीं न टिकने वाला आदमी सात दिन टिक जाये, जिसको जीवन की स्पृहा न रह गयी हो वह पूरी तरह से भगवान को अपने भीतर कथा के माध्यम से भरने के लिए तैयार हो जाये, इसकी तैयारी हो चुकी है, लेकिन युधिष्ठिर के वंश का एक कुलदीपक इसके लिए तैयार होता है तो कथा की एक नींव पड़ती है और कथा का प्रारम्भ हो जाता है। भगवान कथानक बन जाते हैं नहीं तो यदि भगवान मृत्यु से बचाना ही चाहते तो बचा सकते थे लेकिन मृत्यु से बचाना कोई बड़ी बात नहीं थी। उन्हें एक माध्यम बनाना था, ऐसा माध्यम कोई दूसरा था नहीं कि जो इतना राजसी ठाट भोग चुका हो और उससे विरक्त हो। संसार में फँसा हुआ आदमी भागवत सुनने का माध्यम नहीं हो सकता। विरक्त ही माध्यम हो सकता था। उन्हें कोई स्पृहा, कोई लालसा नहीं रह गयी थी और सुनाने वाले को कोई लालसा नहीं है, वे तो आत्माराम हैं। अपने से रमने वाले हैं। उनको क्या जरूरत थी? वह परीक्षित को ही क्यों सुना रहे हैं? परीक्षित कैसे हैं? वे अर्जुन के पौत्र हैं। अभिमन्यु के पुत्र हैं, और कुन्ती के प्रपौत्र हैं।

जब पूरी कहानी आप सुनते हैं तो उनके भीतर कुन्ती भी है जो भगवान से स्तुति करती है कि जब वह द्वारिका लौट रहे हैं, युद्ध के बाद। हे भगवान! हे जनार्दन! बराबर हमको विपत्ति मिलती रहे क्योंकि विपत्ति में ही तुम झाँकने आते हो। विपत्ति में ही तुम्हारे दर्शन होते हैं कि जब-जब हमारे ऊपर विपत्ति पड़ी है तब-तब तुम आये हो, तो हमें विपत्ति ही अच्छी लगती है, जब तुम आते हो तो कोई विपत्ति नहीं रह जाती है, तुम आते हो तो सारी सम्पत्ति अपने आप आ जाती है। तुम आते हो तो आसपास के सब नदी, पेड़, पर्वत सब हरे-भरे लगते हैं। पशु-पक्षी आनन्द से रहते हैं, तुम्हारी उपस्थिति, तुम्हारा रहना, आनन्द बन जाता है, उत्सव बन जाता है। इस तरह विपत्ति हमें स्वीकार है, कष्ट हमें स्वीकार है, जिससे कि तुम्हारे आने की आकुलता आ जाती है और तुम्हारे आये बिना काम न चले ऐसा मन का भाव हो जाता है। उस कुन्ती के प्रपौत्र हैं, उस अर्जुन के पौत्र हैं जो एक क्षण भी श्रीकृष्ण के बिना नहीं रह सकते और जब श्रीकृष्ण चले गये भगवान ने अर्जुन को भी एक तरह से यह अनुभव कराया कि मेरे बिना तुम कुछ नहीं हो। अर्जुन के रूप में तुम कुछ नहीं हो। अर्जुन ने कहा भी यही। जब वह द्वारिका से लौटे, जब उनको भीलों ने लूट लिया, उनका गांडीव काम नहीं आया तो अुर्जन को लगा कि हम कुछ नहीं हैं। भगवान हमको ठग करके, वंचित करके चले गये थे। इतने मित्र बने आत्मा की

तरह से एकदम शरीर बने और चले गये, पहले सूचना भी नहीं दी। पहले बताया ही नहीं। जब मैं पहुँचा तो सब समाप्त हो चुका था और मैं जब सब लोगों को लेकर के चला तो धनुष नहीं था। वहीं मैं हूँ, वही रथ, वही गांडीव है, वही धनुष, वही बाण एक से एक बढ़िया, वहीं मैं रथी, ऐसा रथी जिसके आगे राजा सिर झुकाते हों और एक क्षण में ऐसा हो गया भगवान ने जैसे सबकी शक्ति हर ली। वे सब खाली हो गये, सब शक्तिहीन हो गये। जैसे भस्म में आग नहीं रहती, उसमें आहुति डालना बेकार हो जाता है, जैसे ऊसर में बीज डालना बेकार हो जाता है। जैसे कुहासे से धुएँ में रसोई पकाएँ तो व्यर्थ हो जाता है क्योंकि उसमें आग नहीं रहती।

जैसे ही भगवान चले गये तो सब खाली हो गया। इस खालीपन का बोध अर्जुन को हुआ और बिल्कुल ज्ञान हो गया कि श्रीकृष्ण हैं तो सब हैं। श्रीकृष्ण ही हैं तो सारी सत्ता है। श्रीकृष्ण के बिना कोई सत्ता नहीं है, कोई अस्तित्व नहीं है। परीक्षित उनके पौत्र हैं और अभिमन्यु के पुत्र हैं। जिस अभिमन्यु को गर्भावस्था में अर्जुन ने शिक्षा दी थी वे श्रीकृष्ण के शिष्य हैं, श्रीकृष्ण के सखा हैं। कुन्ती श्रीकृष्ण की बुआ थीं। इन सबकी शक्ति और संस्कार परीक्षित में है। परीक्षित की स्वयं भगवान ने गर्भ में रक्षा की थी, उनका एक नाम विष्णुनाथ था। उस विष्णुनाथ को उस भगवत् परायण् राजा परीक्षित को भागवत् तब सुनाया जब उन्हें राजा होने का सारा नशा समाप्त हो चुका था। उस आश्रम में ही समाप्त हो गया जब ऋषि ने शाप दिया था। तभी राजा होने का कोई अहंकार नहीं रहा था। वे शुद्ध रूप से भगवान की ओर अभिसुख हो गये थे। उनमें किसी तरह की स्पृहा, लोभ या जीवन से कोई मोह नहीं रहा। लोक से कोई मोह नहीं रहा। ऐसी स्थिति में उन्होंने शरीर छोड़ने का निश्चय किया। जब सन्तों ने प्रश्न किया था कि उन्हें शरीर छोड़ने का अधिकार क्या है? तो उसके लिए प्रमाण यह है कि परिवार की बात आये तो आदमी को अपने स्वार्थ को छोड़ देना चाहिए। अगर गाँव की बात आए तो कुछ और परिवार की बात छोड़ देनी चाहिए और अगर पूरे देश की बात आए तो गाँव के स्वार्थ की बात नहीं सोचना चाहिए लेकिन जब आत्मा की बात आए तो पृथ्वी को छोड़ देना चाहिए। पृथ्वी के प्रति भी आसक्ति नहीं रहनी चाहिए।

लोक-संग्रह का अगर एक समय त्याग करने का अवसर आता है तो लोक-कल्याण के लिए लोग अर्पित हो जाते हैं लेकिन उसके परित्याग का भी अवसर आता है, क्योंकि लोग जो लोक-कल्याण करते हैं वे किसके लिए करते हैं? वे अपने लिए नहीं करते। अगर लोक-कल्याण का अहंकार है तो अपने लिए करते हैं कि हम लोक-कल्याण कर रहे हैं। हम, लोगों के लिए ये कर रहे हैं, वो कर रहे हैं। यह अहंकार है। जब भगवान का अपनी आत्मा की चिन्ता हो जाएगी तो उस लोक को छोड़ देना चाहिए। लोक की आसक्ति को छोड़ देना चाहिए। यह अवसर परीक्षित को प्राप्त हुआ। जो राजा के रूप में पालन का संस्कार है उसको भी छोड़ देना

चाहिए। यह सब भी अहंकार है, क्योंकि राजा न होते, यह शाप न मिलता, अतः अहंकार को छोड़ देना चाहिए। इस मुकुट में ही कहीं दोष है, इसलिए इसे छोड़ देना चाहिए। इसको छोड़ने की बात इन्होंने तब सोची, जब उनका सम्बन्ध अपनी आत्मा से हुआ और आत्मा रूप परमात्मा से और परमात्मा के ऐसे सजीव विग्रह श्रीकृष्ण से हुआ। उनकी एक-एक लीला, कोटि-कोटि ब्रह्माण्ड को रचाने वाली है। वह भ्रान्ति करने वाली है और भ्रान्ति मिटाने वाली है। ऐसी अद्‌भुत भ्रान्ति है इस लीला में कि आदमी दूसरी भ्रान्तियों को भूल जाता है। केवल एक ही भ्रम रह जाता है और यही सच्चाई हो जाती है। यह विचित्र भ्रान्ति है। विचित्र माया है जो माया के प्रति आसक्ति को हटा देती है। परीक्षित उस अवस्था में पहुँचे हुए हैं और शुकदेव उस अवस्था में पहले ही पहुँचे हुए हैं। ऐसे वक्ता और ऐसे श्रोता मिलते हैं तो भागवत शुरू होती है।

भागवत के माहात्म्य में आता है कि भागवत कथा का फिर से जो प्रारम्भ हुआ वह किसी प्रेत को प्रेतयोनि से छुड़ाने के लिए हुआ। इसका तात्पर्य क्या है? इनको गो-कर्ण ने सुना तो किसलिए सुना कि हमारा भाई प्रेत हो गया है, उसकी मुक्ति हो जाएगी। भागवत की कथा होगी, वह सुनेगा तो उसकी मुक्ति हो जाएगी। आज भी लोग पिण्ड दान करने के बाद आते हैं तो भागवत की कथा सुनते हैं। उसका प्रयोजन क्या है? प्रयोजन यह है कि श्रीकृष्ण की सनातन लीला का सुनना ही ऐसा है कि वहाँ पर दूसरा कोई नहीं रह सकता। दूसरे का स्थान ही नहीं रह जाता, केवल श्रीकृष्ण ही रहते हैं। कथा में ही रहते हैं वे और कथा का रस जब फैल जाता है तो दूसरे की गुंजाइश नहीं रह जाती, दूसरे को वहाँ से हटना पड़ता है। तब मृत्यु का भाव ही नहीं रहता है। श्रीकृष्ण कभी हुए थे और इस पृथ्वी से चले गये, यह भाव ही नहीं रहता। यह भाव होता है कि श्रीकृष्ण तो हैं।

कथा हो रही है, कथा सुनते समय रोमांच हो रहा है। कथा सुनते समय आँखों में आँसू आ रहे हैं। तो श्रीकृष्ण तो यहीं पर हैं, हमारे बीच में हैं। उसका प्रभाव पड़ रहा है प्रतिक्षण। ऐसा लग रहा है कि कृष्ण यहीं कहीं पर हैं। झाँक रहे हैं, ऐसा लग रहा है कि अभी मिल जाएँगे। जब यह बोध हो जाता है तो और किसी चीज की चिन्ता और व्यग्रता नहीं बचती। केवल उन्हीं के लिए व्यग्रता रहती है कि भाई अभी-अभी तो थे, कहाँ गये। ये भाव भरना कथा का अभिप्राय है। प्रथम स्कन्द में यही बात कही गयी है और कई प्रकार से कही गयी है, कई वर्णनों के माध्यम से कही गयी है, कई कहानियों के माध्यम से कही गयी है। द्वितीय स्कन्ध से कथा शुरू होती है लेकिन कथा का कारण क्या है, कथा सुनने का अधिकारी कौन है, कथा कौन सुनता है और इस कथा में मुख्य वर्णन क्या है इसका भी उल्लेख है। इसी प्रसंग में दो-तीन चीजें ध्यान योग्य हैं जिसमें दो स्तुतियाँ हैं। एक कृष्ण की स्तुति है। जब भीष्म का समय आ जाता है तो वे भगवान का ध्यान करते हैं कि भगवान

हमारे सामने पैताने खड़े हों क्योंकि पीछे की ओर देख नहीं सकते हैं। तुम हमारे पैताने खड़े रहो। लेकिन मैं तुमको इस रूप में देखना चाहता हूँ। स्मरण करना चाहता हूँ। जब तुम हमारी प्रतिज्ञा सही करने के लिए अपनी प्रतिज्ञा भूल गये हो और रथ का पहिया लेकर के मुझे मारने चल पड़े। तुम्हारी उस परेशानी को मैं देखना चाहता हूँ कि मैं जरा भी परेशान नहीं हूँ और तुम परेशान हो तो जो अच्युत हैं, जो कभी भी विचलित नहीं होते वे विचलित हो गये हैं। जिनके चेहरे पर मुस्कान ही खेलती रहती है उनकी भृकुटि तन गयी है और कन्धे पर से उत्तरीय खिसक गया है। तो मैं उस परेशान व्यक्तित्व की छवि देखना चाहता हूँ कि मैं परेशान नहीं हूँ तुम परेशान हो और परेशान होकर के तुम कर क्या रहे हो? मेरी प्रतिज्ञा सही कर रहे हो। मैंने कहा था कि जिस क्षण तुम मेरे विरुद्ध शस्त्र उठाओगे मैं युद्ध नहीं करूँगा। तुमसे क्या युद्ध करना? तुमसे कौन लड़ेगा? मेरी लड़ाई तो यह थी कि तुमसे मैं शस्त्र उठवा लूँ। तो तुमसे शस्त्र उठवा लिया, लड़ाई खत्म हो गयी। तो उस रूप का वर्णन करते हैं। मृत्यु के समय वह यह नहीं कहते कि तुम प्रसन्न मुद्रा में ऐसे ही रहो, मेरे ऊपर कृपादृष्टि करो; बल्कि तुम मेरे ऊपर वही क्रुद्ध दृष्टि करो। जिस क्रोध में खड़े थे उस क्रोध में रहो। अपनी प्रतिज्ञा भूल गये और मेरी प्रतिज्ञा रखने के लिए रथ से उतर गये और हाथ में चक्र ले लिया। रथ का एक पहिया उखाड़ा, उसे ले करके दौड़ पड़े और तुम्हारे पास कोई शस्त्र था नहीं। तो पसीने से जो बाल भीग गये हैं, धूल सनी हुई है उस रूप को मैं स्मरण करना चाहता हूँ। तुम्हें व्यग्र देखता हूँ तो मुझे लगता है कि कहीं विराट ब्रह्म भी व्याकुल होता है।

भगवान को परेशान देखने के पीछे क्या अभिप्राय है? अभिप्राय है कि भगवान अचल का शान्ताकारम् भुजगशयनम् वाला रूप जो भगवान का है वह रक्षा करने वाला है और बड़ा बृहद् रूप है लेकिन उनका रूप तब और मोहक हो जाता है, जब चपल हो जाता है, चंचल हो जाता है और एक क्षण भी एक जगह स्थिर नहीं रहता है। जन्म हुआ कि जन्मस्थान छूटा, छः महीने के हुए तो घर से बाहर निकल गये और बड़े हुए तो गोकुल की गलियों में निकल गये। फिर एक समय आया तो उन्होंने कहा कि यह सब छोड़ो, गोकुल छोड़ो वृन्दावन चलो। गोकुल छुड़ा दिया सबका घर छुड़ा दिया। घर छुड़ा दिया कि चलो वहाँ पर छोटी-मोटी बस्ती बना लेंगे और कुछ ही वर्ष बीते वृन्दावन छूट गया। मथुरा आये। मथुरा छोड़ी, द्वारिका आये। कहीं टिकते, ही नहीं थे। किसी की आँख में नहीं टिकते थे किसी के घर नहीं टिकते हमेशा चंचल बने रहते थे। ऐसे जो महासागर की तरह से महाशान्त परब्रह्म हैं वे चपल रूप में जब आते हैं तो मनुष्य के भीतर की सारी चपलताएँ छोटी पड़ जाती हैं। सारी चंचलता, सारा विचार छोटा पड़ जाता है। उनकी चपलता इतनी फैल जाती है कि उसमें सबकी चपलता डूब जाती है। अभिप्राय यही होता है कि मनुष्य के रूप में आ करके और नरलीला में जितनी विविधता हो सकती है, जितने प्रकार हो

सकते हैं सब करके, सब कौतुकों को सार्थक बना देते हैं। सब कौतुकों को सँवार देते हैं। बल्कि भगवान के रूप में होगा, बल्कि हर कौतुक में भगवान को देखोगे। तो फिर यह तुम्हें बाँधने वाले नहीं रहेंगे। ये तुम्हें एक ऐसी जगह पहुँचाएँगे कि तुम अपने आप में मुक्त हो जाओगे। बन्धन तो रहेगा। वह तब तक रहता है जब तक कि किसी खास प्रयोजन से होता है। जब भगवान के ऐसे बँधे हुए रूप से बन्धन होता है तो वह बंधन कहाँ रह जाता है? ऐसी ही स्थिति कुन्ती की है क्योंकि जब द्वारिका जा रहे हैं भगवान तो कुन्ती कहती है।

हाथ में सोटा ले यशोदा ने और रस्सी से बाँध दिया और तुम भयकातर होकर खड़े रहे। काँपते हुए खड़े रहे। आँखों से आँसू बह रहे हैं और काजल उसी के साथ बह रहा है। रंग साँवला है काजल से और काला हो गया है और चोर की तरह, पकड़े गये हैं तो सिर नीचा किये खड़े हैं और भय की मुद्रा में खड़े हैं। वह रूप मैं जब स्मरण करती हूँ कि यशोदा के आगे भयभीत कातर भाव से तुम खड़े हो, आँखों से आँसू बह रहे हैं और रस्सी बँधी हुई है कमर में और मूसल से बाँध दिए गये हो तुम और जिससे भय भी भय खाता है वह यशोदा से डर रहा है। तो उस भय की मुद्रा को स्मरण करके मुझे धैर्य रखना चाहिए क्योंकि जब तुमको भय हुआ है स्नेह के आगे, प्रेम के आगे भय हुआ है तो भय की कोई बात नहीं। प्रेम के आगे भयभीत जब तुम हो गये तो प्रेम को बढ़ाना चाहिए। तो अब तुमसे भयभीत होकर मैं क्यों बैठूँ। इसीलिए मैं भय का स्मरण करती हूँ और किसी दूसरी मुद्रा का स्मरण नहीं करती हूँ।

यशोदा के मातृत्व के अधिकार को महत्त्व देने के लिए कृष्ण रस्सी बँधवाने के लिए तैयार हो गये, बँधे रहने के लिए तैयार हो गये। सबको मुक्ति देने वाले स्वयं बँधने के लिए तैयार हो गये। उससे यह लगता है कि जो सबको बाँधता है उसको भी बाँधने का उपाय है। जो सबको बाँधता है सबको मुक्त करता है उसको भी बाँधने का और मुक्त करने का उपाय है। उपाय है—स्नेह, उपाय है—एकान्त प्रेम, उपाय है—ऐसा प्रेम, जिसमें उसका डर है। यही उपाय है जिससे भगवान परवश होते हैं। भागवत् भगवान को कैसे परवश बनाया जाता है। या विवश बनाया जाता है इसी का आख्यान है। यह सूचित करने के लिए कुन्ती का मंगल है, यही सूचित करने के लिए भीष्म पितामह का मंगल है।

—अप्रकाशित

राधा तत्त्व

राधा तत्त्व बहुत ही निर्गुण है; श्रीकृष्ण तत्त्व से भी अधिक निर्गुण है। यह राधा तत्त्व ऐसा इसलिए है क्योंकि जैसा कि इस श्लोक में कहा गया है कि भगवान राधा के दरवाजे पर पहुँचे, दरवाजा खटखटाया, उन्होंने पूछा कि दरवाजे पर कौन है? कौन खटखटा रहा है? दरवाजा इस असमय में? उन्होंने कहा कि मैं हरि हूँ; तो हरि का मतलब बन्दर भी होता है। तो राधा ने कहा यहाँ पर एक शाखा से दूसरी शाखा पर कूदने वाले बन्दर का क्या काम है? बड़े विस्मित हुए कि हम आये इतनी दूर से और यह 'बन्दर' कह रही है, पहचानती भी नहीं। कहते हैं—हे प्रिये, मैं तो कृष्ण हूँ तो वह उलट कर जवाब देती है कि काले बन्दर से तो और डर लगता है मुझे तो फिर कृष्ण कहते हैं कि तो अब नाम लेकर पुकारता हूँ। भाई मैं तुम्हारा नाम ले रहा हूँ पहचान लो मुझे। मधुसूदन भगवान का नाम है ही क्योंकि मधु भँवरा भी एकत्र करता है—राधा कहती है कि जाओ न भँवरे हो, तो जाओ जहाँ पुष्प-लताएँ फली-फूली हो वहाँ जाओ। यहाँ क्या है? इसमें एक व्यंग्य भी है।

मुँह बन्द कर दिया श्री राधा ने, और श्रीकृष्ण अत्यन्त लज्जित हो गये कि हमारे तो अपने में जो भी कुछ है, उसका उल्टा ही अर्थ है। इसलिए हम कुछ न कहें जो इस प्रकार निरुत्तर हुए श्रीकृष्ण है, रक्षा चाहते हैं। राधा के द्वारा निरुत्तर हुए श्रीकृष्ण निरुत्तर हो जाते हैं, तो उस तथ्य की बात करते हैं।

जयदेव ने 'गीत गोविन्द' लिखा तो आज मणिपुरी से लेकर दक्षिण में केरल तक इतनी नृत्य शैलियों में और इतनी चित्र शैलियों में उड़ीसा-बंगाल के चित्रपट हों, चाहे राजस्थान के चित्रपट हों, चाहे गुजरात के हों कृष्ण उपस्थित है।

बड़ी भयंकर वर्षा हो रही है, सारा आकाश एकदम काला हो गया है और वृन्दावन में तमाल के वृक्ष हैं जो बहुत कम बचे हैं बिल्कुल काले होते हैं और उनकी पत्तियाँ भी गहरे श्यामल रंग की होती हैं और जमीन तक उनकी डालें छूती हैं तो वृन्दावन की पूरी भूमि गहरा गयी है कालेपन से, तमाल वृक्षों की छाया के कारण।

रात बहुत गहरी हो आयी है तो नंद राधा से कहते हैं कि रात में बड़ा डरता है चूँकि भगवान तो श्यामल हैं, वह देखते हैं कि हमारी श्यामलता पृथ्वी और आकाश

सब पर छा गयी है तो अपनी श्यामलता से ही घबरा जाते हैं कि श्यामलता का इतना विस्तार है कि हम इसमें खो जाएँगे। ऐसा इसलिए क्योंकि उनको अपने स्वरूप का ज्ञान है, इसका आशय यह है कि उनको अपने घर की पहचान है अपने स्वरूप की पहचान है। जहाँ पर वह निश्चिन्त रहकर टिक सकते हैं बिजली की ज्योति की तरह से, उसकी ही तरह से होने के नाते ऐसे अन्धकार में ऐसे श्यामल व्यक्ति को, डरे हुए व्यक्ति को, कौन पहुँचाएगा, तो राधा पहुचाएँगी। अर्थात् श्री राधा ही श्रीकृष्ण की वास्तविक प्रकृति की पहचान कराएँगी कि तुम यह सब नहीं हो। जो दिखते हो यह पहचान श्री राधा कराएँगी अर्थात् तुम्हारा यह लीला-विग्रह है।

इस लीला-विग्रह के तात्पर्य की पहचान श्री राधा कराती हैं और इस पहचान को कराने के लिए ही नन्द उनसे कह देते हैं कि ले जाओ इस लड़के को। यह लड़का अन्धकार से डरा हुआ है, रात से डरा हुआ है, बिजली से डरा हुआ है, बादलों से डरा हुआ है, तमाल के वृक्षों की गहरी छाया से डरा हुआ है। यह आदेश पाकर नन्द ने आदेश दिया है (गीताकार ने कहा कि यह नन्द ने नहीं भगवान का जो सच्चिदानन्द विग्रह है आनन्द रूप है उसी ने यह आदेश दिया है) कि तुम इनको जिसकी सही वृत्ति आनन्द में परिणति होती है, सत् चित्त की परिणति, जिसका अन्तिम परिणाम आनन्द होता है। उस आनन्द में इसको पहुँचाओ। यह आदेश पाकर श्री राधा उनको ले चलती हैं।

रास्ते में जितने कुंज मिले, वहाँ ठहरीं और कुंज-कुंज में उनकी क्रीड़ा हुई, लीला हुई और दोनों का पूर्ण मिलन हुआ। इस प्रकार का मिलन आप सबके लिए मंगलदायक हो। तो इस मंगल में भी यही बात कही गयी है कि श्रीराधा ऐसी-वैसी शक्ति नहीं हैं कि उनके पीछे-पीछे चलती हों। वह तो उनके आगे चलती हैं। इसलिए उस तत्त्व के बारे में बातचीत करना बड़ा कठिन होता है और बड़े-बड़े भक्त भी नहीं करते हैं।

चैतन्य महाप्रभु भगवान के परम भक्त कहे जाते हैं और भगवान् के एक तरह से अवतार ही थे, विग्रह ही थे। वे भी अपने को समर्थ नहीं पाते थे कि श्रीराधा के बारे में कुछ कहें। स्मरण करते ही वे भाव-विह्वल हो जाते थे। उन्हें सुध नहीं रह जाती थी और वे बेहोश हो जाते थे। सुध खो बैठते थे। कल मैंने आपको बताया था कि महाराज शुकदेव जी नाम भी नहीं ले सकते थे क्योंकि नाम लेते ही उनको 6 महीने की समाधि लग जाती थी। यह भक्त की दशा रही है। श्री राधा तत्त्व इतना कठिन, इतना गूढ़ है और बिलकुल ही समझ में नहीं आने वाला है और कई कारण हैं उसके। पहला कारण तो यह है कि श्रीकृष्ण से अलग रखकर उनको समझा नहीं जा सकता है। उनका अपना कोई व्यक्तित्व अगर है तो श्रीकृष्ण को पाकर ही है। श्रीकृष्ण के बिना कुछ नहीं है सब कुछ श्रीकृष्ण में ही मिला हुआ है श्रीकृष्ण के साथ ही जुड़ा हुआ है। श्रीकृष्ण से ही उनकी बातचीत है। श्रीकृष्ण की

ही उन्हें चिन्ता है श्रीकृष्ण, से हीं उन्हें कभी-कभी नाराजगी होती है। श्रीकृष्ण से ही मानती हैं और श्रीकृष्ण को ही मनाती हैं। सब व्यापार उनका श्रीकृष्ण में कहीं है और कहीं है ही नहीं।

प्रणय में कई प्रकार की कथाएँ आती हैं। श्री राधा के आविर्भाव की कथा है तो सनातन, लेकिन पृथ्वीलोक पर वृन्दावन में उनका जो आविर्भाव होता है, उसके दो कारण हैं—एक तो ब्रह्माण्ड पुराण में कहा गया है और दूसरा देवी भागवत् में ब्रह्माण्ड पुराण में यह कहा गया है कि श्री राधा ने गंगा को शाप दिया क्योंकि गंगा हमेशा चरणों में बैठी रहती थीं भगवान के और चरण पखारती रहती थीं। तो राधा को बड़ा बुरा लगा कि यहीं बैठी रहती हैं बराबर चरण छोड़ती ही नहीं। बहुत नाराज हुईं कि तुम हमेशा किसी और को पैर छूने तक का अवसर नहीं देती हो। जाओ तुम मृत्यु लोक में जाओ। गंगा भी आखिर शक्ति ही है विष्णुपदी कही जाती है विष्णु के चरणों की धोवन कही जाती हैं। विष्णु के चरणों से जो जल गिरा है वही गंगा है इसीलिए उनका नाम विष्णुपदी है। विष्णु के पैरों में रहने वाली, विष्णु के पैरों का प्रोक्षण चरणामृत। तो कहा कि भूलोक में जाओ और यह गंगा के रूप में अवतीर्ण हुई। यही शाप था कि तुम जड़ होकर जाओ। जल तो जड़ होता है जड़ होकर के जाओ। गंगा ने भी शाप दिया कि जाओ मनुष्य योनि में पैदा होओ और तुमको भगवान मिलेंगे भी और नहीं भी मिलेंगे। हमेशा तुमको यही बोध रहेगा कि भगवान हमको नहीं मिलते, भगवान पूरी तरह नहीं मिलेंगे।

शाप की बात आती है तो लोग समझते हैं कि देवताओं के यहाँ भी शाप वगैरह चलता है। शाप का अर्थ है कि भीतर की सच्चाई जब शपथ लेती है तो उसमें भी शाप है। मैं सत्य कहता हूँ, मैं शपथ लेता हूँ, क्योंकि सत्य ही शपथ है। दोनों सच्चाई के ही रूप हैं, तो सच्चाई है भीतर की जो इस प्रकार व्यक्त होती है उस सच्चाई की परीक्षा है शाप। हर व्यक्ति को जो शाप किसी से मिला है वह एक सच्चाई की परीक्षा है। चाहे दुर्वासा के द्वारा जो श्राप मिलता है वह भी सच्चाई की परीक्षा है जिस किसी को श्राप मिलता है, देखने में लगता है कि बड़ा कष्टप्रद है, क्रोध आता है दुर्वासा पर शाप देने वाले को क्रोध आता है। जिन्होंने भी शाप दिया है, उन्होंने एक सत्य की परीक्षा के लिए दिया है। तो सत्य की परीक्षा श्रीराधा के सत्य की परीक्षा है या कि गंगा के सत्य की परीक्षा है कि विष्णु के चरणों को धोया है तुमने। तुममें विष्णु का कौन-सा भाव है, इसकी परीक्षा हो जायेगी। जब भू-लोक में तुम उतरोगी, संख्य-असंख्य लोगों को संख्य-असंख्य युगों तक तारोगी तब तुम्हारी परीक्षा हो जाएगी कि विष्णु का होने का अर्थ क्या है? विष्णु के चरणों में रहने का अर्थ कया है?

विष्णु के चरणों में रहने वाला समस्त विश्व के कल्याण के लिए होगा इसकी परीक्षा होगी और यही तुम्हारी सच्चाई है और श्रीराधा की परीक्षा यही है कि वह

हमेशा उनके पास रह कर कितना तुम उनका ध्यान करती हो। पास में रहने वाला कभी ध्यान ही नहीं करता है। मान के बैठ जाता है वह तो पास में ही बैठे हैं किसका ध्यान करूँ। अधिकार का सारा-का-सारा मद कम हो जाए और निरन्तर उनके लिए चिन्ता बनी रहे, एक धारा-प्रवाही चिन्ता हो, दूसरी ओर ध्यान ही न जाये। इस स्थिति के लिए उनकी परीक्षा होती है और यह परीक्षा न हो तो भू-लोक में न राधा रहती, न गंगा रहती, तो विश्व का प्रयोजन कैसे चलता? विश्व को उससे प्रेरणा कैसे मिलती, विश्व के लिए वरदान कैसे मिलता। तो शाप वस्तुतः हम लोगों के लिए वरदान है। पृथ्वीलोक के लिए दोनों का शाप वरदान है।

एक कहानी यह थी। दूसरी कहानी यह है कि एक दिन महाकाली के मन में आया कि शव से कहें कि इनको भागवत सिखानी है, कि देखो पुरुष हो तुम तो तुम्हारे अधीन रहते हैं हमें कभी-कभी बड़ा असमंजस होता है तुम्हारी मनमानी चलती है, हमारी मनमानी नहीं चलती है। तो हम चाहते हैं इतनी हमारे ऊपर कृपा करो कि कोई अवसर दो कि हम पुरुष हो जाएँ तुम स्त्री हो जाओ। पुरुष होकर हम तुमसे प्यार करें। उन्होंने कहा यह है तो बड़ा खतरा लेकिन तुम्हारी इच्छा पूरी होगी। तो महाकाली कृष्ण के रूप में जन्म लेती है और शिव स्वयं राधा के रूप होते हैं। चूँकि राधा स्वयं शिव हैं, इसलिए उनमें अलग-अलग विशेषता है और कहीं उसका पता ही न चले, ऐसी गम्भीरता है। महाकाली कृष्ण हैं इसलिए उनमें अति चपलता है, निठुरता भी है, दया भी है, और शक्ति भी है। तो जो कथा मिलती है उसका भी अर्थ यही है कि राधा का विग्रह एक ध्यान-योग का विग्रह है। शिव का विग्रह होने का अर्थ क्या है, ध्यान योग का विग्रह है, ध्यान है, बराबर स्थिर ध्यान है; इसमें कहीं भी इधर से उधर नहीं हो सकता। एकदम एक ओर ध्यान कि धारा में बहने वाला शिव है। और काली को 25 नाच नाचने हैं, तो श्रीकृष्ण को 25 नाच नाचने हैं। राधा एक ध्यान, एक रूप में हैं। उन्हें स्मरण है और परेशान श्रीकृष्ण होते हैं राधा परेशान नहीं होती। जब-जब ऐसा अवसर आता है जब तब श्रीकृष्ण मनाते हैं भगवान ही परेशान होते हैं, क्योंकि उनका स्वभाव स्त्री का है और बन गये हैं पुरुष, तो पुरुष होकर भी उन्हें प्रेम करना आता ही नहीं। राधा ही उन्हें सिखाती हैं। तो पुरुष बने हो तो पुरुष की कुछ मर्यादा तो रखो, कुछ जानते ही नहीं। नाचना, गाना जानते हैं यह तो ठीक है लेकिन पुरुष होकर व्यवहार करना नहीं जानते नाराज होना जानते हैं, यह सब जानते हैं परन्तु वे शिव नहीं हो पाते शिव की तरह से इसलिए उनको समरसता की स्थिति में पहुँचाने का काम श्री राधा करती हैं।

जैसे शिव शक्ति...समरसता की स्थिति में पहुँचाते हैं, अपने भीतर आत्मसात करते हैं वैसे श्री राधा श्रीकृष्ण को अपने भीतर लेती हैं तो श्रीकृष्ण में वह सारी क्षमता आती है। तो उनका अलौकिक उसका पराक्रम उसी कारण से आता है और लोग कहते हैं कि गोवर्धन धारण कर लिया। किसी ने लाठी उठाई, किसी ने सहारा

दिया। राधा कुछ करने वाली नहीं, राधा एकान्त निष्ठा में श्रीकृष्ण में हैं और वहीं से शक्ति देने वाली हैं। उनके साथ विद्यमान हैं।

बचपन की बात है। यह बचपन की सखी है और वैसे तो मिलन हमेशा मौजूद है, पर जब अन्तिम समय, कुरुक्षेत्र में राधा से मुलाकात होती है उसके बाद पता नहीं चलता है राधा के बारे में। अन्त में यही आता है कि स्थूल रूप में जब राधा से भेंट होती है कुरुक्षेत्र में तो सब लोगों से मिलते हैं तो रुक्मिणी ने कहा कि अपने बचपन की जो तुम्हारी जोड़ी है उसे दिखलाओ। कौन हैं वो? तो श्रीकृष्ण केवल इशारा करते हैं कि बड़ी-बड़ी आँखों वाली जो है जिसकी चितवन एकटक मुझे छोड़कर कहीं नहीं जा रही है वही है तो उनसे बातचीत करती है, बातें करते हैं, तो कहती है, भाई किस आदमी के चक्कर में पड़ी हो यहाँ हम लोग तो उनके चक्कर में पड़े ही हुए हैं, किसी के हैं नहीं।

राधा का उत्तर है, "लरिकाई की बृंद कहो सखि कैसे छूटत" इतने बचपन का यह प्यार है, चार-पाँच वर्ष की अवस्था का है यह कैसे छूटेगा तुम्हीं बताओ और सारा वर्णन करती हैं कि हम लोगों के लिए सारा धन यही था कि गाय चराने जाते थे तो वहाँ पर कहें बच्चों से कि चलो हमारी गाय दुह दो। गाय दुहने के लिए कहे अगर वह गाय न दुह पाये तो कहें कि तुम्हें गाय दुहनी तो आती नहीं है चलो गाय चराते हैं उनमें दस नुक्स निकालें और उनके पीछे-पीछे घूमें उनकी आलोचना करें और उनके पीछे-पीछे घूमें वह मन से नहीं जाता और जो भेंट होती है तो भेंट का वर्णन बहुतों ने किया है : "राधा माधो भेंट भई। राधा माधो माधो राधा कीट भृंग गति जन्म लई।" ऐसी भेंट हुई कि उसमें राधा राधा नहीं रह जाती है। माधव-माधव नहीं रह जाते दोनों की भूमिका बदल जाती है और रूपान्तर हो जाता है। राधा माधव हो जाती है और माधव राधा हो जाते हैं। इसका अर्थ क्या है? चाहती तो नहीं है किन्तु एकदम से परिवर्तन हो गया और राधा पुरुष रूप में हो गयी हैं। ऐसा कुछ नहीं है इसका अर्थ यह है कि राधा के भीतर माधव आत्मसात हो जाते हैं माधव के भीतर राधा आत्मसात हो जाती हैं और राधा के भीतर जो माधव हुए हैं वह राधा जब माधव में समाती हैं तो माधव कुछ दूसरे हो जाते हैं।

वृन्दावन बाँके बिहारी का स्थान है। तो बाँके बिहारी जी के भाव का कथानक यह है कि उस समय बहुत से भक्त वहाँ रहते थे और एक बात बता दें कि जो वर्तमान वृन्दावन है वह बिल्कुल जंगल हो गया था कि अमुक लीला कहाँ हुई अमुक लीला कहाँ हुई इन सब लीलास्थलों की पहचान चैतन्य महाप्रभु ने अपनी पदयात्रा में की है। जहाँ-जहाँ उन्हें उस लीला का दर्शन हुआ, उन्होंने कहा कि यहाँ पर यह रास-लीला हुई, यहाँ पर यह लीला हुई। यहाँ पर यह चीरहरण लीला हुई,

यहाँ पर यह लीला हुई। हर स्थल पर जो लीला हुई, वह लीला हुई, उसका उन्होंने आईडेन्टिफिकेशन एक तरह से कराया। फिर वहाँ पर भक्तों की भीड़ जुट गयी और आने लगी और वृन्दावन एक तरह से 15वीं शताब्दी में फिर से जगा और ऐसा जगा कि अकबर तक ने अनुमति दी और वहाँ गोविन्ददेव का मन्दिर बना, जिसके ऊपर के दो खंड औरंगजेब ने तुड़वाये और नीचे का खंड लालपत्थर का बना हुआ है, जहाँ मन्दिर अभी भी है और फिर तो वह स्थान जग गया अकबर की प्रेरणा से। उनके पहले ही कई भक्त थे, भक्त हरिदास थे, जीव गोस्वामी थे, चैतन्य दास थे। सब वहीं पर रहते थे। लोगों ने कहा इन सबके पास तो ठाकुर हैं। आप गाते जरूर हैं, लेकिन आपके पास ठाकुर नहीं हैं। जोड़ी के गीत गाते रहते हैं, लेकिन ठाकुर जी नहीं हैं। राधा जी और श्रीकृष्ण जी दोनों इतनी देर में आ गये और उनको ले करके नाचने लगे। एकाएक दोनों हथेलियाँ मिलीं और दोनों विग्रह मिलकर के एक हो गये।

लोगों का मानना यही है कि यही बाँके बिहारी जी का विग्रह है। बाँके बिहारी जी के मन्दिर में युगल मूतियाँ रही हैं। राधाकृष्ण एकाकार होकर ही बाँके बिहारी जी हैं और इसीलिए उस मूर्ति में कभी झलक मिलती है राधा की, कभी झलक मिलती है श्रीकृष्ण की। अनवरत बदलती रहती है यह झलक। यह विग्रह स्थापित हो गया। वही ठाकुर हो गये और जब तक वह रहे, उसी की सेवा करते रहे। जिस जगह पर रहते थे निठुवन कहते हैं उस जगह को। यह एकान्त स्थल था। यहीं पर राधा से मिलते थे। लोगों ने बहुत प्रयत्न किया, लेकिन लोग पागल हो जाते हैं। शाम को ही वह बन्द हो जाता है। वहाँ पुजारी वगैरह कोई नहीं रहता है। बहुत छोटा-सा स्थान है। कुंज है और बालू है वहाँ पर छोटे-छोटे पेड़ हैं। वहाँ कोई और सेवा नहीं होती है। सबेरे जो भक्त लोग आते हैं केवल पत्तियाँ चुनते हैं। सारी पत्तियाँ चुन लेते हैं और बालू ही बालू है सब ओर चारों ओर से घिरा है और बन्द है। रात में अन्दर कोई नहीं रहता है। दिन में बन्दर भी रहते हैं और लोगबाग पत्तियाँ चुनते दिखाई पड़ते हैं। बन्दर भी वहाँ कोई विघ्न नहीं डालते हैं। यह वह स्थल है जहाँ राधा ने सिंगार किया और ये उनके सिंगार का स्थल है और यहीं पर सिंगार करते समय दर्पण में उन्होंने अपना चेहरा देखा। उन्हें आभास हुआ पीछे से भगवान देख रहे हैं। आभास होते ही उन्हें अपना चेहरा बड़ा सुन्दर लगा। श्रीकृष्ण देख रहे हैं चोरी से उस चेहरे को और उसे निहार रहे हैं तो उनके निहारने से चेहरे का जो प्रतिबिम्ब है वह बहुत सुन्दर है, हमसे अधिक सुन्दर है और उनकी सुध खो गयी और वह जो प्रतिबिम्ब था वो टिक गया और उसी प्रतिबिम्ब का लोग कहते हैं श्री ललिता के रूप में प्रादुर्भाव हुआ। श्री राधा का वह चेहरा जिस चेहरे को भगवान ने देखा और जिसे देखकर के राधा अपने को बिलकुल भूल गयीं, बेसुध हो गयीं, वही चेहरा श्री ललिता का है। श्री ललिता उनकी सखी हैं। श्री ललिता में श्रीकृष्ण का भी रूप है

और श्रीराधा का भी रूप है। श्रीकृष्ण की दृष्टि है, राधा की दृष्टि है और श्रीकृष्ण के देखे गये रूप में राधा का आत्मसम्मोहन है।

ये सारी कहानियाँ लोगों को समझने के लिए, उनका रहस्य समझने के लिए बचकानी कोशिश हैं। जब कुछ बात समझ में नहीं आती तो आदमी तरह-तरह की कहानियाँ प्रस्तुत करता है और सोचता है कि आज भी यह है और सत्य के रूप में है। लोग अनुभव करते हैं कि आज भी यहाँ वही हो रहा है, नित्य रात में रास होता है। आज भी रास होता है। तो एक स्थान निठुवन है और एक स्थान सेवाकुंज है। दो-तीन स्थान ऐसे हैं जहाँ पर ऊँची-ऊँची अट्टालिकायें अब भी हैं, बस बालू है, कुछ पेड़ हैं और सेवा केवल पत्तियों को हटाना है और कोई सेवा नहीं है तो भगवान इस प्रकार की सेवा चाहते हैं। भगवान का यह विग्रह है जो राधा को अपने में आत्मसात् किये हुए हैं। कोई दूसरी चीज नहीं चाहता है, चाहता है बाहर पवित्र रहो, भीतर पवित्र रहो। बाहर की सफाई करो भीतर की सफाई करो। स्वच्छ रहो। एक पवित्रता, एक शुचिता यही माँगते हैं। वह और इसी में कुछ देर ठहर जाएँ तो ठहर जाएँ, नहीं तो मुश्किल ही है उनका रुकना।

श्री राधा के तत्त्व को समझने के लिए एक प्रयत्न जयदेव ने 12वीं शताब्दी में किया। नये ढंग के विद्वान तो कहते हैं कि राधा का नाम तो कहीं था ही नहीं। यह अहीरों के गीतों में दूसरी शताब्दी में आया और संस्कृत में राधा का उल्लेख बहुत बाद में मिलता है। कृष्ण का नाम दूसरी शताब्दी के उपनिषद में भी है परन्तु राधा का नाम कहीं नहीं मिलता है। कुछ लोग हैं जो यह शोध करते हैं कि श्रीराधा का नाम अनुराधा नक्षत्र के रूप में मिलता है। विशाखा और अनुराधा दो नक्षत्र हैं और ये जब आते हैं, सूर्य जब विशाखा और अनुराधा में आता है, तो शरद् ऋतु अपने चरम उत्कर्ष पर होती है। कार्तिक की पूर्णिमा के आस-पास इनकी सन्धि होती है। पुराने समय में जब मार्गशीर्ष से वर्ष का प्रारम्भ होता था अगहन से अर्थात् नवम्बर से उसी से वर्ष का प्रारम्भ होता था, उसका अवशेष अभी बचा हुआ है। कुछ व्यवसायी लोग उसी समय से वर्ष का प्रारम्भ करते हैं। दीवाली के बाद से वर्ष का प्रारम्भ करते हैं।

उड़ीसा, बंगाल तथा भारत के गाँवों में अभी भी उसी समय से फसली सन् शुरू होता है। तो शरद का समय ऐसा है। पुराने समय में वेदों में भी शरद् ऋतु थी वर्षाकाल और शरदकाल था। लोग कहते थे कि सौ शरद जियें, सौ बसन्त जिएँ यह नहीं कहते थे। तो शरदकाल से वर्षा काल आरम्भ होता था और भगवान ने वर्ष के प्रारम्भ के महीने के रूप में मार्गशीर्ष कहा है। पूरे ब्रह्माण्ड की जो घटना है वह श्रीकृष्ण-राधा के रूप में और सूर्य और नक्षत्र के योग के रूप में मानी जाती है।

एक व्याख्या और भी लोग करते हैं। कहते हैं कि साधारण गँवार लोगों के मन में यह बात आयी कि श्रीकृष्ण की कोई ऐसी प्रेमिका है, जिससे विवाह भी

नहीं होता है, लेकिन प्रेम बहुत होता है और यह उनकी बहुत बड़ी भूल है, लेकिन यह सोचने की बात है कि कैसी यह प्रेमिका है, इससे किसी को डाह नहीं है किसी गोपी को राधा से डाह नहीं है। लोग तो कहानी कह दिए सबको बड़ी ललक है कि राधा क्या है? कौन-सी शक्ति है? यह चित्त की अधीश्वरी हैं। उनके साथ किसी की स्पर्धा है ही नहीं। वे स्पर्धा से ऊपर हैं। ऐसी कोई भी बात नहीं है जो स्पर्धा से इतना ऊपर हो जैसी राधा हैं। तो रास होता है, मध्य में हैं वे।

जयदेव ने यहीं से बात शुरू की कि एक रास होता है राधा को सजने में देर हो गयी कि रास के लिए जा रहे हैं जरा तैयार होकर के जाएँ। घुँघरू बाँध कर बढ़िया सिंगार करके जाएँ। नृत्य है तो नृत्य है। कायदे से जाना चाहिए। पूरा रियाज करके जाएँ, लेकिन देर हो गयी। जब देर हो गयी तो लोगों का आग्रह कि भाई शुरू कीजिए राधा आती होंगी। उन्होंने दूर से ही देखा तो देखा कि रास शुरू है। वह रुकी नहीं चली गयीं और कनखियों से श्रीकृष्ण ने देखा कि वे तो चली गयी। जिसकी प्रतीक्षा हो रही थी और जिसकी प्रतीक्षा हम लोग कर रहे थे वह तो चली गयी तो उन्होंने भी रास-वास छोड़ दिया।

जयदेव का गीत गोविन्द इसी की कहानी है कि बसन्त में रास दिन में प्रारम्भ हुआ था रात में नहीं हुआ था। शरद का रास रात में होता है और बसन्त का रास दिन में होता है। दिन में रास शुरू हुआ और बीच में ही बिखर गया। राधा अलग कुपित बैठी और श्रीकृष्ण भी ताव में चले गये कि ठीक है चली गयी तो चली गयी अब हम क्या करें। एक ओर वो नाराज हैं कि क्यों रास किया उन्होंने हमारे बिना? दूसरी ओर इच्छा है कैसे हम उस रास में शरीक हों? इसी द्वन्द्व में हैं और इस द्वन्द्व के बाद एक सखी आती है उनसे कहने कि चलो मना लो, तो कहती हैं कि मनाने चलेंगे। फिर रात बीत जाती है प्रतीक्षा करते-करते पर वे नहीं आये और क्रोध आता है, फिर सन्देश भेजती हैं। फिर सन्देश आता है कि वह तो खुद उस स्थल पर बैठे हुए हैं जहाँ तुम और वे मिला करते थे। तब राधा के मन में आता है कि हम क्यों जाएँ वही यहाँ आवें। वे आते हैं सबेरे, तो कहती हैं कि तुम कहाँ थे अभी तक क्यों नहीं आये। जाओ हटो। फिर चले जाते हैं और बहुत ही विह्वल हो जाते हैं। फिर राधा जी जाती हैं उनके पास और मिलन होता है। मिलन के बाद अन्त में कहती हैं कि तुम मुझे यहाँ से विदा करो।

एक दिन रास की प्रक्रिया शुरू होती है दूसरा दिन पूरा इसी में बीत जाता है। तीसरा दिन भी इसी में बीत जाता है। चौथे दिन सबेरे मिलती हैं, तो कहती हैं कि मुझे घर भेजो। लेकिन कृष्णमय बनाकर भेजो। मेरे कस्तूरी तिलक बनो, मेरी आँखों के काजल बनो, मेरे केशों में तुम मयूरपंख बनो और सब तरह से तुम कृष्णमय बनाकर मुझे भेजो। मैं राधा होकर के आयी थी और जब मैंने तुमको देखा तो तुम राधा हो गए थे। इसीलिए मैं कृष्ण होकर जाना चाहती हूँ।

लगता तो यह है कि सब वर्णन हो रहा है घटना का जैसे कुछ घटा है। यह सब राधा के मन में घट रहा है। मन में रास हुआ है, मन में रास में श्रीकृष्ण आये हैं, गए हैं और मन में सारे व्यापार घटित हुए हैं और मन में ही मिलन हुआ है। चित्तवृत्ति के स्तर पर एक जो होता है, उसी की नृत्य के रूप में प्रस्तुति, अभिनय के रूप में प्रस्तुति होती है। इसी के लिए जयदेव ने प्रबन्ध लिखा है, वह इतना प्रचलित हुआ, कि आज कोई भी नृत्य-शैली ऐसी नहीं है, जो गीत गोविन्द के बिना चलती हो। चाहे वो ओडिसी हो, कुचीपुड़ी हो, मोहिनीअट्टम हो, कथक हो, मणिपुरी हो या गुजरात का लोकनृत्य हो, सबमें वही कथानक, वही कथा, वही मान वही मनाने का तरीका, वही मिलन, वही बिछुड़न सबमें मौजूद है।

जयदेव का ऐसा प्रभाव पड़ा है कि समस्त भारतवर्ष में राधाकृष्ण का प्यार छा गया है। उसके बिना कोई सोचता भी नहीं है और इसके बारे में जो लोग भी विचार करते हैं और जो उस प्रकार की दृष्टि से विचार करते हैं, जिनको गहराई में देखने का कोई ज्ञान ही नहीं होता है वह मात्र नैतिकता के आधार पर विचार करना चाहते हैं कि इसमें कोई अनैतिकता तो नहीं है। वे यह नहीं सोचते कि कौन सा विग्रह है ये श्री राधा हैं, श्रीकृष्ण क्या हैं और दोनों अलग कहाँ हैं, दोनों तो एक ही हैं। अपने को एक समझने के लिए दोनों का विभाजन हुआ है। जैसे एक सत्ता है, एक ब्रह्म है तो ब्रह्म अकेले आए हैं। अकेले उसे अच्छा नहीं लगता, किसको अकेले अच्छा लगता है? किन्तु ब्रह्म अकेला है। अद्वितीय है। कोई दूसरा नहीं है उसका। तो ब्रह्म का जो संपिंडित सत्य होता है इतना प्रकाश जब एकत्र होता है तो उद्भेद होता है उसमें। अपने को ही दो टुकड़ों में करके आमने-सामने खड़ा होकर देखता है। यदि उसे दो रूपों में विभक्त किया जाये तो दोनों रूप एक-दूसरे को देखेंगे। आमने-सामने रहेंगे तो आधा वह देखेगा आधा वह देखेगा तब पूरा देखना हो जाएगा। सृष्टि का प्रयोजन ही यही है।

सृष्टि भी इसी रूप में होती है। उसी सृष्टि का एक दूसरा, उससे एक मधुर सृष्टि श्रीकृष्ण और राधा का मिलन है। उसी सृष्टि का जो सबसे बड़ा प्रयोजन है आनन्द तत्त्व, उसको समझने के लिए यह आवश्यक है। आनन्द-तत्त्व को प्रायः सुख के रूप में लिया जाता है परन्तु वह आनन्द नहीं है सुख तो थोड़ी देर के लिए होते हैं जैसे कोई अच्छी चीज मिल गयी, कोई अच्छी चीज दिखी। आनन्द सुख से ऊपर की स्थिति है और साधारण जीवन में तो सुख बिना दुख के मिलेगा ही नहीं। उसे दुख के भी ऊपर की स्थिति है, सुख-दुख दोनों से जो ऊपर की स्थिति होगी उसमें सुख और दुख को अनुभव करने वाला एक कोई होगा और सुख और दुख दोनों का रूपान्तर करने वाला होगा।

संसार का दुख और संसार का सुख ऐसे, अपूर्व सुख और दुख में परिवर्तित करे जहाँ पर न सुख का अन्त हो न दुख कष्ट दे सके। दुख भी अच्छा लगे और

सुख भी हाथ से न निकले। इस प्रसंग में मैं एक श्लोक का भाव आपको सुनाता हूँ। गोपियाँ श्रीकृष्ण से प्रार्थना करती हैं—आप गृहस्थों के मन में तो रहते हो, जंगल में रहने वालों के ध्यान में आते हो। लेकिन इती कृपा करो कि हम जो घर में रहती हैं, घरबारी हैं, हमारे मन में भी तुम रहा करो। हमारे मन में भी तुम बार-बार आया करो। इस संसार के कार्यों में रहते हुए भी तुम हमारे भीतर रहो, तब तो तुम्हारी सिद्धि है। इस तरह राधाकृष्ण का एक आविर्भाव इस संसार में रहने वालों के लिए संसार की आसक्ति में रहने वाले लोगों के लिए है जिनकी आसक्ति को दूर करने के लिए इस प्रकार का अविर्भाव हुआ। यह आसक्ति को उद्दीप्त करने के लिए नहीं है।

भागवत में आया है कि जैसे भुने हुए बीज कभी भी अंकुरित नहीं होते हैं। वैसे ही इस लीला में प्रवेश करना अपने समस्त विकारों को फूँक देना है, इतना ताप है यहाँ।

भगवान को 'मन्मथ-मन्मथ' कहा गया है अर्थात् मनको मथने वाले जो कामदेव हैं उनको भी मथने वाले भगवान। तो भगवान के यहाँ राधाकृष्ण के केलि मन्दिर के पास कामदेव का स्थान है। कामदेव तो नष्ट हो गया। वहाँ जा ही नहीं सकता। उसका प्रवेश बन्द है। कामदेव का रूपान्तरण कामनाओं की कामना में हो गया है, इच्छाओं की इच्छा में हो गया है। केवल एक इच्छा रह जाये। कोई दूसरी अभिलाषा न रह जाए, सारी अभिलाषाएँ उन्हीं की अभिलाषा में समस्त हो जाय इसीलिए राधिका ने बार-बार कहा है कि मुझे हरि नहीं चाहिए, हरि उसको चाहिए जिसको मिलते न हों, मुझे बैकुंठ नहीं चाहिए, मुझे केवल उनकी चाहत चाहिए, मुझे हरि की चाह चाहिए, हरि की चाह बनी रहे, हरि मिलें बिल्कुल न मिलें, हरि का पद जो है वह भी न मिले। मुझे उनकी चाह चाहिए बस। उनकी लगन चाहिए, वह लगन बराबर बनी रहे। वह प्यास बराबर बनी रहे। "चातक तुलसी के मदे पियहु न स्वाती पानि। प्रेम तृषा बानति बली घटै घटै की आनि।" चातक स्वाति का जल पीता है तो तुलसीदास कहते हैं, तुम स्वाति कभी न पियो और प्रेम की प्यास बढ़े, तभी अच्छा है।

भगवान में प्रेम की प्यास बढ़े, उसकी तृप्ति कभी न हो, वह प्यास कभी न बुझे। बुझने वाली अगर प्यास हो गयी, तृप्ति की प्यास हो गयी, ऐसा चरित्र हुआ, तो ऐसा चरित्र यहाँ नहीं है, जहाँ पर प्यास बुझती है। यहाँ प्यास बुझती ही नहीं और प्यास प्यास में ही परिवर्तित होती है। "अन्तर आग लगी रहे धुआँ न ऊपर जाये।" भीतर ही आग लगी रहती है उसका धुआँ भी ऊपर नहीं दिखाई पड़ता है। कुछ पता नहीं चलता कि भीतर क्या हो रहा है। ऐसी स्थिति बनी रहे। इस स्थिति में कोई अशिव, कोई अकल्याण हो ही नहीं सकता। उसकी सम्भावना ही नहीं है। किसी दूसरी चीज की संभावना हो इसकी कल्पना ही नहीं। किसी और तरफ ध्यान जाए उसकी संभावना ही नहीं है। इसका स्मरण जो करेगा जो व्यक्ति श्रद्धा से

सुनेगा उसका ज्वर शान्त हो जाएगा। ताकि उसके भीतर जो साधारण अभिलाषाएँ उठती हैं वे अभिलाषाएँ न उठें।

इस प्रकार के प्यार के समुद्र में डूबने पर सब प्यार छोटे हो जाते हैं, तुच्छ हो जाते हैं, हेय हो जाते हैं और इसमें थोड़ी देर रहने पर ही यह लगता है कि हम वह हो नहीं सकते, हमारे भीतर वह चाह हो नहीं सकती, परन्तु हम चाह की बात सोचें तो पवित्र हो सकते हैं। हमारे भीतर एक दूसरे प्रकार का भाव आ सकता है। उस जगह कुछ देर रहें तो उद्धव ने कहा कि मैं इनके चरणरज की सेवा करने वाले वृक्षों में छोटे पौधों में से अगर कुछ हो जाऊँ अगर काठ हो जाऊँ तो मैं निहाल हो जाऊँ। उन्होंने कहा मैं एक पत्ता ही हो जाऊँ, जड़ का एक टुकड़ा हो जाऊँ, किसी रूप में मेरा बहिर्गमन हो जाए। किसी रूप में मेरा रूपान्तर हो जाए, तो मनुष्य देह का सौभाग्य सौगुना बढ़ जाये। क्योंकि इस चरण-बिन्दु की महिमा क्या है।

जिन्होंने स्व कहने वाले जितने लोग थे सब को छोड़ दिया। अपनापन जहाँ कहीं था अपनेपन का प्रभाव जहाँ था वह कुछ भी नहीं रखा, कोई अपनापन नहीं रखा। कोई आसक्ति नहीं रखी। जिसकी कोई आसक्ति न रह जाए और जो सबसे कठिन चीज छोड़नी होती है कि यह अच्छा है, यह बुरा है, क्या अच्छा है, क्या बुरा है इससे कोई मतलब नहीं रह जाता है। इसमें उन लोगों को बहुत बुरा लगता है जो पश्चिम के वातावरण में पले रहते हैं, वे सोचते हैं कि यह कैसे हो सकता है? अच्छी चीज अच्छी होती है, बुरी चीज बुरी होती है। लेकिन हमारे यहाँ दृष्टि दूसरी है। यहाँ अच्छे-बुरे से ऊपर भी आदमी उठ सकता है। सब अच्छा हो जाता है और सब उसी दृष्टि से बुरा हो जाता है। अपने-आपमें अच्छा बुरा कुछ भी नहीं है। उनको धर्म-अधर्म की कोई चिन्ता नहीं है। पाप-पुण्य की कोई चिन्ता नहीं है। सत्-असत् की कोई चिन्ता नहीं है। सब छोड़ देते हैं, क्यों छोड़ देते हैं? कोई छोड़ता नहीं है, सब लोग डरते रहते हैं कि लोग क्या कहेंगे। केवल एक चिन्ता रहती है। बहुत बड़ी बात है।

देखने में लगेगा कि यह तो संसार से बाहर जा रहा है, लेकिन नहीं, वह संसार से बाहर नहीं जा रहा है। वास्तव में वह संसार के बाहरीपन से बाहर जा रहा है। संसार में जो बाहर होने का स्वभाव है कि आदमी भीतर जाता ही नहीं है, उससे बाहर जा रहा है। संसार से बाहर नहीं जा रहा है। संसार का एक स्वभाव होता है बाहर होना, उससे बाहर जा रहा है। बाहर दिखाई पड़ना, भीतर नहीं। उसको भीतर ले आना यही उसका तात्पर्य है। वह जो किया उन्होंने उसमें ऐसी जगह पहुँची है जहाँ पर श्रुतियाँ नहीं पहुँची हैं। वेद के मन्त्र नहीं पहुँचे हैं। उन्होंने भगवान श्रीकृष्ण के चरण चिह्न पाये हैं। उनके ऊपर उन्होंने हाथ रखा है जिनको श्रुतियाँ भी नहीं खोज पायीं। कहाँ गये, कहाँ गये, उनके चरणों का चिह्न उन्होंने देखा कि कहाँ है? यहाँ है, यहाँ है, यहाँ है, यहाँ है। यह उन्होंने प्रत्यक्ष देखा है इसलिए उनके चरणों

की सेवा करने वाले इन वृक्षों का मैं पत्ता हो जाऊँ, कुछ भी हो जाऊँ। सड़ा-गला पत्ता ही हो जाऊँ, लेकिन मैं कुछ भी हो जाऊँ, यह इच्छा उद्धव की होती है और इस कहानी का मेल भी खाता है।

जब नारद ने शिकायत की कि आपकी दृष्टि में कौन सबसे उत्कृष्ट है तो कहा सभी हैं। टाल गए तुमसे बढ़कर कौन होगा। नारद के फिर आग्रह करने पर कहा कि समय आने पर बता देंगे। एक दिन उन्होंने कहा कि सिरदर्द हो रहा है, सिर दुख रहा है। नारद ने पूछा कि भाई क्या कष्ट है? आपको तो कहा कि कष्ट तो बहुत है, सिरदर्द है, बड़ी पीड़ा है। पूछा कैसे दूर होगा? तो कहा कि दूर नहीं होगा। फिर पूछा कि कोई उपाय तो होगा, कोई दवा तो होगी। कहा, 'नहीं कोई दवा काम नहीं करेगी। मेरे प्रियजन के चरण की धूल मिल जाए तो ठीक होगा।' उन्होंने कहा कि "अच्छा यह कौन मुश्किल काम है।" तो वह रुक्मिणी के पास गये। वह तो रानी ही थी, "कहा, अपने चरण की धूल दे दो।" उन्होंने कहा कि पागल तो नहीं हो गए हैं। आपको हम अपने चरणों की धूल भगवान के सिर पर लगाने के लिए दें? आपको हो क्या गया है? क्या हमारा धर्म बिगाड़ेंगे आप? क्या आपको हमारे धर्म की चिन्ता नहीं है? सभी रानियों के पास गए। सनत्, सनन्दन राजकुमार के पास गए तो उन्होंने कहा कि क्या बात करते हो वह हमारे महाराज हैं हम उनके लिए अपने चरणों की धूल देंगे? हम कहाँ रहेंगे? कहाँ हमारी गति होगी? हमसे क्यों कह रहे हो, आप स्वयं ही क्यों नहीं दे देते हो? उलटी बात कहते हैं, आप उल्टी गंगा बहाते हैं। कहा अच्छा ठीक है एक बार वृन्दावन चले जाओ। वृन्दावन गए तो वहाँ उनसे कहा गया कि कितना लेंगे आप? एक मन, दो मन, चार मन कितना लेंगे? गमछा बिछाओ। हमको इससे क्या मतलब कि हम नरक में जाएँगे या क्या करेंगे? हमारे चरण की धूल से उनका सिरदर्द अच्छा होता है तो ठीक है, धूल ले जाइए। हमको पाप हो, हमको नरक हो, हमको कुछ भी हो, हमें कोई चिन्ता नहीं। ये है धर्म और अधर्म दोनों की चिन्ताएँ। भगवान को सुख मिले, हमें इसकी चिन्ता है; उनके सुख से हमें दुख मिलेगा या सुख मिलेगा, हमें इसकी चिन्ता नहीं है। हम अपनी बात नहीं सोचते हैं, उनकी बात सोचते हैं।

जो बिलकुल ही अपने सब-कुछ फलों को त्याग दे और सबके लिए तैयार हो जाए उस प्रेम को सबसे बड़ा प्रेम माना गया है।

इसलिए उनके चरणों की रज की महिमा है और उस रज की सेवा करने वाले भिक्षुओं की ऐसी महिमा है और जिनके चरणों की रज की सेवा करते हैं उद्धव, उनकी अधीश्वरी है, उनके केन्द्र में है। ये तो सब किरणें हैं। केन्द्र में तो श्रीराधा का प्रकाश है। अन्य 16 हजार रानियाँ तो उनकी किरणें हैं और इसीलिए कोई विरोध नहीं है कोई डाह नहीं है सब जानती हैं कि राधिका हैं वो राधिका को पाकर के कृष्ण हैं, राधा के बिना कृष्ण नहीं हैं। उनके कारण ही हम हैं। यह प्रिय हैं भगवान

की, तो हम उनकी सेविकाएँ हैं, लेकिन ये नहीं प्रिय हैं, तो हम भी प्रिय नहीं हैं। इसीलिए उनकी प्रीति को कोई चुनौती नहीं देता और उनसे कोई दूसरी आकांक्षा किसी की नहीं होती कि ये हमको ये दें वह दें। जितने भक्त होते हैं उनसे कुछ नहीं माँगते। केवल श्रीकृष्ण में भक्ति माँगते हैं और श्रीकृष्ण में भक्ति बिना तुम्हारा कल्याण नहीं होगा और श्रीकृष्ण में भक्ति के साथ-साथ यह दृष्टि दो कोई दूसरी अभिलाषा न रह जाये। एक फक्कड़ भाव आ जाता है, छोड़ने का भाव आ जाता है, बस सब छोड़ने का मन होता है।

एक ही उपादेय वस्तु है संसार में वह है श्रीकृष्ण के साथ जुड़ना, सारे कार्य हेय हैं, सारे कार्य तुच्छ हैं, उसके मुकाबले में कुछ नहीं है हो जाए तो वह सबका कवच है। उनकी प्रीति मिल जाये, उस प्रीति में रहने का अवसर मिल जाये तो हर काम अच्छा लगता है और नहीं होता तो है सब काम काँटा लगता है; नहीं तो वृन्दावन में करील ही करील हैं। काँटे ही काँटे हैं, लेकिन वे काँटे अच्छे लगते हैं। श्रीकृष्ण भी द्वारिका में रहते हुए कहते हैं कि वे करील कुंज हमें अच्छे लगते हैं। ये जो महल हैं वह हमें अच्छे नहीं लगते हैं। महल में वह रस नहीं आता। महल में वह ऐश्वर्य नहीं है। पृथ्वी में भी वह ऐश्वर्य नहीं है। पृथ्वी पर रहने वाले साधारण मनुष्य का भी वह ऐश्वर्य है। ब्रजभूमि में उतनी क्षमता आती है। उस ब्रजभूमि की अनन्त शोभा श्रीकृष्ण और उनकी अनन्त शोभा राधा हैं।

—अप्रकाशित

लीला माधुरी

श्रीमद्भागवत के बारे में प्रायः यह सोचा जाता है कि यह तो ग्रन्थ है ही नहीं। महाप्रभु बल्लभाचार्य ने कहा कि यह तो श्रीकृष्ण जी का 'शब्दविग्रह' है। मैं समझता हूँ कि उसका अर्थ यह है कि भागवत पढ़ते और सुनते ही एक ऐसे रस का प्रवाह उमड़ जाता है कि उसमें सब डूब जाते हैं, सभी इन्द्रिय, मन, बुद्धि, चित्त, अहंकार देशकाल। यहाँ तक कि अनुभव और अनुभव करने वाला भी नहीं बचता। और क्या कहें सुनते ही हैं और सुनने की जो उत्कंठा रखता है, उस व्यक्ति के हृदय में ईश्वर विवश होकर अवरुद्ध हो जाते हैं। यह दावा देखने में बड़ा वैसा लगता है कि श्रीकृष्ण जैसे निर्मम और निष्ठुर कभी विवश हो जाएँ, कभी कहीं रोके रुक जाएँ, कभी उन्हें कोई बाँध पाये, कोई रोक पाये, असम्भव है और वह भी एक नगण्य व्यक्ति के छोटे से हृदय के कोने में? यह बिल्कुल सम्भव नहीं है। हाँ व्यक्ति अवश्य विवश हो जाता है, जब उनकी कृपा होती है, पर मनुष्य की यह परवशता यह अकिंचनता, यह रस-प्रवाह में डूबना क्या अपने-आपमें श्रीकृष्ण का अवतरण नहीं है? श्रीकृष्ण का परिप्लवन नहीं है? श्रीकृष्ण की उपस्थिति नहीं है? यदि है तो यही उपस्थिति उनकी विवशता है और यही विवशता उनकी लीला है।

श्रीकृष्ण लीला करते हैं और ऐसी लीला करते हैं कि चर-अचर जगत सब श्रीकृष्ण बन जाता है। गाय, बछड़ा और गाय का दूध दुहने वाला, दूध दुहाने वाली, दूध से दही बनाने वाली और उस दही का मथा हुआ नवनीत सब श्रीकृष्ण हैं। सब श्रीकृष्ण के साथ लीला ऐसे करती हैं कि श्रीकृष्ण 'दामोदर' बन जाते हैं। स्नेह की रज्जु में जोड़ की तरह बँध जाते हैं। उनकी बड़ी-बड़ी आँखें अँसुआ जाती हैं, आँखों का काजल धुलकर गालों पर फैलने लगता है, थर-थर काँपते हुए खड़े रहते हैं, लज्जित और आहत कि गोपियों की भीड़ जुटी है और दुर्दशा उनके सामने हो रही है, भव-भय जिनसे भय खाये, उनका यह भय-भाव लोगों को विमोहित करता रहता है। यह लीला कथा बन जाती है और कथा ही लीला को बाँध लेती है जिसके कारण कथा श्रवण बन जाता है। लीला का साक्षात् दर्शन और दर्शन के विषय होते हैं अमरता के अनन्त विस्तार श्रीकृष्ण। कैसे कहें कि लीला नाटक है, झूठ है और

कोई कहे कि सच है तो सच लेकर करेंगे क्या। कोई कहे कि यह लीला किसी देश काल में घटित हुई, व्यतीत हो गयी। वह देशकाल जब लीला घटित हुई थी, लीला को बाँधने वाली कथा का देश काल अनुसंधान का विषय है। इसका एक उत्तर तो यह है जिसे स्वामी अखंडानन्द जी ने दिया था। किसी ने पूछा कि वह तो बहुत बाद की रचना है तमिल के अलवार बन्धुओं से प्रेरणा लेकर 8वीं व 9वीं शताब्दी में लिखी गयी। उसकी क्या प्रामाणिकता है? स्वामीजी ने उत्तर दिया था आपको तब सही बात नहीं मालूम, भागवत की रचना तो अभी आज प्रातःकाल हुई है और यह रचना मैंने की है, मैंने ही श्रीमद्‌भागवत लिखा है। अब आप जो आगे पूछना चाहें पूछें। इस उत्तर में ही एक दूसरा उत्तर निहित है कि एक सनातन प्रवाह को इस रूप में देखना ही झूठ है, अप्रमाण है।

श्रीकृष्ण की लीला तो सनातन है, लीलागान भी सनातन है, लीला और लीलागान दोनों परस्पर सापेक्ष हैं और परस्परपूरक भी। श्रीकृष्ण कभी लीला में उपस्थित होते हैं और कभी लीलागान में। शायद लीलागान में कुछ अधिक ही उपस्थिति होते हैं। क्योंकि उस समय लीला में जो देशकाल का विसर्जन होता है वह लीलागान में और अधिक होता है, लीला में तो यही हुआ होगा। यमुना पुलिन चाँदनी बन गयी होगी, परन्तु काम में न तो समय रहता है, न देश—केवल एक अविच्छिन्न प्रवाह रहता है, जिसे आप गोपवेश विष्णु कहें, कृष्ण कहें, उज्ज्वल नीलमणि कहें, गोपियों की आँखों का काजल कहें, उनके कानों का कुण्डल कहें, कुछ भी कह लें पर वह प्रवाह कब से है? कहाँ से है? इसकी उत्सुकता जिसको नहीं होती उसके लिए कोई अवकाश ही नहीं रहता है। ऐसी है वह कथा जिसकी साहित्यिक गुणवत्ता की चर्चा मैं करने जा रहा हूँ।

ब्रह्मलीन स्वामी करपात्री जी कहा करते थे कि वास्तविक साहित्य तो बस हमारी जानकारी में दो ग्रन्थों में है "श्रीमद्‌भागवत्" और "रामचरित मानस"। मैंने पूछा भी कि वेद, रामायण, पुराण, महाभारत, कालिदास के काव्य, भवभूति के नाटक, बाणभट्ट की कादम्बरी, सूर के पद व कबीर के पद, यह सब भी तो साहित्य हैं। उन्होंने उत्तर दिया था साहित्य का प्रयोग मैं उसके शुद्ध और पूर्ण अर्थ में कर रहा हूँ साहित्य होने के भाव के अर्थ में कर रहा हूँ और साहित्य शब्द और अर्थ के सहित होने के कारण साहित्य है, सही और हित का भाव रखने के कारण भी साहित्य है। सही उस अर्थ में, जो आप गिना रहे हैं। वह सब साहित्य है, पर साहित्य का अर्थ तो तब सम्पूर्ण होता है जब पाठक, श्रोता, कवि, वाचक, नर, नारायण, जीव, ब्रह्म सब साथ-साथ हो लें। एक ही वृक्ष पर दोनों सुपर्ण रहें तब न कोई देखनहार रहे न चाखनहार रहे। दोनों वृक्ष के साथ एकाग्र हो जाएँ और ऐसा साहित्य बस इन्हीं दोनों ग्रन्थों में मिलता है। मैं तब भी उनके उत्तर से सन्तुष्ट नहीं हुआ। उन्होंने मृत्यु के पहले अपनी 'भागवत सुधा' की पांडुलिपि सम्पादित करने के लिए दी।

उस समय वे इतने अस्वस्थ हो गए थे कि डाक्टरों ने मना कर दिया था कि आप पढ़ें-लिखें न। मैंने उसे पढ़ा इसी से मुझे स्वामी अखन्डानन्द जी के भागवत-व्याख्यानों का अध्ययन करने का भी अवसर मिला। फिर मैंने स्वयं नये सिरे से भागवत का पारायण किया। तब जाकर कुछ-कुछ पूज्य स्वामी जी के इस कथन का अर्थ लगा कि श्रीमद्भागवत वास्तव में साहित्य है।

इस साहित्य को समझने के लिए व्यक्ति परमहंस बने न बने और नहीं ही बनेगा पर उसे आभास जरूर हो जाता है कि परम् तृप्त परमहंसों की भी प्यास जिस तीर्थ में पहुँचकर मिटती नहीं, उलटे और बढ़ती जाती है, ऐसी सनातन अतृप्ति जगाने वाला तीर्थ भागवत ही है, क्योंकि सामान्य-से-सामान्य व्यक्ति भी भागवत एक बार मन से पढ़ता है, तो फिर से पढ़ने की लालसा उसके मन में उपजती रहती है, बार-बार उपजती रहती है। एक शर्त जरूर है कि अगर भागवत का या मानस का पाठ करना हो, पारायण करना हो तो चोंच मारने का भाव न रहे, डूबने का भाव रहे और ऐसा भाव मन में तभी उपजता है, जब कृतार्थ प्रबल हो जाते हैं, देश काल का बोध अन्धकार लील जाता है, जब कर्ता और ज्ञाता का मद झर जाता है, जब मनुष्य अपने को तृण से भी तुच्छ बना लेता है, तरु से भी सहिष्णु बना लेता है, मान लेने के लिए नहीं मान देने के लिए प्रस्तुत हो जाता है और जब अपनी क्षुद्रता विशाल में बहने के लिए अकुला जाती है, श्रीमद्भागवत का प्रारम्भ ऐसे ही भाव से होता है।

कृष्ण द्वैपायन व्यास 'महाभारत' रचकर, पुराण रचकर, वेदों को संहिता-बद्ध करके भी मन में खालीपन अनुभव करने लगे। सोचने लगे कुछ तो नहीं किया, जिससे मन भरे, ज्ञानदीप दिखलाया पर मेरा स्वयं का मन तो दीप्त ही नहीं हुआ। नारद आए जैसे कि वे रामायण की रचना के पूर्व आए थे। बोले, इतना सब-कुछ किया तब भी इतना पछतावा क्यों? आप ही मेरी इस खिन्नता का निदान कर सकते हैं। नारद ने कहा आपने भगवान वासुदेव की लीला शायद नहीं गायी, न इस कर्म की बात की, निष्काम कर्म की बात की। हाँ अच्युत भाव के बिना निष्काम कर्म का क्या अर्थ और आँखों के अंजन बने श्रीकृष्ण के बिना निरंजन ज्ञान भी मल ही तो है।

आप समाहित मन से अच्युत भाव की बात कर रहे हैं जो एक बार मिल जाए तो च्युत ही नहीं होता। नारद ने यह भी कहा कि मुझे भी इस लीला का रस थोड़ा मिला। उसका इतिहास यह है कि मैं दासी का पुत्र था। मेरी माँ ने साधुओं की सेवा की। बचपन से ही सतसंग में भगवान की लीला के संवाद में रस आने लगा। माँ चल बसी। मैं साधुमंडली के साथ हो लिया और उस साधुमंडली के साथ रहते-रहते मेरे मन में जो लीला के लिए एक उत्कंठा जगती गयी वो उत्कंठा भगवान के दर्शन की आकुलता में परिवर्तित हो गयी। इसी कारण मुझे कल्पान्तर में नारद देह मिली। बड़ी इच्छा होती है आदमी जब टूटता है, उपेक्षित होता है तो उनका प्रेम मिलता है। इतने विचित्र हैं श्रीकृष्ण कि स्वयं तो निष्किंचन हैं ही कि जिसपर प्रीति करते हैं,

अनुग्रह करते हैं उसे भी पहले निष्किंचन बना देते हैं। आज आप इस निष्किंचनता का खालीपन का अनुभव कर रहे हैं। आप उनकी प्रीति के आज पात्र हुए हैं ऐसे व्यास ने ध्यान-योग से भागवत कथा रची।

व्यास ने उसे सबसे पहले शुकदेव को बताया। शुकदेव ने मृत्यु के शाप से पीड़ित परीक्षित को सुनाया। सुनाते समय यह संकेत भी किया कि भगवान श्रीकृष्ण ने अपने महाप्रयाण से पहले उद्धव को भागवत तथ्य की दीक्षा दी थी। उन्हें बदरिकाश्रम भेजा था। विदुर की भेंट उद्धव से वहीं हुई। उद्धव ने कौरवों-पाण्डवों के महाविनाश की और यादवों के कलह और विनाश की सूचना दी। श्रीकृष्ण के महाप्रयाण की कहानी सुनाई और संक्षेप में अपनी आँखों के सामने घटती हुई लीला का रोते-रोते स्मरण कराया। उद्धव और विदुर दोनों भावविह्वल हो गये। भगवान ने मैत्रेय को यह काम सौंपा था कि विदुर को उपदेश दें, जिसे अधिक विस्तार में उद्धव ने विदुर को नहीं बताया।

इस प्रकार सूतशौनक-संवाद, शुक-परीक्षित संवाद, मैत्रेय-विदुर संवाद और श्रीकृष्ण-उद्धव संवाद इन चार संवादों में यह कथा पूरी होती है। पर कथा के लिए पात्रता आती है श्रीकृष्ण के उस अनुग्रह से, जिसमें सब कुछ, जिसे कुछ कहा जा सकता है, छिन जाता है। बस रिक्तता भर रह जाती है। उस रिक्तता में एक उत्कंठा जगती है, कब मिलेंगे वे चरण जिनके न्यास से धरती रोमांचित हो गयी थी, जिनके स्मरण से आज भी रोमांचित है, इस उत्कंठा के तीन स्तर हैं जैसा कि मृत्यु के समय मृत्यासुर ने गाया, एक उत्कंठा है असहाय चिरौटे की पंख नहीं उगे हैं। दिन भर घोंसले में कुलकुलाता रहता है, घोंसले के मुख से झाँकता रहता है, शाम होते ही भय और अकुलाहट से माँ की बाट जोहने लगता है, कब आएगी और चोंच खोलकर मेरे मुँह में चारा डालेगी? इस अवस्था में निस्सहायता चरम है, अबोधता चरम है, प्रयत्न कुछ नहीं है, केवल एक सहारा मालुम है। दूसरा सहारा भी नहीं मालुम है।

दूसरी अवस्था है, जिसमें अपनी भी कुछ उछल-कूद की शक्ति है, कुछ प्रयत्न है पर ज्ञान नहीं है और वह शक्ति भी माँ के स्तन से बीच-बीच में मिलती रहती है और दिन ढलते ही जैसे बछड़े को भूख सताती है और उसकी माँ भी अकुलाती हुई, रंभाती हुई आती है और बछड़े की भूख से पिन्हा जाती है, उत्कंठा दोनों ओर उदग्रतर हो जाती है।

तीसरी अवस्था है, जिसमें प्रयत्न और ज्ञान दोनों शक्तियों का विकास हुआ रहता है और इसमें आकुलता का एक चरम उत्कर्ष आ जाता है। चूँकि शक्ति के रहते हुए भी असहायता होती है तो आकुलता अधिक होती है। इस आकुलता में कोई अपेक्षा नहीं रहती है, यह भी नहीं अपेक्षा रहती है कि कुछ मिले। बस, जैसे परदेश गये प्रियतम के आने की अवधि पूरी हो गयी हो और नहीं आये अवधि बीती जा रही है।

प्रिया सोचने लगती है क्यों नहीं आये? क्यों नहीं आ रहे हैं? या शायद आ रहे हैं नहीं अब नहीं आएँगे, क्या कारण है? क्यों नहीं आ रहे हैं? इतने संकल्प-विकल्प होते हैं और प्रतीक्षा दुस्सह हो जाती है। एक-एक पल छटपटाहट का एक शिखर बनता जाता है, साँस में अकुलाहट समा जाती है, कमल-नयन को देखने के लिए आँखें बन्दनवार बन जाती हैं। भागवत यही रस, यही उत्कंठा, पैदा करने वाला ग्रन्थ है।

भागवत का आरम्भ ही श्रीकृष्ण की उपस्थिति और अनुपस्थिति के दो चिह्नों से होता है। महाभारत विजय के बाद युधिष्ठिर की एक उदासीनता होती है। कहीं शान्ति नहीं मिलती। भीष्म के पास उन्हें ले जाते हैं इनसे जो सीखना हो सीख लो। भीष्म के पैताने खड़े हो जाते हैं। भीष्म उपदेश देकर गणना करते हैं कि सूर्य अब उत्तरायण होने को हैं शरीर भी छोड़ना है। शरीर छोड़ने के पहले श्रीकृष्ण से प्रार्थना करते हैं कि सामने आ जाओ मैं बस तुम्हें देखना चाहता हूँ। तुम्हारी उसी अकुलाती परेशान मुखछवि अपने भीतर पाना चाहता हूँ। जब युद्ध में घोड़ों की टापों से रौंदी जाती धरती की उड़ती धूलिकाओं से तुम्हारे उड़ते केश सन गये हैं। बार-बार तुम्हारे पसीने-पसीने होते चेहरे पर आ जाते थे और पसीना पोंछने लगते थे। तुम्हारा कवच मेरे बाणों से छिल गया था। मेरी बात रखने के लिए कि तुम्हें युद्ध में हथियार धारण करने को विवश कर दूँगा। अपनी प्रतिज्ञा छोड़कर रथ का चक्का लेकर मारने के लिए दौड़ पड़े थे। मैं उस अकुलाहट को ध्यान में लाना चाहता हूँ। मेरे वेध्य आओ मुझे वेध्य बनाओ।

श्रीकृष्ण की यह धूल-धूसरित थकान और परेशानी बड़ी मोहक है और भागवतकार को बड़ी प्रिय है। बचपन में भी वे धूल से सने वन से गायों को आगे करके लौटते थे तो प्रतीक्षातुर गोपियाँ उन्हें देखते ही आनन्दमत्त हो जाती थीं, वे आँखों के, उत्सव बन जाते थे। विरहरत आँखों के उपास बन जाते थे।

जगत को मथने वाले मदमत्त का मन भी मथने वाले श्रीकृष्ण जब विक्षुब्ध हों, जब आकुल हों, जब समुद्र अपनी स्थिरता खो दे, जब कूटस्थ परब्रह्म आकार ग्रहण करने के लिए आतुर हो जाये, तो उसकी छवि और मोहक हो जाती है। न अकुलाने वाले व्यक्ति की अकुलाहट बड़ी मोहक होती है। वह उपस्थिति एक महापर्व बन जाती है। वह जीवन का महाउत्सव बन जाती है। ऐसे उत्सव पर हजार-हजार विपदाएँ न्यौछावर। जिन विपदाओं के कारण वे झाँकने आ जाते हैं जैसे कुन्ती ने श्रीकृष्ण से विदा होते समय कहा था।

तुम जा रहे हो। तुम एक पल निहार देते थे ये वन, पर्वत, नदियाँ उल्लसित रहती थीं, अब सबकी शोभा छीने चले जा रहे हो। श्रीकृष्ण द्वारिका चले, इन्द्रप्रस्थपुरी उदास हो गयी। द्वारिका बिहंस उठी, उनसे मिलने को आतुर उनकी बाट जोहती पत्नियाँ उमंग में शिथिल उठ नहीं पायीं। बच्चों को भेजा कि इन्हें गोद में ले लें अपनी दृष्टि वहीं लिपटा दी और अन्त में मिलने की अभिलाषा तो पूरी होनी नहीं थी पूरी

नहीं हुई। अन्तरात्मा से कहा कि अब मत चूको, भर लो उन्हें और अन्तरात्मा तो भरी ही। उनकी भी आँखें छलक आईं। बहुत रोका कि प्रिय भीतर ही रहें, प्रिय के मिलने का सुख भीतर ही रहे। पर वह सुख कहाँ समाता है, आँसू बनकर बह चला।

अब अनुपस्थित की एक छवि देखिए, उसकी एक उत्कंठा जगाने वाली शक्ति देखिए, श्रीकृष्ण का समाचार नहीं मिला। अर्जुन द्वारिका भेजे गये। लौटे तो हर प्रकार से लुटकर, उनका सारा तेज चला गया। युधिष्ठिर उन्हें देखते ही घबड़ा उठे। प्रश्न पर प्रश्न करने लगे कि कौन पाप तुमसे हुआ कि तुम्हारा चेहरा इतना श्रीहीन हो गया है और अन्त में अनुमान लगाया हो कि न हो यह इस कारण है कि श्रीकृष्ण चले गये और तुम्हें लगता है कि श्रीकृष्ण के बिना सब सूना है, नहीं तो ऐसी मलिनता क्यों तुम्हारे चेहरे पर आती। अर्जुन कुछ देर तक चुप रहे और फिर फूट-फूटकर रो उठे। बोले, महाराज आज बन्धु बन कर श्रीकृष्ण ने मुझे धोखा दिया। मेरा सारा तेज लेते गये जिनसे देवता भी विस्मित हो जाते थे। उनके वियोग में सब अनिष्ट हो गया। प्राण चले जाएँ तो शरीर शव हो जाता है। वैसे ही यह पृथ्वी शव हो गयी है। वही धनुष है, वही बाण है, वही रथ है, वही घोड़े हैं, वही रथी मैं हूँ जिसके आगे नृपति सिर झुकाते थे और क्या हो गया? श्रीकृष्ण के न रहते सब व्यर्थ, जैसे भस्म में आहुति डालने का कोई फल नहीं। कुहासे को आग मानकर भोजन पकाये और भोजन न पके, ऊसर में बोये बीज न जमे, जीवन का सब प्रयोजन व्यर्थ हो जाये।

राम की अनुपस्थिति में अयोध्या की अँधियारी रात का भी ऐसा ही चित्र मानस में श्री तुलसीदास जी ने खींचा है—*लागत अवधि भयावन भारी, मानहु काल राति अँधियारी। घोर जन्तु सम पुर नर-नारी, तड़पत एकहि एक निहारी। घर मसान परजन घर भूता, सुतहित मीत मनहुँ जमदूता।*

जो सारी आत्मीयता है एक क्षण में अनात्मीयता में परिवर्तित हो जाती है। ऐसी होती है अनुपस्थिति श्रीकृष्ण की। उस विराट् की अनुपस्थिति का विराट अनुभव भागवत का घना आछन्न आकाश है और ऐसे अनुभव की छाया में मृत्यु जैसे बोध से जगी हुई प्यास उस आकाश को पिघलाती है और ऐसा रस बरसता है कि मोक्ष भी अपात्र हो जाता है। बड़े से बड़ा सुख भी तुच्छ और हेय हो जाता है। मरण-पीड़ा ही द्वार है, दीक्षा है भागवत के रहस्य की। परीक्षा की इस मरण-दीक्षा से प्रेरित होकर/सात दिनों तक, जितनी देर गाय न दुही जाये, उससे अधिक कहीं न टिकने वाले, शुकदेव गंगा के किनारे टिक गये एक प्रश्न का उत्तर देने के लिए कि मृत्यु के इस क्षण में क्या करना चाहिए। इस रिक्ति को कौन भरेगा और भागवत इसका उत्तर बना। जो व्यक्ति के रूप में मर जाते हैं, विदेह हो जाते हैं, परमहंस हो जाते हैं, उन्हें कौन भरता है? यह भागवत् है, जो श्रीकृष्ण के विरह में ऐसे तड़पने लगते हैं, जैसे अपने प्राण हेर रहे हों, हरेक दिशा में, जैसे उन्हें कहीं धरोहर रखा था। वह धरोही कहाँ गया। जैसाकि सूफी गीत में आया है।

उनकी तड़पन का आत्माराम मुनियों के उन्मन मन की अविराम लालसा का आलम्बन ही भागवत का आलम्बन है। ऐसा आलम्बन है, जो साथ-ही-साथ उद्‌दीपन है, वही भाव भी है और अनुभाव भी है। श्रीकृष्ण प्यार के आलम्बन हैं, आकुलता के आलम्बन हैं, श्रीकृष्ण ही उद्‌दीपन हैं, क्योंकि जगत् की समस्त उद्‌दीपन सामग्री के वे आलम्बन हैं। मेघ उनके लिए आँसू बहाता है, चन्दमा उनके विरह में पीला पड़ता है। समुद्र उनके लिए बिलखता है। श्रीकृष्ण ही रोमांच हैं मूर्च्छा है, और तरह-तरह के संचारी हैं। ईर्ष्या, असूया में भी श्रीकृष्ण ही श्रीकृष्ण हैं। श्रीकृष्ण ही रति हैं, प्यार हैं, अनुग्रह हैं। शायद प्यार और अनुग्रह ही उनका सबसे अधिक शाश्वत और साकार विग्रह है। श्रीकृष्ण को देखना हो तो झुरमुटों और झाड़ियों में देखो, जिनपर पर्त-दर-पर्त श्रीकृष्ण और गोपियों की रज पड़ी हुई है। श्रीकृष्ण ने वनस्पतियों का मीलित चैतन्य पूरी तरह उन्मीलित कर दिया है।

भागवत का अर्थ ऐसी ही चैतन्य लीला के लिए पहले-ज्ञान भूमि तैयार करते हैं, कर्म भूमि तैयार करते हैं तीसरे स्कन्द से सातवें स्कन्द तक। एक तत्त्वदर्शन देते हैं कि निर्गुण भी स्वेच्छा से क्यों और कैसे गुणवान् होता है। कैसे देशकाल के परे रहकर, द्रव्य, गुण, क्रिया से निरपेक्ष रहकर, उनका आश्रय लेता है। वे निखिल सृष्टि का विस्तार बतलाते हैं। अवतारों के सोपानों का वर्णन करते हैं। भगवद्‌भक्तों की लम्बी परम्परा का परिदृश्य उपस्थित करते हैं। ध्रुव-जैसा बालहठी, वृत्र-जैसा पराक्रमी, प्रह्लाद—जैसा असुरपुत्र, बलि जैसा दानी और अजामिल-जैसा पापी कैसे नारायण की ओर अभिमुख होते हैं। इसका एक विवरण देते हैं। श्रीकृष्ण लीला आख्यान के पास वे पहुँचते हैं। श्रीकृष्ण लीला का रस ज्ञान, कर्म, भक्ति तीनों सोपानों को पार करके मिलता है। कच्चे घड़े में यह रस नहीं रखा जा सकता। बड़ी तेज आँच में पके घड़े में ही यह रस टिकता है। श्रीकृष्ण लीला का आस्वादन करने वाली इन्द्रियाँ पहले गौचारण के लिए जाती हुई गायों के चरणरज का अनुसरण करती हैं और जब श्रीकृष्ण का रस उनमें भर जाता है, तो वे आगे हो जाती हैं और श्रीकृष्ण उनके पीछे-पीछे चलने लगते हैं।

जो आँखें श्रीकृष्ण को निरखती हैं श्रीकृष्णमय हो जाती हैं, आँखें नहीं रह जातीं फिर उनसे कुछ देखना नहीं रहता है। श्रीकृष्ण ऐसी आँखों को देखने के लिए अकुला जाते हैं। श्रीकृष्ण स्वयं बछड़ा बन जाते हैं, गोपाल बन जाते हैं, गोपालकों के वात्सल्य पाने के अभिलाषी। वृन्दावन से श्रीकृष्ण प्रस्थान करते हैं तो अक्रूर को यमुना जल और यमुना तीर पर एक साथ दो-दो रूप में श्रीकृष्ण एक साथ दिखलाई पड़ते हैं। वृन्दावन की ओर मोर मुकुटधारी गोपाल रूप और चन्दमा में चतुर्भुज धारी अक्रूर के रथ पर वह विष्णु रूप जाता है। गोपाल वृन्दावन में ही टिक जाता है। इसीलिए उद्धव वृन्दावन जाते हैं, बलराम जाते हैं, श्रीकृष्ण वृन्दावन नहीं लौटते। क्यों लौटें? वे तो वहाँ व्याप्त हो चुके हैं। बस कुरुक्षेत्र में जहाँ उन्हें गीता का उपदेश करना है।

सूर्यग्रहण के अवसर पर मथुरा-वृन्दावन से आये सुविदों से, साथियों से, बन्धुओं से, सखियों से मिलते हैं। मानो अग्नि ही बिछड़ी हुई प्रकृति से मिलती है। बिछड़ी हुई गोपियाँ जब श्रीकृष्ण से मिलती हैं तो ऐसा लगता है कि अब इतने दिनों बाद मिले हैं, इन्हें अपलक देख लें। देखें ही न आँखों के द्वार से इन्हें हृदय में रख लें और इन्हें भर लें। ये जाने न पाएँ और भागवतकार कहते हैं, इन गोपियों को वह भाव प्राप्त हुआ, जो उनसे नित्य जुड़े लोगों को, जोगेश्वरों को, भी कठिनता से कभी-कभी मितला है। गोपियों को यह भाव सहज मिल गया। देखना ही उनके लिए होना हो गया।

श्रीकृष्ण ने उन्हें देखा और फिर उनके होकर उनसे मिले। कुशल समाचार पूछा। कैसी विडम्बना है : श्रीकृष्ण क्षमायाची स्वर में पूछ रहे हैं—"सखियों! इस निष्ठुर विस्मृतिशील सहचर की याद तुम्हें आती है? कितने दिन हुए मैं तुमसे मिला नहीं। मैं दुष्टों के संहार में लगा रहा। किन-किन कार्यों में यह मन अटका रहा। मुझे अकृतज्ञ न मानना। मैं तुम्हारा चिरऋणी हूँ। यह संसार ही संयोग-वियोग का वितान है। और अनन्त में तुरन्त बिलख पड़े। इतने में ही श्रीकृष्ण ने सब कुछ कह दिया और गोपियाँ ऐसी निहाल हुईं कि उनका जीवकोष ध्वस्त हो गया। उनकी देह बन्धन नहीं रही। वे भावमुक्त हो गयीं और उन्होंने कहा कि इस रस भरे देहगृह में बस तुम्हारे चरण कमल खिलते रहें। भागवत्कार श्रीकृष्ण के वचन इस प्रकार दोहराते हैं। और गोपियों का उत्तर यह है योगीश्वरों के अगाध हृदय में जो कमल खिलता है वह देह में रहते हुए घरबारी मन में सदा-सदा खिलता रहे। भागवत्कार ने नारीदेह को, नारीचित्त को जो प्रतिष्ठा दी, विशेष रूप से सहज जीवन बिताने वाले अत्यन्त निश्छल चित्त को जो प्रतिष्ठा दी वह ब्रह्मा, नारद, शुक, उद्धव सबकी स्पृहा का विषय बन गया। भागवत में इसी से श्रीकृष्ण इस धराधाम को छोड़ते है। लीला का संवरण करते हैं तो वे उद्धव को ज्ञान देकर विदा कर देते हैं और रहते हैं अपनी चरण पादुका देकर जाओ। बदिरकाश्रम जाकर भागवत् भाव से रहो। नर-नारायण के साहचर्य का अनुभव करो और कराओ। उद्धव विज्ञानमय होकर भी सान्निध्य छोड़कर जाना नहीं चाहते। बार-बार जाते हैं और बार-बार लौटते हैं।

इसके बाद द्वारिका से अलग प्रभास तीर्थ में श्रीकृष्ण चले जाते हैं। उसके पहले बलराम योग क्रिया से शरीर त्याग करते हैं। श्रीकृष्ण अपने अधिष्ठानरूप अनन्त के मानस भाव से विदा होने पर निपट अकेले नदी तट पर पीपल की जड़ों पर सिर टेककर लेट जाते हैं और अपना दायाँ चरण मोड़कर छाती पर रख देते हैं—जैसे जाँच रहे हों, जोख रहे हों; इस चरण में मेरे प्रियजनों की कितनी प्रीति है, मेरा हृदय भी इस प्रीति का अनुभव कर ले। लोहे के मूसल का एक टुकड़ा समुद्र में छिटक गया था, वह मछली के पेट से जरा नामक व्याध ने निकाला और उसका उसने तीर बनाया। छाती पर उमड़े चरण को दूर से देखा। उसे मृग के आकार का आँखों को

भ्रम हुआ। उसने तीर चलाया। पास आया तो उसे चतुर्भुज रूप दिखा। चरणों में गिरा। अज्ञान में पाप हुआ। कैसे निष्कृति होगी? भगवान श्रीकृष्ण ने कहा—तुम तनिक भी डरो मत; तुमने मेरी निष्कृति की है, मैंने यदुवंश में जन्म लिया ऋषि के शाप का एक टुकड़ा मुझे भी लगना ही लगना था; नहीं तो, मेरी निष्कृति नहीं होती। मेरी यह देह नहीं छूटती। तुम अब दिव्य शरीर धारण करके स्वर्ग जाओ, जरा भी चला गया। दारुक गरुड़ध्वज रथ पर खोजते-खोजते उनके पदचिह्नों को देखते-देखते पदचिह्नों से अधिक बलवान की तुलसी की माला की गन्ध जो उनकी छाती पर विराजमान रहती है, विह्वल होकर बोले—"प्रभु! तुम मुझे छोड़कर क्यों चले आए। मैं कहाँ जाऊँ, मैं सारथी हूँ तुम्हें रथ पर पाकर इतना कहते-कहते गरुड़ध्वज रथ घोड़ों के समेत देवलोक को चला गया। उसी के साथ पांचजन्य शंख, सुदर्शन चक्र, कौमुदकी गदा, शाङ्‌र्ग धनुष ये सभी उसी के साथ चले गये।

श्रीकृष्ण निपट मनुष्य होकर रह गये। दारुक को उन्होंने विदा किया, कहा—द्वारिका जाओ, यदुकुल के विनाश का समाचार दो, अंत्येष्टि की व्यवस्था करो, बचे लोगों से कहो—द्वारिका छोड़ दें। इन्द्रप्रस्थ चले जाएँ। अर्जुन आते होंगे। मेरे जाने के बाद समुद्र द्वारिका को लील जाएगा। क्या करता, आज्ञा पालन करना था। दारुक भी चला गया। श्रीकृष्ण के पास कोई नर नहीं रहा। नारायण का कोई साज नहीं रहा। जिस धरती पर नंगे पैर बचपन में चले, जिसे अपने स्पर्श से पुलकित किया जिसकी रज से स्वयं शोभित हुए उसी धरती पर उसी की धूल में सने श्रीकृष्ण जाने कब चले गये। किसी मनुष्य ने नहीं देखा। केवल देवताओं, पितरों, सृष्टि के विधाता ने, उमा-माहेश्वर ने देखा कि धरती का सर्वस्व छिना जा रहा है। जिस धरती के सौभाग्य के लिए स्वर्ग तरसता है और तरसता रहेगा। देवताओं का मन ललकता रहेगा कि हाय हमें नरलीला के रस में हिस्सा क्यों नहीं मिला। कल्प-कल्प जीने से क्या लाभ? अल्पायु मनुष्य ने जो यह सम्भावना पाई कि अपनी ही सजातीय देह से नारायण का स्पर्श करके स्वर्ग अपवर्ग के लाभ का तिरस्कार कर दें, उसे एक क्षण में ही सृष्टि का सर्वस्व प्रयोजन मिल गया।

भागवतकार ने श्रीकृष्ण लीला रस से सिक्त भारतभूमि के लिए देवताओं की दशा का जो वर्णन किया है वह मैं समझता हूँ कि सबसे उत्तम राष्ट्रगीत ही नहीं सबसे उत्तम मानवगीत भी है। क्या होगा स्वर्ग लेकर क्योंकि भोग के अतिशय में नारायण की स्मृति चली जाती है। क्षणिक मानव देह पाकर यह सम्भावना तो है विशेष करके भारत-भूमि में जन्म ले करके कि नारायण का अभयपन मिल सकता है। केवल एक क्षण में झटके से लिए गए संकल्प से सब कुछ नारायण को अर्पित कर दो, अपना कुछ न रखो,द सब त्वदीय कर दो। मदीय कुछ न रखो। भागवत् इस भारत भूमि का हृदय है। बड़ा ही कठोर और बड़ा ही कोमल श्रीकृष्ण की तरह; जो इसे बाँचकर जीविका चलाते हैं। उनके हाथ में आकर निकल जाता है जो पूरा

अर्थ नहीं समझते। किसी एक क्षण में कहीं किसी प्रसंग पर विगलित हो जाते हैं, अश्रु और रोमांच बन जाते हैं, भागवत् उनका हो जाता है। भागवत् इतना दारुण है कि नरदेह को नारायण ही क्यों न हों अन्तिम क्षण में आवृत्त किए बिना नहीं रहता है और नारायण को अभिव्यक्ति बनाए बिना नहीं रहता। क्यों देते हो प्यार? सर्वस्व छीनने के लिए, क्यों देते हो ममता! दूसरी ममता को ध्वस्त करने के लिए, क्यों भटका देते हो! कँटीली झाड़ियों में भटकने के लिए। जब तुम्हें आँख मिचौनी ही खेलते रहना है साथ ही साथ इतना छल है कि एक साँस की फूँक से जड़ को चेतन कर देता है। वृक्षों में हुड़क भर देता है। नदियों की लहररूपी अंजुलियों में कमलोपहार रख देता है कि चढ़ाओ उन चरण कमलों पर जो तुम्हारे पुलिनहार हैं।

भागवत् का काव्य शरद गाते हैं, मेघ बरसकर गुजर जाएँ, नदी का जल घटकर निखर जाये, संतृप्त धरती कास के फूलों से बिहस उठे, आकाश स्वच्छ हो जाए शुद्ध निखिल ब्रह्म की तरह और उसमें अमृत-कलशचन्द्र अमृत से भर जाए और भर क्या जाए अमृत समाये न समाये सारे रंग केवल श्यामलता में समा जाएँ, सारे राग विराग में समा जाएँ और वह विराग ही एकमात्र राग रह जाए तब भागवत् के रस का समष्टि में रागशील नर्तनशील रस का सही मायने में प्रादुर्भाव होता है। कैसे समझें और कैसे समझाएँ इसके मर्म को, भागवत्कार की दृष्टि को कैसे निरखें, जो दृष्टि शरदऋतु के खिले सच्चाई के सरोज के भीतरी पटलों की शोभा चुराकर निहार रही है। निहार क्या रही है और समस्त रागों की रंगत भर रही है। भागवत् कथा का एक नीरस-सा ग्रन्थ तो देना सम्भव था, मैंने दे दिया। किन-किन चुने प्रसंगों पर चर्चा करें, समझ में नहीं आता। कोई प्रसंग तो ऐसा नहीं है जिसे छोड़ा जा सके जैसा कि भागवत्कार ने खुद कहा। उस बाल-लीला की बात करें, जिसके बारे में कुन्ती ने कहा था और जिसकी चर्चा मैंने आरम्भ में की थी। तुम्हारा अपराधी भाव से बाँध जाना, मुझे बड़ा अच्छा लगता है।

गोपियों के हाथ की कठपुतली बने श्रीकृष्ण की बात करें कि जो गोपियाँ जैसे नचाती हैं, नाचते-गाते कभी पीढ़ा लाकर देते, कभी नापने का बर्तन लाकर देते, कभी पादुका लाकर देते, कभी पाँव दबाते।

ब्रह्मा ने जब बछड़ों और ग्वालबालों को छिपा दिया, जब श्रीकृष्ण ने अपने को हजार-हजार बछड़ों और ग्वालबालों के रूप में परिवर्तित करके स्वयं उनके अलंकरण, उनकी लकुटी, उनकी वेणु, उनका परिधान, उनका सिंगार बनके जो कौतुक किया उसकी बात करें तो ऐसे ग्वालबाल को पाकर माताएँ निहाल हो गयीं। दुग्ध की धार बह चली, लो कितना पियोगे, प्यारे परब्रह्म, गाएँ रंभा उठीं कि परब्रह्म दूध पिएँगे, वे इतनी पिन्हाई, इतनी पिन्हाई, इतना दूध उतरा कि परब्रह्म नहीं पी सके और उस दूध को गाय परमतृप्ति से चाटने लगीं। श्रीकृष्ण के स्वाद का स्वाद कैसा होता है?

गोपियों की उस आकुलता की बात करें कि श्रीकृष्ण जानते नहीं मानते

नहीं। गोचारण में कितना कष्ट है और गोचारण के लिए निकल जाते हैं। उनके मलिन्द-सुन्दर-पग जाने किन कंकरीली-पथरीली राहों पर पड़ रहे होंगे। कितने काँटे चुभते होंगे। उनके चरण इतने कोमल, कि हमें अपने अंगों पर रखते हुए डर लगता है। कहीं ये कठोर अंग चुभ न जाएँ नलिन-सुन्दर पदों में। हाय रे निर्मोही! हमको तो सताते ही हैं अपने को भी सताते हैं। ऐसे चंचल कि न खुद उनसे रहा जाता है और न वह किसी को घर के भीतर चैन से रहने देते हैं। इस तरह घूमना सोचकर, उनका मन कितना कड़वा हो जाता है।

मन के बारे में भागवत्कार ने कलिल शब्द का प्रयोग किया है। कलिल का एक अर्थ है–'पग', मानो उत्सुक के चरण कमल का स्थान तो यहाँ है। दूसरा अर्थ है गर्भ की आरम्भिक अवस्था। मानो मन में नयी सृष्टि आने का भाव जगता है, बृज से चलते समय गोपियों के उस विलाप के साथ हम भी बिलखें कि जिसकी स्निग्ध मुसकान ने मन्त्र फूँक दिया था और लीलामयी दृष्टि ने हमें भर लिया था। जब उन्होंने रास रचा था और जब महारास की रात क्षीण हो गयी थी, वे जा रहे हैं। अब दुरन्त अंधकार कैसे झेला जायेगा ऐसे उजास के बाद विशेष रूप से। अथवा उस पराक्रम का स्मरण करें जब उन्होंने अकेले असुरों और मदान्ध ऋषियों का निकन्दन किया। साथ-साथ दुर्दान्त-बैल एक साथ नाथ दिये। हाथी के ऊपर सवारी की, कालिया के फन पर नाचे, अपनी उँगली पर गोवर्धन थामा, दावानल पिया, मल्लों को पछाड़ा, सब कुछ हँसते-हँसते। उस मित्र-वत्सलता का स्मरण करें कि दीन-हीन सुदामा के धूलधूसरित चरण आँसुओं से पखारे, मित्र से भर अंक भेंटकर अत्यन्त आनन्दित हुए। उनके ईश्वरत्व का आवरण हट गया वे निवृत्त हो गये; उनकी आँखें उस आँधी पानी वाली विराट की स्मृति से भर आयीं, जब वे सुदामा के साथ गुरु के आश्रम में बन में लकड़ी तोड़ने गए थे, कहो मित्र! वह रात याद है, एक-दूसरे का हाथ थामे एक-दूसरे को अवलम्ब देते हुए, हम भटकते रहे और पानी मूसलाधार बरस रहा था। कुछ सूझ नहीं रहा था, कैसी थी रात, और कैसा था उसे नकारने वाला-मैत्रिक हाथ। या नित्य साथ रहने वाली मनीषियों की उस विरह विवशता की बात करें, जब उन्हें समस्त प्रकृति सर्वदुःखभागिनी लगती थी, कुररी श्रीकृष्ण के लिए रात-रात टेरती थी। समुद्र चीत्कार बन्द नहीं करता था, मेघ के आँसू नहीं थमते थे। क्या हो जाता है, उसे जिसे श्रीकृष्ण की विहँसती हुई छवि मिल जाती है?

चित्त को यह चीरकर रख देता है–श्रीकृष्ण का ऐसा अवलोकन। ऐसे विक्षिप्त करने वाले श्रीकृष्ण का अन्तिम रूप और मोहक लगता है? बहुतायत में रहने वाले कान्हा ऐसे अकेले निस्सहाय क्या इसलिए कि चलते-चलते समूची नरदेह की अनिवार्यता छीन लेना चाहता है? नरदेह की पूरी पीड़ा आत्मसात् कर लेना चाहते हैं? बिना पीर समझे पीर हरेंगे कैसे? समझ में नहीं आता, निठुर है या कोमल, कहीं कोई ममता नहीं, कहीं कोई मोह नहीं, और बाँधते हैं कि विछोह में चित्त विनाशिनी

लीला के साथ।? कृष्ण का अनुगमन नहीं किया जा सकता। पर विवशत है कि कृष्ण के खिंचाव में जो जहाँ है वहाँ रह नहीं जाता, बस व्रजन का भाव बरबस उठता है। चलो रुकना नहीं है बृजबिहारी के लिए बृजी बनो, बृज बनो और बृज न बन सको, तो बृज की रेत के कण बनो। कण बनकर भी ठहरो नही, उनके लीला रसिक चरणों में पड़कर माँ के कन्धों पर सवार हो जाओ। उनके विरह में सँवराई जमुना के समीप उतर जाओ। ऐसी पुकार लगाता है—श्रीमद्भागवत। भागवत की व्याख्या करने के लिए रूपगोस्वामी, जीवगोस्वामी, मधुसूदन सरस्वती की तपस्या चाहिए। पूज्य स्वामी करपात्री जी का अगाध ज्ञान चाहिए। जहाँ कुछ नहीं है तो भी भागवत भिगो देता है। मेरे जैसे विषयों के चंगुल में प्यास बुझाने के लिए अंधे-कुँए के पास गये और उसमें गिरे हुए असहाय व्यक्ति को मुझे लगता है कि भागवत् अन्धकूप पतितों के लिए ही लिखा गया है। इस साहित्य की बाँहें इतनी लम्बी हैं कि हमारे जैसे अतिसाधारण भक्त लोगों तक भी पहुँचती हैं। क्या इससे भी बड़ी साहित्य की कोई कसौटी होती होगी?

—अप्रकाशित

लोकोन्मुख मानव बोध

मल्लानामशनिर्मृणां नरवरः स्त्रीणांस्मरोमूर्तिमान्
गोपानां स्वजनोऽसतां क्षितिभुजां शास्ता स्वपित्रोः शिशुः।
मृत्युर्भोजपतेर्विराडविदुषां तत्त्वं परं योगिनां
वृष्णीनां परदेवतेति विदितो रङ्गंगतः साग्रजः।।

भागवत का अर्थ है भगवान् को लक्ष्य करके रचा ग्रन्थ। इसलिए यह शंका सहज उठ सकती है कि तब मनुष्य से इसका कोई सम्बन्ध नहीं हो सकता। परन्तु भगवान् की ऐश्वर्यवत्ता तो मानवदेह में ही पूर्ण होती है, यही भागवत का प्रतिपाद्य है, तब स्पष्ट हो जाता है कि मानव-देह कितनी महत्त्वपूर्ण है। यह अवश्य है कि यह देह साधन है, साध्य नहीं, समस्त प्राणियों के साथ तादात्म्य का अनुभव करने के लिए मनुष्य सबसे अधिक समर्थ है, क्योंकि उसमें चैतन्य का उन्मीलन सभी प्राणियों से अधिक है, परन्तु इसका यह अर्थ नहीं कि दूसरे प्राणी नितान्त अधम हैं। जब शुकदेव ने परीक्षित् का ब्रह्मा के द्वारा वत्सगोपहरण की कथा सुनाई; ब्रह्मा ने परीक्षा लेनी चाही, बछड़ों और गोपबालों को छिपा दिया, देखें श्रीकृष्ण इन्हें ढूँढ़ पाते हैं या नहीं। श्रीकृष्ण ने विधाता का अभिमान तोड़ने के लिए उतने ही बछड़ों और गोपबालों के रूप में अपने को प्रकट कर दिया, सृष्टि नहीं की, विशिष्ट होकर भी स्वयं परिणत हो गए असंख्य सामान्यों में। ऐसे कि उन बछड़ों की और गोपबालों की माताओं को कुछ भी अन्तर नहीं जान पड़ा, या हों कहें उन्हें अपने बछड़े, अपने बच्चे और अधिक अपने लगे (क्योंकि वे आत्मरूप हो गए थे उनकी स्नेहातुरता और बढ़ गयी) तब परीक्षित् ने प्रश्न किया—श्रीकृष्ण तो पराये थे, दूसरे के गर्भ से पैदा हुए थे, गोपमाताएँ और गउएँ उनको बच्चे या बछड़े के रूप में देखकर उनके लिए क्यों इतनी उमंग उठी? शुकदेव ने उत्तर दिया कि आत्मा सबको प्रिय है, पुत्र-वित्त सब आत्मा को पाकर ही प्रिय हैं, जिन्हें देह में ही आत्मबुद्धि होती है, देह के जीर्ण होने पर उनके भीतर जीविताशा अधिक बलवान् रहती है, इससे यह अर्थ निकलता है कि सभी देहधारियों को आत्मा प्रिय है, यह चराचर जगत् उसी के लिए है, और श्रीकृष्ण तो सर्वात्मभाव से सबको देखने वालों की आत्मा हैं, वे जगत् के हित के लिए एक पिंड में अवस्थित हैं।

सर्वेषामपि भूतानां नृप स्वात्मैव वल्लभः।
इतरेऽपत्यवित्ताद्यास्तद्वल्लभतयैव हि।।
देहोऽपि ममताभाक् चेत्तर्ह्यसौ नात्मवत् प्रियः।
तज्जीर्यति देहेऽस्मिन् जीविताशा बलीयसी।।
तस्मात् प्रियतमः स्वात्मा सर्वेषामपि देहिनाम्।
तदर्थमेव सकलं जगदेतच्चराचरम्।।
कृष्णमेवमवेहि स्वमात्मानमखिलात्मनाम्।
जगद्धिताय सोऽप्यत्र देहीवाभाति मायया।।

भागवतकार मानव का महत्त्व इसमें मानते हैं कि वह दूसरे प्राणियों के भतीर चैतन्य की सम्भावना को समझ सकता है और जब समझ लेता है तो वह वस्तुरूप में अपने परिवेश को नहीं देखता, आत्मरूप में देखता है।

स्वयं श्रीकृष्ण ने प्रकृति को अपने बड़े भाई अनन्तरूप बलराम की चर्चा करते हुए देखा और कहा कि ये झुक-झुक फल-फूल बरसा रहे हैं, ये अपना अन्धकार दूर करने के लिए वृक्षयोनि में जैसे पैदा हुए हैं। ये और कुछ नहीं वस्तुतः मुनिगण हैं, आपका यशोगान कर रहे हैं, हरिणियाँ आपको स्निग्ध दृष्टि से देख रही हैं, मोर नाच रहे हैं, कोयल कुहक रही है, नदी-पर्वत-धरती सब आपके चरणों के स्पर्श और दृष्टिपात से कृतार्थ हो रहे हैं। अभिप्राय यही है कि वृन्दावन का परिवेश अपने को अनन्तरूप बलराम और अनन्त के सहचर अखण्ड चैतन्यप्रवाह श्रीकृष्ण का अंश अनुभव कर रहा है।

अहो अमी देववरामरार्चितं पादाम्बुजं ते सुमनःफलार्पणम्।
नमन्त्युपादाय शिखाभिरात्मनस्तमोऽपहत्यै तरुजन्म यत्कृतम्।।
एतेऽलिनस्तव यशोऽखिललोकतीर्थं गायन्त आदिपुरुषानुपदं भजन्ते।
प्रायो अमी मुनिगणा भवदीयमुख्या गूढं वनेऽपि न जहत्यनघात्मदैवम्।।
नृत्यन्त्मी शिखिन ईड्य मुदा हरिण्यः कुर्वन्ति गोप्य इव ते प्रियमीक्षणेन।
सूक्तैश्च कोकिलगणा गृहमागताय धन्या वनौकस इयान् हि सतां निसर्गः।।

भागवत की दृष्टि में सृष्टिमात्र में एक अखण्ड जीवन-प्रवाह है, वह नरदेह से अपेक्षा रखता है कि वह प्रवाह की निरन्तरता को प्रकट करने वाली शक्ति वहन का साधन बने श्रीकृष्ण और बलराम वस्तुतः जीवन की प्राणवत्ता और निरन्तरता के साकार विग्रह हैं, उन्हें नरदेह में पाकर सबके प्राण उल्लसित होते हैं, सबको अपनी अनन्तता का अनुभव होता है, मनुय को भी, अन्य चर-अचर संसार के प्राणियों को भी। भागवत यह मानकर चलता है कि इस विश्व के केन्द्र में जीवन का निरन्तर और अखण्ड प्रवाह है, केवल मनुष्य नही। मनुष्य के जीवन की सार्थकता है इस अखण्डता और निरन्तरता का साक्षात्कार कराने में, उसका शरीर पराश्रय है, दूसरों का आश्रय

है, या कहें एक श्रेष्ठतर भाव का आश्रय है। शौनक मुनियों ने सूत से प्रश्न किया था कि परीक्षित् जैसे राजा ने मृत्यु के सामने अपने को समर्पित क्यों किया, गंगा-किनारे उपवास करके बैठ गये, उन्हें अधिकार कहाँ था शरीर तजने का, शरीर तो उनका था नहीं, वे भगवत्परायण लोक के कल्याण के लिए, अभ्युदय के लिए जीते हैं, अपने लिए नहीं। क्यों उन्हें इस शरीर से वैराग्य हुआ?

शिवाय लोकस्य भवाय भूतये य उत्तमश्लोकपरायणा जनाः।
जीवन्ति नात्मार्थमसौ पराश्रयं मुमोच निर्विद्य कुतः कलेवरम्।।

भागवत इसी प्रश्न का एक विस्तृत उत्तर है, शरीर-निर्वेद नहीं शरीर के धर्म का स्मरण ही भगवद्भक्ति है, परीक्षित् ने लोकधर्म का पालन करते हुए ही जरा-सी चूक की, एक बच्चे ने उन्हें शाप दिया, सात दिनों बाद सर्प तुम्हें डँस लेगा। परीक्षित् ने उस शाप को सिर-माथे लिया और मन में सोचने लगे कि मुझसे जो प्रमाद हुआ, उसका परिमार्जन कैसे हो, सम्भवतः धर्म के मूल स्वभाव, धर्म की प्रकति को मैं भूल गया। इसी से वे गंगा के किनारे सब कुछ तज कर चले गए, लोक का त्याग किया तो लोक का होकर ही त्याग किया।

धर्म के भीतर से गुजर कर धर्म की अन्तरात्मा का परिचय प्राप्त करने के लिए मनुष्य को धर्म का अतिक्रमण करना पड़ता है। वस्तुतः लोक-धर्म एक सोपान है, गन्तव्य नहीं है, गन्तव्य है उसकी सार्थकता की जाँच करके सबसे चरम जीवन-मूल्य का अन्वेषण।

भागवत इसी से मोक्ष को तुच्छ समझता है, अन्वेषण के सतत और सजग प्रयत्न को ही सार्थक समझता है, स्वर्ग आदि तो केवल प्रलोभन हैं, राह में अटकाने के लिए, वहाँ अटकना नहीं है, सिद्धियाँ भी विघ्न हैं–

न नाकपृष्ठं न च पारमेष्ठ्यं न सार्वभौमं न रसाधिपत्यम्।
न योगसिद्धीरपुनर्भवं वा समंजसं त्वा विरहय्य कांक्षे।।

देह की सार्थकता समंजस की प्राप्ति है, सामंजस्य का दर्शन है, ओत-प्रोत भाव का साक्षात्कार है, अथवा उस भाव के प्रवाह में अपने को तृण की तरह डाल देने का संकल्प है। भागवतकार ने तमाम वर्षों को गिनाते हुए भारतवर्ष की महिमा का वर्णन किया और यहाँ ऋषि के रूप में नारद की, मनु के रूप में सावर्णि की और अधिष्ठाता देव के रूप में नरनारायण की सांख्ययोग के मार्ग से सर्वभूतात्मा, अनात्मा, अनिर्वचनीय अनिकेत भगवान् वासुदेव की भक्ति को जीवन-श्रद्धा के रूप में प्रतिष्ठित किया।

इसका एक गहरा तात्पर्य है कि यहाँ जो पैदा होते हैं, वे संसार से मुक्ति नहीं चाहते, वे गमनागमन से मुक्ति नहीं चाहते, वे देवलोक का भोग नहीं चाहते, वे बार-बार जन्म लेकर भगवद्भाव की अधिकारिता प्राप्त करना चाहते हैं, वे नारायण और नर का साहचर्य अनुभव करना चाहते हैं, अपने बाजू में नारायण को तप करते देखना चाहते हैं–

प्राप्ता नृजातिं त्विह ये च जन्तवो
ज्ञानक्रियाद्रव्यकलापसंभृताम्।
न वै यतेरन्नपुनर्भवाय ते
भूयो वनौका इव यान्ति बन्धनम्।।

स्वेच्छा से बन्धन का वरण करने का यह विधान अद्भुत है। यह बन्धन भावबन्धन है, जिसे अखिल संसार का और उससे जन्य पीड़ा का अनुभव अपने भीतर हो और उससे दूर करने का निरन्तर उपाय करते रहने का क्रम बना रहे, तभी नारायण का साहचर्य मिलता है।

नर-नारायण के साथ-साथ तप करने का और दूसरा अर्थ क्या हो सकता है। आचार्यों ने भक्ति को जो पंचम और चरम पुरुषार्थ कहा, उसकी पीठिका भागवत में तैयार हुई, मध्ययुगीन भक्ति-आन्दोलन में यही विचारपीठिका समस्त प्राणियों में ऐक्य की स्थापना में सहायक हुई। कोई भी उपेक्षणीय नहीं है, उलटे सबसे उपेक्षणीय ही भगवद्भाव की दृष्टि से सबसे अपेक्षणीय है, सबसे पहले भगवान् उसी की ओर दौड़ते हैं, जो असहाय है, जो सबसे विपन्न है, जिसकी ओर किसी की दृष्टि नहीं जाती, जो पुकार लगाता है, मेरे और कोई नहीं है, मैं सन्त्रस्त हूँ। भगवान् वहीं दौड़े चले आते हैं, इससे भगवत्परायण व्यक्ति के ध्यान का केन्द्र भी भगवान् की ऐसी उपस्थिति हो जाती है। वहीं चलना चाहिए जहाँ आर्त्त पुकार है, भगवान् वहीं उपस्थित होंगे। उस आर्त्तता को दूर करने में जो उद्यम होगा वह भगवान् का उद्यम होगा, अपने भीतर के अनुतप्त नारायण का उद्यम होगा, यह उद्यम ही उनका वास्तविक अर्चन होगा।

जो लोग समझते हैं कि भक्ति कर्म का प्रतिषेध है या ज्ञान का प्रतिषेध है, वे भागवत का भाव नहीं समझते, भगवान् का होने का दायित्व नहीं समझते। क्षुद्र अभिमान के विसर्जन के बाद जो कर्म होता है, जो ज्ञान की संसिद्धि होती है, वह न तो बाँधने वाली होती है, न आत्ममोह देने वाली होती है। भक्ति में कर्म और ज्ञान का सही विनियोग होता है। भक्ति के द्वारा गुणमय देह का भावमय देह में रूपान्तरण होता है, जीवन के कोश का ध्वंस होता है, न देह का ध्वंस होता है, न जीव का, न जगत् का जैसे दूध का दही में परिवर्तन होता है, दूध के विकार का शमन होता है, दूध में नया रस आता है, उसी प्रकार एक विशेष प्रकार के ताप के अनुभव से भगवान् को प्राप्त करने की इच्छा के समुदय से और मृदु ताप में बने रहने से मनुष्य का रूपान्तरण हो जाता है, वह स्व न रह कर पर बन जाता है, तदीय बन जाता है, परकीय बन जाता है और तभी बिना अधिकार के भाव से वह उनसे पाने की अपेक्षा किए बिना भी उनमें ही बस जाता है। जारबुद्धि को जो लोग अनैतिक अर्थ में लेते हैं, वे इसका मर्म नहीं समझते। रास के समय वंशी बजी, सब

चित्तवृत्तियाँ उसी ओर बह चलीं, कुछ रोक ली गयीं, पर वे भावद्वार से वहाँ पहुँच गयीं, इसका वर्णन करते हुए भागवतकार ने कहा–

दुस्सहप्रेष्ठविरहतीव्रतापधुताशुभाः।
ध्यानप्राप्ताच्युताश्लेषनिर्वृत्या क्षीणमंगलाः।।
तमेव परमात्मानं जारबुद्धचापि संगताः।
जहुर्गुणमयं देहं सद्यः प्रक्षीणबन्धनाः।।

जिस भाव को व्यक्ति प्रियतम मान ले समस्त प्रिय वस्तुओं और व्यक्तियों से अधिक प्रिय और उससे अधिक प्रिय उसके लिए जब कुछ न रह जाए, तब उसके सामने न होने का अनुभव दुस्सह है और उसमें जो ताप होता है, उसकी आँच बड़ी तेज होती है, ऐसी होती है कि जो वस्तु उसमें पड़े वह गल जाती है, उसका सारा विकार नष्ट हो जाता है, उसकी अशुचिता नहीं रह जाती है, वह शुद्ध स्वभाव को प्राप्त करना है, ऐसे में पाप कहाँ रहेगा। ऐसे स्वभाव से ऐसे शुद्ध चित्त से जब भावेश्वर का ध्यान होता है तब वे ऐसे मिलते हैं कि छूटेंगे नहीं ध्यान के पाश से, तब कोई भी सीमा नहीं रह जाती, कोई दायरा नहीं रह जाता, सुखों का सुख मिल जाता है, अद्‌भुत निर्वृत्ति मिलती है, उसमें अनन्त-अनन्त जन्मों का सुख का एक क्षण में ही अनुभूत होता है, पुण्य का सब योग चुक जाता है। पाप-पुण्य का संसर्ग छूटता है तो परम आत्मा, आत्मा के पररूप से ऐसा सम्बन्ध जुड़ता है कि लगता है वे अपने नहीं हैं, पर हम उनके हैं, उनके लिए हम पराए हैं, ऐसे पराये हुए जनों के वे आत्मा हैं जिनके ऊपर हमारा कोई अधिकार नहीं है, हमारा कोई दावा नहीं है कि वे हमारे हैं, बस हम उनके हैं, स्वकीय न होकर परकीय हैं वे मानें न मानें, हमारा अपना होने का भाव ही नष्ट हो गया, और तब तो विवशता उनकी होती है कि वे जुड़ जाएँ।

गोपियाँ मर्यादा का अतिक्रमण करती हुई लगती हैं और भागवतकार इस सम्बन्ध में साधारण नैतिकता के प्रयोजन से उठाई हुई शंकाओं का बार-बार निवारण करते हैं। वे श्रीकृष्ण की शिशु-लीला, पौगण्ड-लीला और किशोर-लीला में तारतम्य देखते हैं, मथुरा से गोकुल में श्रीकृष्ण के स्थानान्तरण में विशेष उद्‌देश्य देखते हैं, वे इन्द्रियरूपी गउओं के कुल में जाते हैं, स्वयं विषयी होते हुए भी इन्द्रियों के विषय होकर जाते हैं। इन्द्रियों के सहज स्वभाव का संस्कार करने लगते हैं कि वे सम्पूर्ण विश्व को भर आँख देख सकें, क्योंकि सहज जीवन बिताने वाले ही भर आँख देख सकते हैं, वे भर आँख सम्पूर्ण को देखें और सम्पूर्ण विषय दृष्टि हो जाय, जो सुन सकते हैं वे सुनें और पूर्णतः श्रुतिमय हो जाएँ; जो छू सकते हैं पूरे मन से, वे छुएँ और आप्लुत हो जाएँ सम्पूर्णता के स्पर्श से; जो रस ले सकते हैं जीवन का, वे रस लें और वे रस बन जाएँ, जो अपनी साँसों में सम्पूर्णता की सुरभि भर सकते हैं, भरें और सम्पूर्ण उनके नथुनों में भर जाए। रूप आँख हो जाए, नाद ही श्रवण हो जाए, स्पर्श रोम हो जाए, रस रसना हो जाए, गन्ध घ्राण हो जाए। इसी के लिए श्रीकृष्ण

का गोकुल-विहार होता है, गोकुल से भी निकल कर ब्रजविहार होता है, इन्द्रियानुभूति से निकल चित्तानुभूति में विहार होता है। साँस जैसे खींची जाती है, वैसा ही कुछ व्यापार श्रीकृष्ण वृन्दावन में करते हैं, अपने प्राणों की फूँक से प्राण खींचते हैं, भरते हैं, छोड़ देते हैं, उनके प्राणों से मिल कर प्राण सुरभित हो जाते हैं। उनके निःश्वास यदि ज्ञानमयी भावमयी श्रुतियाँ हैं तो गोप-गोपिकाएँ भी हैं। भावरूप निःश्वास कर्म का विरोध नहीं सामंजस्य है, जिसके कारण श्रीकृष्ण के विरह में गोपी का नित्य का दैनन्दिन कार्यक्रम रुकता नहीं और सजगता से श्रीकृष्ण के श्वास-श्वास के साथ स्मरण की सजगता से सम्पन्न होता रहता है। श्रीकृष्ण-लीला का गायन भी चलता रहता है, श्रीकृष्ण का अनुभावन भी चलता रहता है, तीनों के सामंजस्य से आसपास का शून्य आकाश पुलक से भर जाता है, दिशाओं का अमंगल धुल जाता है, दिशाएँ निर्मल हो जाती हैं, सबके लिए मंगलमय बन जाती हैं।

एवं निशा सा ब्रुवतोर्व्यतीता
नन्दस्य कृष्णानुचरस्य राजन्।
गोप्यः समुत्थाय निरूप्य दीपान्
वास्तून समभ्यर्च्य दधीन्यमन्थन्।।
उद्‌गायतीनामरविन्दलोचनं
व्रजांगनानां दिवमस्पृशद् ध्वनिः।
दध्नश्च निर्मन्थनशब्दमिश्रितो
निरस्यते येन दिशाममंगलम्।।

आकर्षण की तीव्रता क्रमशः बढ़ती जाती है, साहचर्य क्रमशः सामरस्य के रूप में परिणत होता जाता है। श्रीकृष्ण स्वयं हारते हैं, साधारण और सहज भाव वाले अपने लोगों को जिताते हैं, वे कन्धे पर अपने प्रियजनों को बिठाते हैं, अभिन्न सखा हों, अभिन्न सखी हों, और उतार देते हैं तो सखा-सखी का साखित्व उतर जाता है, वे आत्मा बन जाते हैं, सम्पूर्ण के कन्धे पर जो चढ़ेगा, वह असम्पूर्ण बन कर कैसे उतरेगा, उसके चित्त के ऊपर तो सम्पूर्ण वैसे ही समारूढ़ हो जायेगा। पर इतना स्मरण रखना चाहिए कि सहज चित्त ही चढ़ सकता है और चढ़ा सकता है।

इस सहज का अर्थ समझना बहुत कठिन है, क्योंकि एक बार असहज हो जाए, अपने अनावृत शुद्ध रूप पर कोई परिधान डाल ले तो फिर सहज नहीं रहा जा सकता, सहजता की ओर नहीं लौटा जा सकता। गोपियाँ श्रीकृष्ण को परब्रह्म के रूप में पहचानती हुई भी सहज हैं, वे विशाल के भाव से आतंकित नहीं हैं, वे लीलामय की लीला को स्वाभाविक मानती हैं, परब्रह्म छिपें, चुराएँ इन्द्रियों का रस तो पकड़ जाएँ, बँधें, कौन ऐसे विशेष हैं, वे निर्विशेष हैं और इसी से ब्रह्म को निर्विशेष रूप में देख सकती हैं। वे कहती हैं—

न खलु गोपिकानन्दनो भवान् अखिलदेहिनामन्तरात्मदृक्।
विखनसार्थितो विश्वगुप्तये सख उदेयिवान् सात्वतां कुले।।

हम जानती हैं तुम गोपिकानन्दन नहीं हो, तुम इन्द्रियों को चराने वाली बुद्धि से (गोपिका = गौ को संचालित करने वाली) नहीं उत्पन्न हुए हो उस बुद्धि ने तुम्हें पराया जान कर भी गोद लिया है, तुम अनात्मीय हो, तुम्हें पता चले कि अनात्मीय को भी कितनी आत्मीयता दी जा सकती है। तुम समझते हो कि हम जानतीं नहीं कि तुम स्रष्टा के अनुरोध पर विश्व की रक्षा करने, भूभार उतारने यहाँ आये हो, हम जानती हैं तुम अन्तरात्मा के साक्षी हो, तुम भीतर-बाहर सब देख सकते हो, तुमने यदुवंश में कुछ उद्देश्य लेकर जन्म लिया है, पर तुम हमसे अलग नहीं हो सकते, हमने अपने प्राण तुम्हारे पास न्यास के रूप में रखे हैं, तुम उस दायित्व से पलायन नहीं कर सकते। तुम्हें हमारे पास आना पड़ेगा, हमारे साथ नाचना पड़ेगा, व्यष्टि बन कर नाचना पड़ेगा, नहीं तो समझोगे कैसे कि व्यक्ति के भीतर समष्टि का ज्वार कैसे उमड़ता है, नहीं समझोगे तो समष्टि-चैतन्य की एकरसता में ही रह जाओगे, तुम्हें धारवाही समरसता की प्रतीति नहीं होगी, तुम वंचित हो जाओगे। तुम्हें पूर्ण से पूर्णतर होना है तो तुम अपूर्ण भूत पदार्थ चुरा कर चखो और देखो कितना स्वाद होता है अपूर्णता में, न मन भरे तो लूट कर देखो और तुम्हें स्वाद मिल गया है तो अपूर्ण के साथ मिलकर नाचो, नाचकर देखो, रस का कैसा विस्तार होता है और रस कैसे रास होता है और रास कैसे महारास।

गोपियाँ मर्यादा का अतिक्रमण करती हुई लगती हैं, पर बात ऐसी है नहीं, वे निर्मर्याद असीम से बिना बहुत सारी क्रमिक प्रक्रियाओं से गुजरे जुड़ जाती हैं। वे सीधे ब्रह्मसम्बन्ध स्थापित करती हैं, क्योंकि उनमें कोई छल या दुराव नहीं है, एक सौन्दर्य की सत्ता का पारावार देखा, उन्हें लगा कि जीवन तो वहाँ उछल रहा है, कूद पड़ो। उनके मन में तनिक भी संशय नहीं हुआ, वे कूद पड़ीं रस-सिन्धु में। और तब उनका स्वभाव रहा ही नहीं, विद्यापति ने जैसा कहा—

ओ निज भाव सुभाव बिसारल अपने गुन लुबधाई।

गोपी ने अपना स्वभाव बिसरा दिया, वे श्रीकृष्ण की लीला करते-करते ऐसी तन्मय हो गयीं, अपने को ही बार-बार निरख कर अपने ही में रस पाने लगीं। वे एक क्षण में आत्माराम हो गयीं, आत्माराम से भी एक सोपान ऊपर चढ़ गयीं, जहाँ से जिस आत्मा में रमण हुआ, वह आत्मरूप श्रीकृष्ण ही कुछ कृतज्ञ-भाव से झुके हुए दिखे, श्रीकृष्ण ही कृतार्थ दिखे। श्रीकृष्ण ने रास के पूर्व कहा भी—

न पारयेऽहं निरवद्यसंयुजां स्वसाधुकृत्यं विबुधायुषापि वः।
या माभजन् दुर्जरगेहशृंखलाः संवृश्च्य तद् वः प्रतियातु साधुना।।

तुम जो किसी प्रकार के अवद्य की, किसी प्रकार के लोकभाव की चिन्ता न करके,

एक झटके में देह-गेह की जंजीर तोड़ कर मुझसे जुड़ी हो, इस सर्वत्यागी प्यार का ऋण देवताओं की आयु पाऊँ तो भी नहीं चुका सकता, मैं इस प्यार में तुमसे पार नहीं पा सकता, व्यक्ति की ऐसी ऐकान्तिक वैयक्तिकता मुझसे सँभाली नहीं जा सकती।

इस अर्थ में भी गोपियों को निर्मर्याद कह सकते हैं कि उन्होंने एक बड़ी मर्यादा को बड़े सच्चे मन से पहचान कर छोटी मर्यादाओं की चिन्ता छोड़ दी है। वे समाजबाह्य नहीं हैं, न गृहकार्य से विरत, वे श्रीकृष्ण के पीछे-पीछे उनके कार्य में विघ्न डालने मथुरा नहीं जातीं। न वे श्रीकृष्ण से कोई अपेक्षा रखती हैं। उनको अपने दैनन्दिन कर्म में पाती ही रहती हैं, सहज भाव से वे अपने आप श्रीकृष्ण-लीला के अनुभावन में, श्रीकृष्ण की वंशी की अनुगूँज में श्रीकृष्णभाव से भरती रहती हैं। बीच-बीच में भरी होकर भी विरह की भावना इसलिए करती हैं, अपने को विलाप में उड़ेल कर इसलिए खाली होती रहती हैं कि भरने का नया चाव जगे। श्रीकृष्णभाव का अर्थ यही है कि प्रत्येक कर्म श्रीकृष्ण के लिए अर्पित हो, प्रत्येक सम्बन्ध श्रीकृष्ण के साथ जुड़ाव हो और प्रत्येक पीड़ा श्रीकृष्ण के अभाव की प्रतीति हो। इसी से प्राण छोड़ते समय भीष्म पितामह के मन में ललक हुई कि काश हम भी श्रीकृष्ण के साथ वैसा जुड़ाव पाते कि समस्त ऐन्द्रिय व्यापार में, समस्त मानस-व्यापार में, समस्त बौद्धिक व्यापार में श्रीकृष्ण को ही लक्ष्य देखते, उन्हें देखते-देखते उनके हो जाते—

ललितगतिविलासवल्गुहांसप्रणयनिरीक्षणकल्पितोरुमानाः।
कृतमनकृतवत्य उन्मदान्धाः प्रकृतिमगन् किल यस्य गोपवध्वः।।

उनकी गोपियों जैसी उन्मदान्धता पाते, उनको अपने भीतर पाते रहना एक नशा बन जाता, श्रीकृष्ण व्यसन बन जाते, उस व्यसन के बिना जिया न जाता, प्रकाश के लिए इतना मोह मिलता कि मोह भी प्रकाश हो जाता।

हर जीवात्मा अपना तमस् अपनी दुर्बलता, अपना अज्ञान छिपाना चाहती है, विशेष रूप से उसके सामने जिसे प्यार करती है। हर कोई अच्छे-से-अच्छे प्रकार से सजना चाहती है, पर गोपी सोचती है जो हूँ, जैसी हूँ, उनकी हूँ, उनके सामने सब निरावृत है, उनकी उपस्थिति कहाँ नहीं है, सबसे अन्धकारमय कोने में वे पहुँच जाते हैं और काले अन्धकार को उज्ज्वल नीलमणि बना देते हैं, उनकी उपस्थिति के सैलाब से जब बचा ही नहीं जा सकता, तो क्यों धक्के खाएँ, क्यों अचकचा कर भहराएँ, सहजभाव से उसमें तैरने के लिए क्यों न कूद पड़ें, जो होना हो, हो और वे अनन्तरस-प्रवाह में निर्भय होकर कूद पड़ीं, प्रवाह भी धन्य हो गया।

जब हम इस विसर्जनमय मानुषभाव की बात सोचते हैं तो लगता है भागवत ने मानवीय सार्थकता का एक चरम शिखर पा लिया है, एक ही नहीं, शिखरों की एक आरोही पंक्ति पा ली है, केवलीकृत ज्ञान का एक साकार रूपजाल रच दिया है। गोपीकृष्ण हुए बना श्रीकृष्ण पूर्ण पुरुष नहीं हो सकते थे, गीता के उपदेष्टा ने जीवन के प्रत्येक क्षण को यज्ञ के रूप में, आहुति के रूप में, सृष्टि के पुनरावर्त्तन

के रूप में बचपन और किशोरावस्था में अनुभव किया। भूख, प्यास, अकेलापन ये सभी मानव आकांक्षाएँ ही जीवन-यज्ञ की दीक्षा हैं, बिना समस्त विश्व की भूख, प्यास और अकेले पड़ने की व्यथा को आत्मसात् किए वे कर्मयोग का उपदेश करते, तो वह कर्म भीतरी आवश्यकता की पूर्ति न होकर बेगार होता, ज्ञानयोग का उपदेश करते तो वह ज्ञान शुष्क होता और बुद्धि का व्यायाम मात्र होता, वह फूल की तरह हल्का न होता, कि कानों में खोंस लिया जाय, भक्तियोग भी एक कटाव होता जीवन से पलायन होता, जीवन का स्वीकार न होता।

श्रीकृष्ण भारत के ही नहीं, विश्व के पूर्णतम भावपुरुष हैं तो इसलिए कि वे पूर्ण पुरुष हैं, सोलह कलाओं वाले पूर्णतर पुरुष हैं। श्रीराम पन्द्रह कलाओं वाले पुरुष हैं उनमें अमृत कला का उदय इस रूप में नहीं हुआ जिस रूप में श्रीकृष्ण के विग्रह में हुआ। श्रीराम ने राज्यपालन में अपने को खपाया, लोकहित में, विपन्न के उद्धार में अपने को खपाया, पर लोक को भी तज कर, लोकभाव को भी तज कर अपने भाव को भी तज कर, निर्ममता का प्रतिमान स्थापित करके अपने को अत्यन्त सामान्य में रखना श्रीकृष्ण अवतार से ही सम्भव हुआ। श्रीराम ने गुरुजनों की सेवा का प्रतिमान उपस्थित किया, मित्रों का मान रखा, छोटों को वत्सलता दी, पर श्रीकृष्ण ने सबके आगे अपने को छोटा बनाया, जनमे भी तो कनिष्ठ होकर, पले भी तो गँवारों में, शिक्षा भी ली तो राजकुमार के रूप में नहीं, साधारण छात्र के रूप में, तपोवन का सब खटराग करते हुए, युधिष्ठिर के राजसूय में काम भी लिया तो समस्त अभ्यागतों के पैर धाने का, युद्ध में मित्रता निभायी तो सारथी बनकर। जीवमात्र के प्रति अनुकम्पा नहीं सेवा की दीक्षा ली, गउओं की सेवा, घोड़ों की सेवा, वनस्पतियों की सेवा, नदी-पर्वत की सेवा, सब उन्होंने की, केवल मनुष्य या गौरवशाली मनुष्य की ही नहीं। उन्होंने अपहृत और तिरस्कृत नारी का उद्धार मात्र नहीं किया, उन्हें अपना बना कर ऊँची मर्यादा दी, उन्होंने आदर्श नहीं स्थापित किया, मर्यादा नहीं स्थापित की, उन्होंने आदर्श तोड़े, मर्यादाएँ तोड़ीं, जहाँ उन्हें लगा कि ये छोटी मर्यादाएँ सर्वभूतों में एकभाव पाने में बाधक हैं। उनके लिए कोई प्रिय नहीं, कोई प्रेष्य नहीं, कोई आत्मीय नहीं, केवल निष्किंचनता आत्मीय है, आत्मीयता का अनन्त विस्तार प्रिय है।

भागवत ने इसी से फक्कड़ परमहंस-भाव को सबसे ऊँची मानवीय गरिमा दी, बचपन में मेरे दादा दो श्लोक बहुत सुनाते थे; उनका भाव यह था कि क्यों जाते हैं कवि, मानव-सर्जनशीलता के वाहक, धनियों के पास, धन के मद में अन्धों के पास, क्या चिथड़े नहीं यहाँ मिलते कि वस्त्र का काम नहीं चलता, क्या वृक्ष अनमाँगे फल-फूल की भिक्षा नहीं देते, पेट न भरता हो, क्या दूसरों का भरण करने वाली नदियाँ सूख गयीं कि प्यास की निवृत्ति न हो, क्या गुहाओं ने अपने द्वार बन्द कर लिए कि आश्रम की कमी है, सब कुछ हुआ। क्या अजित ने (जिसे किसी ने कभी

भी नहीं जीता, जो कभी भी हारे नहीं, टूटे नहीं, उन श्रीकृष्ण ने) किसी को दुःख में देखा, भयभीत देखा, अभाव देखा और उसका भरण नहीं किया, उसकी रक्षा नहीं की, क्यों बिकते हो उनके रहते धनियों के हाथ।

वह श्लोक इस प्रकार है–

चीराणि किं पथि न सन्ति दिशन्ति भिक्षां
नैवांघ्रिपाः परभृतः सरितोऽप्यशुष्यन्।
रुद्धा गुहाः किमजितोऽवति नोपसन्नान्
कस्माद् भजन्ति कवयो धनदुर्मदान्धान्।।

दूसरे श्लोक का भाव यह है कि अपनी अंजलि हो तो अन्नपात्र की क्या आवश्यकता, भूमि के रहते दूसरी शय्या की क्या आवश्यकता, अपनी बाँहें हैं तो तकिये की क्या जरूरत, दिशाएँ यदि वल्कल हैं तो रेशमी परिधान की क्या आवश्यकता? ऐसी सहज आत्मनिर्भरता भागवत में जगाई गयी है–

सत्यां क्षितौ किं कशिपोः प्रयासै-र्बाहौ स्वसिद्धे ह्युपबर्हणैः किम्।
सत्यंजलौ किं पुरुधान्नपात्र्या दिग्वल्कलादौ सति किं दुकूलैः।।

इतने बड़े निरपेक्षभाव तक ही भागवत नहीं रुकता, वह निरपेक्षभाव से एक बड़ी अपेक्षा रखता है, परमहंस हुए तो क्या हुआ, उस प्यास से प्यासे बनो और इसके लिए तुम उस प्यार के साकार विग्रह श्रीकृष्ण के लिए प्यास जगाओ। जब तक श्रीकृष्ण से नहीं जुड़ोगे तब तक तुम असंख्य किरात, हूण, पुलिन्द, चाण्डाल, कंक, खस, शक आदि इस देश में बाहरी और पराये माने जाने वाले लोगों में, इस देश की सामाजिक-नैतिक व्यवस्था अस्वीकार करके पापी लगने वाले लोगों में तुम भगवत्ता की सम्भावना कहाँ से देख पाओगे और नहीं देख पाओगे तो यह परमहंस-भाव व्यर्थ है, यह फक्कड़पन भी एक आडम्बर है, एक वेश है, परिधान है। भागवत मनुष्य को फक्कड़ के साथ-साथ भिखारी भी बनाता है, अपने लिए फक्कड़ और सबके लिए भिखारी, संसार से अलग करता है, ऊँचे बिठा देता है और संसार के तुच्छ-से-तुच्छ और हेय-से-हेय प्राणी के आगे छोटा कर देता है, मनुष्य को मानुष-भाव की एक ऐसी दीक्षा देता है, जिसे लेकर प्राणी एक-से भगवत्कृपा के अधिकारी हो जाते हैं, समभाव में ब्रह्म की व्यापकता के भाव में वे प्रवेश कर सकते हैं और तब सब आत्मीय हो जाते हैं–

किरातहूणान्ध्रपुलिन्दपुल्कसा आभीरकका यवनाः खसादयः।
येऽन्ये च पापा यदुपाश्रयाश्रयाः शुध्यन्ति तस्मै प्रभविष्णवे नमः।।

ऐसी प्रभविष्णुता, ऐसे सामर्थ्य की आराधना की जाय जो कुल-जाति, रंग-वर्ण के ऊपर उठ कर मनुष्य को सर्वभूतात्मभाव से, केवल सर्वमनुष्यभाव से भर दे।

भागवत में निरन्तर दो बातें बार-बार दुहराई गयी हैं, एक तो विराट् का एक चित्र जिसमें निखिल सृष्टि विराट् का ही अंग बतलाया गया है, यहाँ तक कि अधर्म

भी भगवान् की पीठ कहा गया है, इस विराट् के चित्र के द्वारा विराट् अस्तित्व का ऐक्य इसलिए प्रतिपादित किया गया है कि ध्यान सम्पूर्ण की एकता से विचलित न हो, कभी यह न भूले कि विराट् की ओर अभिमुख न होना ही अधर्म है और विराट् की ओर अभिमुख होना ही धर्म है, अपने छोटे से पिंड में उस विराट् के प्रतिबिम्ब को नहीं, उस विराट् के वामन रूप को बुलाओ और उसे अपने पिंड की भिक्षा दो। अपनी पीठ उससे नपवाओ। दूसरी बात जो बार-बार दुहराई जाती है, वह है वासुदेवः सर्वम् सब कुछ वासुदेव है। इस आवृत्ति का भी यही प्रयोजन है कि विशिष्ट में नहीं साधारण में भगवान हैं, वे विशिष्ट के भीतर की विशिष्टता का जो मोह है, उसे निरन्तर भंग करते रहते हैं, ब्रह्मा का मोह हो स्रष्टा होने का, मैं ही रचता हूँ, इन्द्र का मोह हो, ऐन्द्रिय ऊर्जा देने का, नारद का मोह हो भगवान् का अनन्य होने का, रुक्मिणी का मोह हो, भगवान् की ज्येष्ठतम प्रिया होने का, अर्जुन का मोह हो भगवान् का मित्र होने का, किसी का मोह ध्वंस किए बिना रहते नहीं। वे विशिष्ट-से-विशिष्ट को दयनीय बना देते हैं तो उस विशिष्ट के प्रति एक बहुत बड़े अनुग्रह के भाव से, उनकी कठोरता ही सबसे बड़ी कृपा है। जितनी ही बड़ी होती है सचाई, उसकी मार भी उतनी ही बड़ी होती है, श्रीकृष्ण हमारी चिन्तनधारा के सबसे बेधक सत्य हैं, सब कुछ बेध कर रख देते हैं, कोई चीर शरीर पर रहने नहीं देना चाहते, कोई भी आवरण नहीं सहते, किसी को कहीं छिपने नहीं देते, सब जगह पहुँच जाते हैं। जहाँ नहीं पहुँचते, वहाँ अपने प्राणों की फूँक से एक अन्तर्वेधी नाद पहुँचा देते हैं, कोई बच नहीं पाता।

कितना असम्भव और दारुण है यह सत्य, इसके बावजूद इसका इतना आकर्षण है या शायद इसीलिए इसका इतना आकर्षण है। भागवत ने इस सचाई की कोर और तीखी की है, जिससे आवेधन का खतरा और बढ़ जाए और मनुष्य हो तो उस खतरे को उठाने में ही अपनी मनुष्यता सार्थक माने, खतरा उठाए और अपनी सँजोयी हुई पूँजी अहंकार से हाथ धो बैठे, वह ब्राह्मण, क्षत्रिय, वैश्य, शूद्र कुछ न रह जाए, स्त्री-पुरुष कुछ न रह जाए, भारतीय-अभारतीय कुछ न रह जाए, कुलीन-अकुलीन कुछ न रह जाए, अभिज्ञ-अनभिज्ञ कुछ न रह जाए, स्थावर-जंगम कोई भी कोटि-बद्ध इकाई न रह जाए। यही तो मनुष्यता की साधना थी। सधा या नहीं, सधा या आधा सधा, इसका महत्त्व नहीं पर साधने की प्रक्रिया ही जीवन है, मनुष्य का सौभाग्य कि उसने जीवन की ऊर्जा दूर तक पहुँचाने वाली शक्ति वहन करने की क्षमता पायी और मनुष्य का अभाग्य कि वह इस शक्ति को नहीं पहचानता। भारत का सौभाग्य कि मनुष्यदेह में यह ऊर्जा अपनी सम्पूर्णता के साथ उतरी और उसका अभाग्य कि यहीं इस सम्पूर्ण की पहचान खो गयी, इतना अविश्वास, इतनी संकीर्णता, इतना भेदभाव, इतनी क्षुद्रता और इतनी निरुद्देश्य नृशंसता, इतना सन्देह, इतना परस्पर अविश्वास, इतने सुरक्षा के कारागार, सब यहाँ बस गए। देश एक आरोपित मानववाद की

चकाचौंध में अपनी सहज मानवीय दिव्यता को भूल गया, श्रीकृष्ण को पाकर इसने उनका भाव खो दिया और श्रीकृष्ण की ओर से वह तरह-तरह से सफाई देने लगा, एक नकली शुचिवादिता के आतंक में ग्रस्त होकर वह श्रीकृष्णचरित को खंड-खंड करके देखने लगा और तरह-तरह की ऐतिहासिक व्याख्या देने लगा, गोपाल कृष्ण तो बाद के हैं नर-नारायण कृष्ण कुछ पहले के हैं और मूलतः एक लोकवीर श्रीकृष्ण हैं, जो अपने जीवन के अन्तिम समय में युद्ध से विरत होकर योग-साधना में प्रवृत्त हो गए थे। मेरा या किसी भी सामान्य भारतीय का इस खंड-खंड कृष्ण से तादात्म्य नहीं हो पाता, मनुष्य और खंड-खंड होता जाता है। फिर एक हिन्दुस्तानी कृष्ण हो जाते हैं, एक अमेरिकी कृष्ण हो जाते हैं, एक थियासाफी कृष्ण हो जाते हैं। हम भूल गए हैं कि जो काम पूरी तरह निर्गुण भक्ति से और समता के उपदेश से नहीं सधा, आडम्बर पर आक्रमण से नहीं सधा, वही काम बिना किसी उपदेश के, सहज उन्मद हरि के प्रेम से पूर्वी और पूर्वोत्तर भारत में सध गया, मणिपुर चैतन्य के रंग में रँग गया, वहाँ नस्ल के भेद जाने कहाँ बिला-विला गये, वह इसलिए कि श्रीकृष्णचन्द्र अपनी पूर्ण कलाओं के साथ चैतन्य महाप्रभु की भावदेह में अवतीर्ण हुए, उनका प्रत्येक संचरण श्रीकृष्णभाव का संचरण हो गया। श्री चैतन्य एक रसधार के रूप में उमड़े और हिन्दू-मुसलमान कोई भी उस धारा के किनारे खड़ा नहीं रह सका, सब मझधार में आ गये। आज लोग एक अधूरी और नकली शिक्षा के द्वारा उपजायी भारतीय अस्मिता के घेरे में ऐसे दुबक गये हैं कि उन्हें रसधार से डर लगता है, एक व्यापक आत्मीयता से डर लगता है। जीवन ही नहीं रहेगा, जीने का प्रयोजन ही नहीं रहेगा तो मनुष्य होकर क्या होगा और तब मनुष्यों के समाज का संगठन बना कर ही क्या होगा और मनुष्य होना है तो 'मनेर मानुष' मन के मनुष्य श्रीकृष्ण की लीला के साथ जुड़ना ही एकमात्र उपाय है। और सब उपाय चुक गये हैं, बस एक ही उपाय बचा है, एक ही उपेय, वह उपाय श्रीमद्‌भागवत है, वह उपेय हैं श्रीकृष्ण।

—अप्रकाशित

अनुभूति का उत्कर्ष

श्रीमद्भागवत भारतीय साहित्य का एक अपूर्व ग्रन्थ है। इसे महाप्रभु श्री बल्लभाचार्य ने श्रीकृष्ण का साक्षात् विग्रह कहा, इसका अभिप्राय शायद यह है कि भागवत पढ़ते या सुनते ही एक ऐसे रस का प्रवाह उमड़ पड़ता है कि उसमें सब डूब जाते हैं, देह-गेह, इन्द्रिय-इन्द्रिय-विषय, मन-बुद्धि, चित्त-अहंकार, देश-काल यहाँ तक कि अनुभव और अनुभव करने वाला भी नहीं बचता। भागवत की भूमिका में कहा गया है—

धर्मः प्रोज्झितकैतावोऽत्र परमो निर्मत्सराणां सतां
वेद्यं वास्तवमत्र वस्तु शिवदं तापत्रयोन्मूलनम्।
श्रीमद्भागवते महामुनिकृते किं वा परैरीश्वरः
सद्यो हृद्यवरुध्यतेऽत्र कृतिभिः शुश्रूषुभिस्तत्क्षणात्।।

इसमें निश्छल और परम धर्म सीधे-सच्चे निर्मत्सर लोगों का धर्म वर्णित है, इसमें जानने योग्य वास्तव रूप से शिवप्रद बात है, जो तीनों तापों का शमन करती है। अधिक और क्या कहें सुनने की सच्ची उत्कंठा रखने वाले व्यक्तियों के हृदय में भागवत सुनते ही ईश्वर उसी क्षण अवरुद्ध हो जाते हैं, बड़ी विवशता से। यह दावा देखने में बड़ा वैसा लगता है कि श्रीकृष्ण जैसे निर्मम और निष्ठुर कभी विवश होंगे, कहीं रोके रुकेंगे, कोई उन्हें कभी बाँध पाया, रोक पाया? वह भी एक नगण्य व्यक्ति के नगण्य से छोटे से हृदय के कोने में? असम्भव है। हाँ व्यक्ति अलबत्ता विवश हो जाता है, जब उनकी कृपा होती है। पर मनुष्य की यह परवशता, यह अकिंचनता, यह रस-प्रवाह में डूबना, क्या अपने आप में श्रीकृष्ण का अवतरण नहीं है, श्रीकृष्ण का परिप्लवन नहीं है, श्रीकृष्ण की उपस्थिति नहीं है, यदि है तो यही उपस्थिति उनकी विवशता है। यही लीला है। वे लीला करते हैं और ऐसी लीला करते हैं कि चर-अचर, जीव-जगत् सब श्रीकृष्ण बन जाते हैं, गाय-बछड़ा, दही, गाय का दूध, दूध दुहने वाला, दूध दुहाने वाली, दही जमाने वाली, जमने की प्रक्रिया, दही का बिलोना, दही से निकला नवनीत सब श्रीकृष्ण हो जाते हैं और तब लीला श्रीकृष्ण के साथ ऐसा करती है कि श्रीकृष्ण दामोदर बन जाते हैं, स्नेह की रज्जु में चोर की तरह बँध जाते हैं, उनकी बड़ी-बड़ी आँखें अँसुवा जाती हैं, आँखों का काजल घुलकर

गालों पर फैलने लगता है, थर-थर काँपते हुए खड़े रहते हैं, लज्जित और आहत कि गोपियों की भीड़ जुड़ी है और देख रही है यह दुर्दशा, भव-भय जिनसे भय खाये, उनका यह भय-भाव विमोहित करता रहता है। यह लीला कथा बन जाती है और कथा लीला को शब्द-पाश में बाँध लेती है जिसके कारण कथा-श्रवण बन जाता है। श्यामलता का अनन्त विस्तार श्रीकृष्ण का लीला-जाल कैसे कहें नाटक है, झूठ है, या यह लीला-कथा कल्पना है और कोई कहे, है तो सच लेकर करेंगे क्या? कोई कहे कि यह लीला किसी देश-काल में घटी और व्यतीत हो गयी, अनुसंधान का विषय हो गया वह देश-काल जहाँ लीला घटित हुई और लीला को बाँधने वाली कथा का देश-काल, तो उसका एक उत्तर तो यह है जो स्वामी अखंडानन्द जी ने दिया। किसी ने पूछा, भागवत तो बहुत बाद की रचना है, तमिल के आलवार-प्रबन्धों से पेरणा लेकर ईसा की आठवीं-नवीं शताब्दी में रची गयी, इसकी प्रामाणिकता क्या होगी? स्वामी जी ने उत्तर दिया, आपको तब सही बात नहीं मालूम, श्रीमद्‌भागवत की रचना तो अभी आज प्रातःकाल हुई और यह रचना मैंने की, मैंने ही श्रीमद्‌भागवत लिखा है, अब आप जो आगे पूछना चाहें मुझसे पूछें। इस उत्तर में ही दूसरा उत्तर निहित है कि एक सनातन प्रवाह को इस रूप में देखना ही झूठ है, अप्रमाण है। श्रीकृष्ण की लीला तो सनातन है और लीला-गान भी सनातन है, लीला और लीला-गान दोनों परस्पर सापेक्ष भी हैं, परस्पर पूरक भी हैं। न लीला के बिना गान है, न गान के बिना लीला। श्रीकृष्ण कभी लीला में उपस्थित होते हैं, कभी लीला-गान में, पर लीला-गान में कुछ अधिक ही, क्योंकि उस समय जो देश-काल का विसर्जन होता है, वैसा तो लीला में भी नहीं हुआ होगा, यही न हुआ होगा कि उस समय रात क्षण हो गयी होगी और क्षण बिलम गया होगा, यमुना-पुलिन चाँदनी बन गया होगा, चाँदनी रेत बन गयी होगी, परन्तु गान में तो कोई भी समय नहीं रहता है, न कोई देश, केवल एक अनविच्छिन्न प्रवाह रहता है जिसे आप गोपवेष विष्णु कहें, श्रीकृष्ण कहें, उज्ज्जवल नीलमणि कहें, गोपियों की आँखों का अंजन कहें, उनके कानों का कुण्डल कहें, कुछ भी कह लें पर वह प्रवाह कब से है, कहाँ से है, इसकी उत्सुकता के लिए कहीं अवकाश नहीं रहता वह है और हम हैं, हम और वह दो सत्ताएँ नहीं हैं, इतना ही भान रहता है। ऐसी है वह कथा जिसकी साहित्यिक गुणवत्ता की चर्चा करने जा रहा हूँ। ब्रह्मलीन स्वामी करपात्री जी कहा करते थे कि वास्तविक साहित्य तो हमारी जानकारी में बस दो ग्रन्थों में है श्रीमद्‌भागवत में और रामचरितमानस में। मैंने पूछा भी—महाराज जी, वेद, महाभारत, रामायण, कालिदास के काव्य, भवभूति के नाटक, बाणभट्ट की कादम्बरी, कबीर, सूर, मीरा के पद यह सब भी तो साहित्य है। उन्होंने उत्तर दिया—साहित्य का प्रयोग मैं उसके शुद्ध अर्थ में कर रहा हूँ और साहित्य शब्द और अर्थ के साहित होने के कारण यदि साहित्य है और हित का भाव रखने के कारण भी साहित्य है तो वह पूर्ण साहित्य नहीं है और उस दृष्टि से ये सब

साहित्य मानते हैं तो कोई बात नहीं पर साहित्य का अर्थ तो तब सम्पूर्ण होगा, जब पाठक-श्रोता-कवि-वाचक, नर-नारायण, जीव-ब्रह्म सब साथ हो लें, एक ही वृक्ष पर दोनों सुपर्ण रहें, पर न कोई देखनहार रहे, न चाखनहार, दोनों वृक्ष के साथ एकात्म रहें और ऐसा साहित्य बस इन्हीं दोनों ग्रन्थों में मिलता है। मैं तब भी उनके उत्तर से सन्तुष्ट नहीं हुआ, उन्होंने अपनी भागवतसुधा की पाण्डुलिपि मुझे सम्पादित करने के लिए दी, यह उनके प्रवचनों के ध्वन्यंकनों का लिपिबद्ध रूप थी, स्वामी जी को चिकित्सकों ने पढ़ने-लिखने से मना कर रखा था। मैंने इसे पढ़ा, इसी समय स्वामी अखण्डानन्द जी के भागवत-व्याख्यानों का अध्ययन करने का भी अवसर मिला। फिर मैंने स्वयं भागवत को नये सिरे से पारायण किया। तब जाकर कुछ-कुछ पूज्य स्वामी जी के इस कथन का अर्थ लगा कि श्रीमद्भागवत में वास्तव में साहित्य है। इस साहित्य को समझने के लिए व्यक्ति स्वयं परमहंस बने न बने और नहीं ही बनेगा, पर उसे यह आभास जरूर हो जाएगा कि परम तृप्त परमहंसों की भी प्यास जिस तीर्थ में पहुँचकर नहीं मिटती, उलटे ही बढ़ जाती है, ऐसी सनातन अतृप्ति जगाने वाला तीर्थ भागवत ही है, क्योंकि सामान्यजन भी एक बार मन से पढ़े तो भागवत को बार-बार पढ़ना चाहेगा।

एक शर्त जरूर है, भागवत या मानस पढ़ना हो तो चोंच मारने का भाव न हो, डूबने का मन हो। वह मन तभी बनता है, जब त्रिताप प्रबल हो जाते हैं, अन्धकार लील जाता है, दिक्काल का बोध, कर्ता और ज्ञाता का मद झर जाता है, जब मनुष्य अपने को तृण से भी तुच्छ बना लेता है, तरु से भी अधिक सहिष्णु बना लेता है, मान लेने नहीं मान देने के लिए प्रस्तुत हो जाता है और जब अपनी क्षुद्रता विशाल में बहाने के लिए अकुला जाता है।

श्रीमद्भागवत का प्रारम्भ ऐसे ही भाव से होता है, कृष्ण द्वैपायन व्यास ने महाभारत रचकर, पुराण रचकर, वेद को संहिताबद्ध करके भी मन में खालीपन अनुभव किया, सोचने लगे, कुछ तो नहीं किया जिससे मन भरे, ज्ञानदीप दिखलाया, पर मेरा स्वयं का मन तो दीपित ही नहीं हुआ। नारद आए, जैसा कि वे रामायण की रचना के पूर्व आये थे, वे मोह के प्रत्येक क्षण में नारायण के दूत बनकर आते हैं, बोले—इतना सब कुछ किया, तब भी इतना पछतावा क्यों, "अथापि शोचस्यात्मानमकृतार्थ इव प्रभो?" व्यास ने कहा—हाँ ऐसा ही कुछ है, आप ही मेरी इस खिन्नता का निदान करें। नारद ने कहा—मैं कोई और कारण नहीं सोच पाता, शायद आपने भगवान् वासुदेव की लीला अब तक नहीं गायी, नैष्कर्म्य की बात की, पर अच्युत भाव के बिना नैष्कर्म्य का क्या अर्थ और आँखों के अंजन बने श्रीकृष्ण के भाव के बिना निरंजन ज्ञान भी मल ही है—

नैष्कर्म्यमप्यच्युतभाववर्जितं न शोभते ज्ञानमलं निरंजनम्।

—1/5/12

आप समाहित मन से उस अच्युत भाव की बात करें जो एक बार मिल जाय तो च्युत ही नहीं होता। नारद ने यह भी कहा कि मुझे जो इस लीला का रस मिला, उसका इतिहास यह है कि मैं दासी का पुत्र था। मेरी माँ साधुओं की सेवा करती थी, इसके कारण मैं बचपन से ही सत्संग में लीलानुवाद का रस पाने लगा, माँ चल बसी, साधु मंडली के साथ बिचरने चल पड़ा, मेरी प्रीति उनसे भगवान् का 'गुणानुवाद' सुनते-सुनते कथारस में बढ़ती गयी और भगवान् के लिए आकुलता में परिवर्तित हो गयी, उस जन्म में एक क्षण को एक झलकभर भगवान् की दिखी पर उस झलक ने मिलने की देखने की प्यास जगा दी। इसी कारण मुझे कल्पान्तर में नारद देह मिली। भगवान् बड़े विचित्र हैं, ये स्वयं तो निष्किंचन हैं ही, जिस पर प्रीति करते हैं, उसे भी पहले निष्किंचन बनाकर रख देते हैं। आज आप निष्किंचनता का अनुभव कर रहे हैं, आप उनकी प्रीति के पात्र हो गए हैं।

ऐसे विरेचित, निष्किंचन व्यास ने ध्यान-योग से भागवत कथा रची, उसे निष्किंचन शुकदेव को बतलाया, शुकदेव ने मृत्यु के शाप से पीड़ित निष्किंचन हुए परीक्षित को सुनाया, सुनाते समय पहले यह संकेत किया कि भगवान् श्रीकृष्ण ने अपने महाप्रयाण के पहले उद्धव को भागवत तत्त्व की दीक्षा दी, उन्हें बदरिकाश्रम भेजा था। विदुर की भेंट उद्धव से हुई, उद्धव ने कौरव-पांडवों के महाविनाशकारी युद्ध की, यादवों के कलह और विनाश की, श्रीकृष्ण के महाप्रयाण की कहानी सुनायी और संक्षेप में अपनी आँखों के सामने घटती हुई-सी लीला का स्मरण किया। दो निष्किंचन एक-दूसरे से भगवान् श्रीकृष्ण के महाप्रयाण के बाद मिले, उद्धव और विदुर दोनों भाव-विह्वल हो गए, विदुर कुछ और जानना चाहते थे, उद्धव ने कहा, भगवान् ने मैत्रेय ऋषि को आदेश दिया है कि आपको भागवत तत्त्व का उपदेश करें। इस प्रकार सूत-शौनक संवाद, शुक-परीक्षित संवाद, मैत्रेय-विदुर संवाद और श्रीकृष्ण-उद्धव संवाद इन चार संवादों में भागवत-कथा पूरी होती है। पर कथा के लिए पात्रता आती है श्रीकृष्ण के उस अनुग्रह से जिसमें सब कुछ जिसे किंचन या कुछ कहा जा सकता है, छिन जाता है, बस रिक्तता भर जाती है, उस रिक्तता में पर्युत्कंठा जगती है, कब आएगा वह प्लावन जो भर देगा, कब बरसेंगे वे घनश्याम, कब हर लेंगे सब ताप, उज्ज्वल लील रंग से सब ज्ञान।

इस उत्कण्ठा के तीन स्तर हैं, जैसा कि मृत्यु के समय वृत्रासुर ने आकुल होकर कहा था। एक उत्कंठा है असहाय चिरौटे की, पंख नहीं उगे हैं, दिन भर घोंसले में कुलबुलाते रहता है, घोंसले के मुँह से झाँकता रहता है, शाम होते ही भय और अकुलाहट से माँ की बाट जोहने लगता है, वह कब आयेगी और चोंच खोलकर स्वयं चारा डालेगी। इस अवस्था में निस्सहायता चरम है और केवल एक सहारा मालूम है, दूसरा सहारा भी नहीं मालूम। दूसरे शब्दों में केवल इच्छाशक्ति है। दूसरी अवस्था है, जिसमें अपनी भी कुछ क्रियाशक्ति है, पर सीमित है, वह शक्ति माँ के स्तन्य

से मिलती है और दिन ढलते ही जैसे बछड़े को भूख सताती है और उसकी माँ भी अकुलाती हुई रँभाती हुई आती है और बछड़े की ओर से पिन्हा जाती है, उत्कंठा दोनों ओर उग्रतर हो जाती है इस तीसरी अवस्था में ज्ञानशक्ति नहीं है। तीसरी अवस्था है जिसमें इच्छा, क्रिया और ज्ञान तीनों शक्तियों का विकास रहता है और इसी से जिसमें आकुलता का चरम उत्कर्ष आ जाता है, इस आकुलता में कुछ भी अपेक्षा नहीं रहती, बस जैसे परदेश गये प्रिय आने को अवधि दे गये, अवधि बीती जा रही, प्रिया सोचने लगी, आ क्यों नहीं रहे, या शायद आ रहे हैं, नहीं, अब नहीं आएँगे, क्यों नहीं आए, कितने संकल्प-विकल्प होते हैं और उसकी प्रतीक्षा दुःसह हो जाती है, एक-एक पल छटपटाहट का एक शिखर बनता जाता है, साँस में अकुलाहट समा जाती है, कमलनयन को देखने के लिए आँखें बन्दनवार बन जाती हैं। सारी शक्तियाँ आत्मिक बेचैनी में विलय पा जाती हैं।

अजातपक्षा इव मातरं खगास्तन्यंयथा वत्सतराः क्षुधार्त्ताः।
प्रियं प्रियेव व्युषितं विषण्णा मनोरविन्दाक्ष दिदृक्षते त्वाम्।।

भागवत सोपानशः श्रीकृष्ण के लिए यह तरस पैदा करता है।

भागवत का आरम्भ श्रीकृष्ण की उपस्थिति और अनुपस्थित के दो चित्रों से होता है और इन्हीं चित्रों के माध्यम से निर्वृत्ति के दो स्तर उभारे गये हैं। एक परमसुख-रूपा और एक परमदुःख-रूपा। श्रीकृष्ण महाभारत-विजय के बाद युधिष्ठिर को भीष्म के पास ले जाते हैं--इनसे जो सीखना हो सीख लो, भीष्म के पैताने खड़े हो जाते हैं, भीष्म उपदेश देकर गणना करते हैं कि अब सूर्य उत्तरायण होने को है, अब शरीर छोड़ना है, शरीर छोड़ने के पहले श्रीकृष्ण से प्रार्थना करते हैं और सामने आ जाओ, मैं बस तुम्हें देखना चाहता हूँ, तुम्हारी अकुलायी परेशान मुखच्छवि अपने भीतर पाना चाहता हूँ, जब युद्ध में घोड़ों की टापों से रौंदी जाती धरती के धूलि-कणों से तुम्हारे लहराते केश सने हुए, बार-बार तुम्हारे पसीने-पसीने होते चेहरे पर आ जाए और पसीना पोंछने लगें, तुम्हारा कवच मेरे बाणों से छिद गया हो, तुम मेरी बात रखने के लिए कि युद्ध में हथियार धारण करने को विवश कर दूँगा, अपनी प्रतिज्ञा भूल गये और रथ का चक्का लेकर मुझे मारने दौड़ पड़े, मैं उस अकुलाहट को ध्याना चाहता हूँ, मेरे वेध्य, आओ मुझे वेध्य बनाओ--

युधि तुरगरजोविधूम्रविष्वक् कचलुलितश्रमवार्यलंकृतास्ये।
मम निशितशरैर्विभिद्यमानत्वचि विलसत्कवचेऽस्तु कृष्ण आत्मा।।

श्रीकृष्ण की यह धूलिधूसर थकान और परेशानी बड़ी मोहक है। बचपन में भी जब वे गउओं की धूलि में सने तन से गायों को आगे करके लौटते थे तो प्रतीक्षालु गोपियों की आँखों के उत्सव बन जाते थे, विरह व्रत की उपासी आँखों के पारण बन जाते थे--

उत्सवं श्रमरुचापि दृशीनामुन्नयन् खुररजश्छुरितस्रक्।
दित्सयेति सुहृदाशिष एष देवकीजठरभूरुडुराजः।।

मन्मथ का मन भी मथने वाले श्रीकृष्ण जब विक्षुब्ध हों, आकुल हों, जब अनन्त समुद्र अपनी स्थिरता न रख सके, जब कूटस्थ परब्रह्म आकार ग्रहण करने को आतुर हो उठे, तब उनकी छवि और मोहक हो जाती है। वह उपस्थिति एक महापर्व है, जीवन का महान् उत्सव है। ऐसे उत्सव पर हजार-हजार विपदाएँ न्यौछावर, जिन विपदाओं के कारण वे झाँकने आ जाते हैं जैसे कि कुन्ती ने श्रीकृष्ण के विदा होते समय कहा था—

विपदः सन्तुनः शश्वत् तत्र तत्र जगद्गुरो।
भवतो दर्शनं यत्स्यादपुनर्भवदर्शनम्।।

कुन्ती ने कहा, तुम जा रहे हो, तुम एक पल निहार देते थे, ये वन पर्वत, नदियाँ उल्लसित रहते थे, इसकी सब शोभा छीने जा रहे हो तुम। श्रीकृष्ण द्वारका चले गये, इन्द्रप्रस्थपुरी उदास हो गयी, द्वारका विहँस उठी, उनसे मिलने को आतुर उनकी बाट जोहती पत्नियाँ उमंग में शिथिल उठ नहीं पायीं, बच्चों को भेजा, इन्हें गोद में ले लें, अपनी दृष्टि वहीं लिपटा दी और अन्त में मिलने की अभिलाषा तो पूरी न होनी थी, पूरी नहीं हुई, अन्तरात्मा से कहा तुम मत चूको, भर लो उन्हें और अन्तरात्मा तो भरी ही, उमगी भी, आँखें छलक आयीं, बहुत रोका कि प्रिय भीतर ही रहें, प्रिय के मिलने का सुख भीतर ही रहे, पर वह सुख कहाँ समाता है, आँसू बनकर बह चला—

तमात्मजैर्दृष्टिभिरन्तरात्मना दुरन्तभावाः परिरेभिरे पतिम्।
निरुद्धमप्यास्रवदम्बु नेत्रयोविलज्जतीनां भृगुवर्य वैक्लवात्।।

अब दूसरा चित्र अनुपस्थिति का लें।

श्रीकृष्ण का समाचार नहीं मिला, अर्जुन द्वारका गए, लौटे तो हर प्रकार से लुटकर। उनका सारा तेज चला गया, युधिष्ठिर उन्हें देखते ही घबड़ा उठे, प्रश्न पर प्रश्न करने लगे, कौन पाप तुमसे हुआ कि तुम्हारा चेहरा श्रीहीन हो गया, अन्त में अनुमान लगाया—हो न हो, यह इस कारण है कि श्रीकृष्ण चले गये और तुम्हें लगता है प्रेष्ठतम आत्मबन्धु और हृदयरूप श्रीकृष्ण के बिना सब सूना है, नहीं तो ऐसी मलिनतना क्यों तुम्हारे चेहरे पर होती—

कच्चित्प्रेष्ठतमेनाथ हृदयेनात्मबन्धुना।
शून्योऽस्मि रहितो नित्यं मन्यसे तेऽन्यथा न रुक्।।

और अर्जुन कुछ देर तक चुप रहकर फूट-फूटकर रो पड़े, महाराज, बन्धु बनकर हरि ने मुझे धोखा दिया, ऐसे चले गये, मेरा वह सारा तेज लेते गये जिससे देवता भी विस्मय में पड़ जाते थे। उनके वियोग में सब अशुचि हो गया है। प्राण चले जाएँ, शरीर शव हो जाता है, वैसे ही यह पृथ्वी शव हो गयी है, इसे देखा नहीं जाता।

वंचितोऽहं महाराज हरिणा बन्धुरूपिणा।
येन मेऽपहृतं तेजो देवविस्मापनं महत्।।

यस्य क्षणवियोगेन लोको ह्यप्रियदर्शनः।
उक्थेन रहितो ह्येष मृतकः प्रोच्यते यथा।।

उस अनुपस्थिति में ऐसे वंचित होने का भाव जो वर्णित होता है कि वही धनुष है, वही बाण है, वही रथी मैं हूँ, जिसके आगे नृपति सिर झुकाते थे और क्या हो गया श्रीकृष्ण के न रहते, सब व्यर्थ, जैसे भस्म में आहुति व्यर्थ हो जाय, कुहासे को धूम मानकर पकाया अन्न व्यर्थ हो जाय, ऊसर में बोया बीज व्यर्थ हो जाय। जीवन का सब प्रयोजन ही चला गया—

तद्वै धनुस्त इषवः स रथो हयास्ते
सोहं रथौ नृपतयो यत आनमन्ति।
सर्व क्षणेन तदभूदसदीशरिक्तं
भस्मन् हुतं कुहकराद्धमिवोप्तमूष्याम्।

राम की अनुपस्थित में अयोध्या की अँधियारी रात का भी ऐसा ही चित्र मानस में मिलता है—

लागति अवध भयावनि भारी।
मानहु कालराति अँधियारी।।
घोर जन्तु सम पुर नर नारी।
डरपत एकहिं एक निहारी।।
घर मसान परिजन जनु भूता।
सुत हित मीत मनहुँ जमदूता।।

उस विराट् की अनुपस्थिति का विराट् अनुभव ही भागवत का घनाच्छन्न आकाश है और ऐसे अनुभव की छाया में मृत्यु के बोध से जगी हुई प्यास ही उस आकाश को पिघलाती है और ऐसा रस बरसता है कि मोक्ष भी अपार्थ हो जाता है, बड़े-से-बड़ा सुख तुच्छ और हेय हो जाता है। मरण पीड़ा ही द्वार है, दीक्षा है भागवत के रहस्य की।

परीक्षित की इस मरण-दीक्षा से प्रेरित होकर सात दिनों तक कहीं जितनी देर गाय दुही जाय उससे अधिक न टिकने वाले शुकदेव गंगा के किनारे टिक गये एक प्रश्न का उत्तर देने के लिए कि मृत्यु के इस क्षण में क्या करना चाहिए? मृत्यु के द्वारा उपस्थिति रिक्त को कौन भरेगा? उत्तर है भागवत। जो व्यक्ति के रूप में मर जाते हैं, विदेह हो जाते हैं, उन्हें कौन भरता है, यह भागवत। जो श्रीकृष्ण के विरह में तड़पने लगते हैं, जैसे अपने प्राण हेर रहे हों, हर एक दिशा में, उन्हें कहीं धरोहर रखा था, वह धरोहरी कहाँ गया, उन्हीं की तड़पन का, आत्माराग मुनियों के मन की अविराम लालसा का आलम्बन ही भागवत का आलम्बन है, ऐसा आलम्बन है जो साथ ही साथ उद्दीपन भी है, वह विभावमात्र नहीं, वही भाव भी है, अनुभाव भी है। श्रीकृष्ण प्यार के अलिम्बन हैं, श्रीकृष्ण ही उद्दीपन हैं, क्योंकि जगत् की समस्त उद्दीपन सामग्री के वे आलम्बन हैं। मेघ उनके लिए आँसू बहाता है, चन्द्रमा

उनकी विरह में पीला पड़ता है, समुद्र उनके लिए विलखता है, श्रीकृष्ण ही रोमांच हैं, अश्रुपात हैं, मूर्च्छा हैं, श्रीकृष्ण ही तरह-तरह के संचारी हैं, ईर्ष्या, असूया में भी श्रीकृष्णी ही श्रीकृष्ण हैं और श्रीकृष्ण ही प्यार हैं, शायद प्यार ही उनका सबसे अधिक साकार विग्रह है। श्रीकृष्ण को देखना हो तो झुरमुटों झाड़ियों को देखो जिन पर पर्त की पर्त श्रीकृष्ण के विरह में विह्वल गोपियों की पद-रज पड़ी हुई है, उस रज ने उन वनस्पतियों का अर्धोन्मीलित चैतन्य उन्मीलित कर दिया है।

भागवतकार ऐसी चैतन्यलीला के लिए पहले ज्ञान-भूमि तैयार कर रहे हैं, तीसरे स्कन्ध से सातवें तक में एक तत्त्व-दर्शन देते हैं कि निर्गुण भी स्वेच्छा से कैसे और क्यों गुणवान् होता है, वे निखिल सृष्टि का विस्तार बतलाते हैं, अवतारों के सोपानों का वर्णन करते हैं, भगवद्भक्तों की लम्बी परम्परा का परिदृश्य प्रस्तुत करते हैं; ध्रुव जैसा बालहठी, वृत्र जैसा पराक्रमी इन्द्रशत्रु, प्रह्लाद जैसा असुर-पुत्र, बलि जसैा दानी-अभिमानी, अजामिल जैसे पापी कैसे नारायण की ओर अभिमुख होते हैं और कैसे नारायण सबको आश्रय देते हैं, इसका वर्णन करते हैं। इन स्कन्धों में विराट् तत्त्व और विराट् सृष्टि के परिचय की पीठिका तैयार होती है, इसी पीठिका पर पूर्णतम लीला का वितान होता है।

इसके अनन्तर वे भागवत के हृदय श्रीकृष्ण-लीला-आख्यान के पास पहुँचते हैं। श्रीकृष्ण लीला का रस ज्ञान-कर्म-भक्ति तीनों सोपानों को पार करके मिलता है, कच्चे घड़े में यह रस नहीं रखा जा सकता, कड़ी आँच में पके घड़े में ही यह रस टिकता है। श्रीकष्ण लीला का माधुर्य आस्वादन करने वाली इन्द्रियाँ पहले वनचारण के लिए जाती हुई गौवों की तरह श्रीकृष्ण के चरणों का अनुसरण करती हैं और जब श्रीकृष्ण का रस उनमें भर जाता है तो वे आगे हो जाती हैं और श्रीकृष्ण उनके पीछे-पीछे चलने लगते हैं, जो आँखें श्रीकृष्ण को निरखती हैं, श्रीकृष्णमय हो जाती हैं। फिर उनमें कुछ और देखना नहीं होता, श्रीकृष्ण ऐसी आँखों को देखने के लिए स्वयं अकुला जाते हैं, श्रीकृष्ण स्वयं बछड़ा बन जाते हैं, गोपबाल बन जाते हैं, गोपियों का वात्सल्य पाने के अभिलाषी। वृन्दावन से श्रीकृष्ण प्रस्थान करते हैं तो अक्रूर को यमुना जल में और यमुना तीर पर एक साथ दो-दो रूपों में श्रीकृष्ण दिखलायी पड़ते हैं, वृन्दावन की ओर मोर-मुकुटधारी गोपबालरूप और यमुना में चतुर्भुज विष्णुरूप। अक्रूर के रथ पर वह विष्णुरूप ही जाता है, गोपाल वृन्दावन में ही रह जाते हैं, इसीलिए उद्धव वृन्दावन जाते हैं, बलराम जाते हैं, श्रीकृष्ण वृन्दावन नहीं लौटते, क्यों लौटें, वे तो वहाँ अभिव्याप्त हैं, वहाँ के भूताकाश में, चिदाकाश में, बस कुरुक्षेत्र में जहाँ उन्हें गीता का उपदेश देना है, सूर्यग्रहण के अवसर पर मथुरा-वृन्दावन से आये बन्धुओं से सुहृदयों से सखियों से मिलते हैं, मानो अपनी ही बिछुड़ी हुई प्रकृति से मिलते हैं। गोपियाँ जब श्रीकृष्ण से मिलीं तो ऐसा लगा कि अब इतने दिनों बाद दिखे हैं, इन्हें अपना लें, देख लें, देखें ही न, आँखों के द्वार से इन्हें हृदय में रख लें

और इन्हें भर लें, अब ये जाने न पाएँ और भागवतकार कहते हैं कि इन गोपियों को वह भाव प्राप्त हुआ जो उनसे जुड़े लोगों को भी कठिनता से कभी-कभी मिलता है। गोपियों को वह भाव सहज मिल गया, देखना ही होना हो गया।

गोप्यश्च कृष्णमुपलभ्य चिरादभीष्टं
यत्प्रेक्षणे दृशिषु पक्ष्मकृतं शपन्ति।
दृग्भिर्हृदीकृतमलं परिरभ्य सर्वा-
स्तद्भावमापुरपि नित्ययुजां दुरापम्।।

श्रीकृष्ण ने उन्हें देखा और फिर उनके होकर उनसे मिले। कुशल समाचार पूछा। कैसी विडम्बना है, श्रीकृष्ण क्षमायाची स्वर में पूछ रहे हैं—सखियो, हम निठुर विस्मृतिशील सहचर की याद तुम्हें आती है, कितने दिन हुए, तुमसे मिला नहीं, दुष्टों के संहार में लगा रहा, किन कार्यों में यह मन अटका रहा। मुझे अकृतज्ञ न मानना, मैं तुम्हारा ऋणी हूँ। यह संसार ही संयोग-वियोग का वितान है, दुरन्त बिरह है। इतने में ही श्रीकृष्ण ने सब कुछ कह दिया और गोपियाँ ऐसी निहाल हुईं कि उनका जीवकोश ध्वस्त हो गया, उनकी देह बन्धन न रही, वह भावरूप हो गयीं और उन्होंने कहा, इस रस बने देह गेह में बस तुम्हारे कमल खिलते रहें। भागवत में श्रीकृष्ण के वचन इस प्रकार हैं—

अपि स्मरथ नः सख्यः स्वानामर्थचिकीर्षया।
गतांश्चिरायिताञ्छत्रुपक्षक्षपणचेतसः।।

गोपियों का उत्तर यह है—

आहुश्च ते नलिननाभ पदारविन्दं
योगेश्वरैर्हृदि विचिन्त्यमगाधबोधैः।
संसारकूपपतितोत्तरणावलम्बं
गेहञ्जुषामपि मनस्युदियात् सदा नः।।

जो योगेश्वरों के अगाध हृदय में कमल खिलता है, वह इस देह-गेह में रहते हुए घरबारी मन में सदा-सदा खिलता रहे। भागवतकार ने नारीदेह को और नारीचित्त को जो प्रतिष्ठा दी, विशेष रूप से सहज जीवन बिताने वाले देह और चित्त को, वह प्रतिष्ठा ब्रह्मा, नारद, शुक, उद्धव तक की स्पृहा का विषय है।

भागवत में इसी से कृष्ण जब इस धरा-धाम पर लीला का संवरण करते हैं तो वे पुनः सब व्यष्टि भावों को समेटकर एकाकी विराट् हो जाते हैं सबको विदा कर देते हैं, उद्धव को ज्ञान देकर और अपनी चरण पादुका देकर, जाओ बदरिकाश्रम जाकर भागवत भाव जगाओ, नर-नारायण के साहचर्य का अनुभव कराओ, उद्धव विज्ञान-मय होकर भी सान्निध्य छोड़कर जाना नहीं चाहते, बार-बार जाते हैं, बार-बार लौटते हैं—

सुदुस्तजस्नेहवियोगकातरो
न शक्नुवंस्तं परिहातुमातुरः।

कृच्छ्रं ययौ मूर्धनि भर्तृपादुके
बिभ्रन्नमस्कृत्य ययौ पुनः पुनः ।।

इसके बाद द्वारका से अलग प्रभास तीर्थ चले जाते हैं। उनके पहले बलराम योगक्रिया से शरीर त्याग करते हैं। श्रीकृष्ण अपने अधिष्ठान रूप अनन्त मानुष भाव (बलराम) के विदा होने पर निपट अकेले नदी तट पर एक पीपल की जड़ों पर सिर टेके लेट जाते हैं और अपना दायाँ चरण मोड़कर छाती पर रख लेते हैं, जैसे जाँच रहे हों, इस चरण में मेरे हृदय में बसे प्रियजनों की कितनी प्रीति है, मेरा हृदय भी अनुभव कर ले। लोहे के मूसल का एक टुकड़ा समुद्र में छिटक गया था, वह मछली के पेट से जरा नामक व्याध ने निकाला और उसका तीर बनाया, छाती पर मुडे पैर को दूर से देखा, उसे मृग की आकृति का भ्रम हुआ, उसने तीर चलाया, पास आया तो उसे चतुर्भुज रूप दीखा, चरणों में गिरा, अज्ञान में पाप हुआ, कैसे निष्कृति हो, मुझे मार डालो। श्रीकृष्ण ने कहा—तुम तनिक भी डरो मत, तुमने मेरी निष्कृति की है, मैंने यदुवंश में जन्म लिया, ऋषि के शाप का एक टुकड़ा मुझे भी लगना ही लगना था, उसके पूर्व यह देह नहीं छूटती तुम अब दिव्य शरीर धारण करके स्वर्ग जाओ। जरा भी चला गया।

प्रभु को खोजते-खोजते उनके पदचिह्नों को देखते-देखते दारुक वहाँ पहुँच गये, पदचिह्न से अधिक बलवान् प्रमाण थी तुलसी की उस माला की गन्ध जो श्रीकृष्ण की छाती पर विराजमान रहती है, दारुक रथ लेकर विह्वल होकर बोले—प्रभु तुम मुझे छोड़कर क्यों आ गये, मैं कहाँ जाऊँ, मैं सारथी हूँ। इतना कहते-कहते गरुड़ध्वज रथ घोड़ों के समेत देवलोक को चला गया, उसी के साथ पांचजन्य शंख, सुदर्शन चक्र, कौमोदकी गदा, शार्ङ्ग-धनुष ये सभी वैष्णव आयुध चले गये। श्रीकृष्ण निपट मनुष्य पर विराट् मनुष्य होकर रह गये, दारुक को उन्होंने विदा किया, द्वारका जाओ, यदुकुल के विनाश का समाचार दो, अन्त्येष्टि की व्यवस्था करो, बचे लोगों से कहो द्वारका छोड़ दें, इन्द्रप्रस्थ चले जाएँ, अर्जुन आते होंगे। समुद्र द्वारका को मेरे जाते ही लील जाएगा। क्या करता, दारुक भी चला गया। श्रीकृष्ण के पास कोई नर नहीं रहा, नारायण का कोई साज नहीं रहा, जिस धरती पर वे नंगे पैर बचपन में चले, जिसे अपने स्पर्श से पुलकित किया, जिसकी रज से स्वयं शोभित हुए, उसी धरती पर उसी की धूलि में सने श्रीकृष्ण जाने कब चले गये। किसी मनुष्य ने नहीं देखा, केवल देवताओं ने, पितरों ने, सृष्टि के विधाता ने, उमा-महेश्वर ने देखा कि धरती का सर्वस्व छिना जा रहा है, जिसके सौभाग्य के लिए स्वर्ग तरसता है और तरसता रहेगा, देवताओं का मन ललकता रहेगा कि हाय हमें नरलीला के रस में हिस्सा क्यों न मिला, कल्प-कल्प जीने से क्या लाभ, अल्पायु मनुष्य ने जो यह सम्भावना पायी कि अपनी ही सजातीय देह में अधिष्ठित नारायण का स्पर्श करके स्वर्ग-अपवर्ग के लाभ

का तिरस्कार कर दे, उसे एक क्षण में ही सृष्टि का सर्वस्व प्रयोजन प्राप्त हो गया।

भागवतकार ने श्रीकृष्ण लीला रस से सिक्त भारतभूमि के लिए देवताओं की तरस का जो वर्णन किया है, वह सबसे उत्तम राष्ट्रगीत ही नहीं, मानव-गीत भी है, उसके कुछ श्लोक इस प्रकार है–

अहो अमीषां किमकारि शोभनं
प्रसन्न एषां स्विदुत स्वयं हरिः।
येर्जन्म लब्धं नृषु भारताजिरे
मुकुन्दसेवौपथिकं स्पृहा हि नः।।

किं दुष्करैर्नः क्रतुभिस्तपोव्रतैर्दानादिभिर्वा द्युजयेन फल्गुना।
न यत्र नारायणपादपंकजस्मृतिः प्रमुष्टेतिशयेन्द्रियोत्सवात्।।

कल्पायुषां स्थानजयात् पुनर्भवात्
क्षणायुषां भारतभूजयो वरम्।
क्षणेन मर्त्येन कृतं मनस्विनः
सन्यस्य संयान्त्यमयं पदं हरेः।।

क्या होगा स्वर्ग लेकर, जिसमें योग के अतिशय में नारायण की स्मृति चली जाय, क्षण-भर की मानव देह पाकर यह सम्भावना तो है कि नारायण का अभय पद मिल सकता है, केवल एक क्षण में झटके से लिए गये संकल्प से कि सब अर्पित कर दो नारायण को, अपना कुछ न रखो।

भागवत भारत भूमि का हृदय है, बड़ा ही कठोर और बड़ा ही कोमल, श्रीकृष्ण की तरह। जो इसे बाँचकर जीविका चलाता है, उसके हाथ में आकर निकल जाता है, जो पूरा अर्थ नहीं समझता पर किसी एक क्षण में कही किसी प्रसंग पर विगलित हो जाता है, अश्रु और रोमांच बन जाता है, भागवत उसका हो जाता है। श्रीकृष्ण भी ज्ञान सम्पन्नों, योगसम्पन्नों के उतने नहीं होते जितने अकिंचन और सहज व्यक्ति के होते हैं।

भागवत इतना दारुण है कि नरदेह को (नारायण की ही क्यों न हो) अन्तिम क्षण में आविद्ध किये बिना नहीं मानता और नारायण को अभियुक्त बनाए बिना नहीं रहता, क्यों देते हो प्यार सर्वस्व छीनने के लिए, क्यों देते हो ममता दूसरी ममता को ध्वस्त करने के लिए, क्यों देते हो भटकाव, कँटीली झाड़ियों में, जब तुम्हें आँख मिचौली ही खेलते रहना है। और साथ ही इतना कोमल है कि एक साँसों की फूँक से जड़ को चेतन कर देता है, वृक्षों में पुलक भर देता है, नदियों की लहर रूपी अंजलियों में कमलोपहार रख देता है कि चढ़ाओ उन चरण कमलों पर जो तुम्हारे पुलिनों पर महक रहे हैं–

नद्यस्तदा तदुपधार्य मुकुन्दगीतमावर्त्तलक्षितमनोभवभग्नवेगाः
आलिंगनस्यगितमूर्मिभुजैर्मुरारेर्गृह्णन्ति पादकमलं कमलोपहाराः।।

भागवत का काव्य शरत् काव्य है, मेघ बरस कर उजला जाए, नदी का जल घटकर

निथर जाये, संतृप्त पृथिवी काश वनराजियों से विहंस उठे, आकाश स्वच्छ हो जाये, शुद्ध निष्कल ब्रह्म की तरह और उसमें अमृत कलश चन्द्र अमृत से भर जाय, भर क्या जाय, अमृत समाये न समाये, सारे रंग केवल श्यामलता में समा जाएँ, सारे राग विराट् विराग में समा जाएँ और विराग ही एकमात्र राग रह जाय, ताप की ललाई सफेदी बन जाय, तब भागवत के रस का, समष्टि में रासशील नर्त्तनशील रस का सही माने में प्रादुर्भाव होता है। कैसे तो समझें और कैसे समझाएँ इसके मर्म को, भागवतकार की दृष्टि को कैसे निरखें, जो दृष्टि शरद् ऋतु के सरोवर में खिले सचाई के सरोज के भीतरी पटलों की शोभा चुराकर निहार रही है, निहार क्या रही है, समस्त रागों की रंगत हर रही है।

भागवत कथा का एक नीरस सा क्रम तो देना सम्भव था, दे दिया। अब किन-किन चुने प्रसंगों पर विशद चर्चा करें, समझ में नहीं आता, कोई प्रसंग तो ऐसा नहीं है जिसे छोड़ा जा सके–

दुस्त्यजस्तत्प्रसंगः।

उस बाल लीला की बात करें जिसके बारे में कुन्ती ने कहा था, और जिसकी चर्चा मैंने प्रारम्भ में की–तुम्हारा अपराधी भाव से बाँधा जाना मुझे बड़ा अच्छा लगता है।

गोप्याददे त्वयि कृतागसि दाम तावद्
या ते दशाश्रुकलिलांजनसम्भ्रमाक्षम्।
वक्त्रं निनीय भयभावनया स्थितस्य
सा मां विमोहयति भीरपि यद् बिभेति।।

गोपियों के हाथ की कठपुतली बने श्रीकृष्ण की बात करें जो गोपियाँ जैसे नचातीं नाचते, जैसे गवातीं गाते, कभी पीठक लाकर देते, कभी नापने का बर्तन लाकर देते, कभी पादुका लाकर देते, कभी बाँहें दबाते।

गोपीभिः स्तोभितो नृत्यद् भगवान् बालवत् क्वचित्।
उद्गायति क्वचिन्मुग्धस्तद्वशो दारुयन्त्रवत्।।
बिभर्ति क्वचिदाज्ञप्तः पीठकोत्मानुपाददत्।
बाहुक्षेपं च कुरुते स्वानां च प्रीतिमावहन्।।

अथवा उस प्रसंग का उल्लेख करें जब ब्रह्मा ने बछड़ों और ग्वालबालों को छिपा दिया, तब श्रीकृष्ण ने अपने को हजार-हजार बछड़ों और ग्वालबालों के रूप में परिवर्तित करके, स्वयं उनके अलंकरण, उनकी लकुटी, उनकी वेणु, उनका परिधान, उनका शृंगार बन के जो कौतुक किया। ऐसे ग्वालबालों को पाकर माताएँ निहाल हो गयीं।

दूध की धार बह चली, लो कितना पियोगे।

प्यासे परब्रह्म, गाएँ रँभा उठीं, आज परब्रह्म दूध पीएँगे, इतनी पिन्हायीं, इतना दूध उतरा कि परब्रह्म नहीं पी सके और उस झूठे दूध को गाएँ परम तृप्ति से चाटने लगीं, मानो जाँचने के लिए कि श्री श्रीकृष्ण के स्वाद का स्वाद कैसा होता है–

तन्मातरो वेणुरवत्वरोत्थिता उत्थाप्य दोर्भिः परिरभ्य निर्भरम्
स्नेहस्नुत्स्तन्यपयः सुधानिभं सत्वा परं ब्रह्म सुतानपाययत्।।
गावस्ततो गौष्ठमुपेत्य सत्वरं हुंकारघोषैः परिहूतसंगतान्।
स्वकान् स्वकान् वत्सतरानपाययन् मुहुर्लिहन्त्यः स्रवदौधसं पयः।।

गोपियों की उस आकुलता की बात करें कि श्रीकृष्ण मानते नहीं, गो-चारण के लिए निकल गये हैं, उनके नलिन-सुन्दर पद जाने किन कंकरीली-पथरीली राहों पर पड़ रहे होंगे, कितने काँटे-कुश चुभते होंगे, उनके चरण इतने कोमल कि हमें अपने अंगों पर रखते डर लगता है कहीं ये कठोर अंग चुभ न जाएँ पर हाय रे, निर्मोही हमको तो सताते ही हैं, अपने को भी सताते हैं, ऐसे चंचल, न उनसे खुद घर रहा जाता है न किसी को घर में चैन से रहने देते हैं—कितना मन कदरा जाता है, उनका इस तरह घूमना सोच-सोचकर—

चलसि यद् व्रजे चारयन् पशून्
नलिनसुन्दरं नाथ ते पदम्।
शिलतृणांकुरैः सीदतीति न।
कलिलतां मनः कृष्ण गच्छति।।

मन के बारे में कहा कलिल बन जाता है, कलिल का एक अर्थ है, पंक, मानो उत्सुक कि चरण-कमल का स्थान तो इस रागाविल पंकिल चित्त में है, दूसरा अर्थ है गर्भ की आदिम अवस्था मानो मन में एक नयी सृष्टि जन्म लेने लगती है। व्रज से चलते समय गोपियों के उस विलाप के साथ बिलखें कि जिनकी स्निग्ध मुसकान ने मन्त्र फूँक दिया था और लीलामयी दृष्टि ने तन-मन-प्राण हर लिया था, जब उन्होंने रास रचा था और तब महारास की रात क्षण हो गयी थी, वे जा रहे हैं, यह दुरन्त अन्धकार कैसे झेला जाएगा, ऐसी शारदीया उजास के बाद विशेष रूप से—

यस्यानुरागललितस्मितवल्गुमन्त्रलीलावलोकपरिरम्भणरासगोष्ठ्याम्। नीताः स्म
नः क्षणमिव क्षणदा विना तं गोप्यः कथं न्वतितरेम तमोदुरन्तम्।।

अथवा उस पराक्रम का स्मरण करें जब उन्होंने अकेले असुरों और मदान्ध द्वेषियों का निकन्दन किया, सात-सात दुर्दान्त बैल एक साथ नाथ दिए, आँधी के ऊपर सवारी की, कालिया के फणों पर नाचे, कानी उँगली पर गोवर्धन थामा, दावानल पिया, मल्लों को पछाड़ा, सब हँसते-हँसते। उस मित्र वत्सलता का स्मरण करें कि दीनहीन सुदामा के धूलि-धूसर चरण आँसुओं से पखारे, मित्र से भर अंक भेंट कर अत्यन्त आनन्दित हुए, उनके ईश्वरत्व का आवरण हट गया, वे निर्वत्त हो गए, उनकी आँखें उस आँधी-पानी वाली रात की स्मृति से भर आयीं जब वे श्रीदामा के साथ गुरु के आश्रम के लिए वन में लकड़ी तोड़ने गए थे, उन्होंने कातर होकर कहा, कहो मित्र, वह रात याद है, एक-दूसरे का हाथ थाम्हे, एक-दूसरे को अवलम्ब देते हुए हम भटकते रहे और पानी मूसलाधार बरस रहा था, कुछ सूझ नहीं रहा था,

कैसी थी रात और कैसा था उसे नकारने वाला मैत्री का हाथ–

वयं भृशं तत्र महानिलाम्बुभिर्निहन्यमाना मुहुरम्बुसम्प्लवे।
दिशोविदन्तोथ परस्परं वने गृहीतहस्ता यद् बिभ्रिमातुराः।।

या नित्य साथ रखने वाली महिषियों की उस विरह-विह्वलता की बात करें जब उन्हें क्षणमात्र के कल्पित वियोग में भी समस्त प्रकृति उनकी सहदुःखभागिनी लगती थी, कुररी उनके लिए रात-रात टेरती थी, समुद्र की चीत्कार बन्दी नहीं होती थी, मेघ के आँसू नहीं थमते थे, क्या हो जाता है उसे जिसे श्रीकृष्ण की विहँसती दीठ लग जाती है–

कुररि विलपसि त्वं वीतनिद्रा न शेषे
स्वपिति जगति रात्र्यामीश्वरो गुप्तबोधः।
वयमिव सखि कच्चिद् गाढनिर्भिन्नचेता
नलिननयनहासोदारलीलेक्षितेन।।

चित्त को यह चीर कर रख देती है दृष्टि। ऐसे विचित्त करने वाले श्रीकृष्ण का अन्तिम रूप मुझे सबसे अधिक बेधक लगता है। 'बहुतायत' में रहने वाले कृष्ण ऐसे अकेले, ऐसे निस्साय, क्या इसलिए कि चलते-चलते नरदेह तजते-तजते नरदेह की समूची की समूची असहायता और निरुपायता झेल लेना चाहते हों, नरदेह की पूरी पीड़ा आत्मसात् कर लेना चाहते हैं, बिना पीर समझे एक-एक नर की पीर हरेंगे कैसे। समझ में नहीं आता निठुर हैं या कोमल, एक ओर कहीं कोई ममता नहीं, मोह-छोह नहीं, और दूसरी ओर ऐसा बाँधते हैं मोह-छोह में, ऐसी चित्त-विनाशिनी लीला के साथ कौन हो, कृष्ण का अनुगमन नहीं किया जा सकता, पर विवशता ऐसी है कि कृष्ण के खिंचाव में जाने क्या है, जहाँ है वहाँ रहा नहीं जाता, बस व्रजन का भाव बरबस उठता है, चलो, रुकना नहीं है, ब्रजविहारी के लिए, व्रजी बनो, व्रज और व्रज के तरुपल्लव बनो, व्रज न बन सको व्रज की रेत के कण बनो, कण बनकर भी ठहरो नहीं, उनकी लीलासखियों के चरणों में पड़कर हवा के कन्धे पर सवार हो जाओ, उनके विरह में सँवरायी जमुना के जल में उतर जाओ। ऐसी पुकार लगाता है भागवत।

भागवत की व्याख्या करने के लिए रूप गोस्वामी, जीव गोस्वामी और मधुसूदन सरस्वती की तपस्या चाहिए, पूज्य स्वामी करपात्री जी का अगाध ज्ञान चाहिए, महाभोगों में लीन पण्डित गोपीनाथ कविराज की साधना चाहिए, यहाँ कुछ नहीं तो भी भागवत भिगो देता है मेरे जैसे विषयों के जंगल में प्यास बुझाने अन्धे कूप के पास गए और उसमें गिरे हुए असहाय व्यक्ति को, मुझे लगता है भागवत अन्धकूप-पतितों के लिए ही लिखा गया। इस साहित्य की बाँहें इतनी लम्बी हैं कि हमारे जैसे साधारण भक्त लोगों तक भी पहुँचती हैं। क्या इससे भी बड़ी कोई साहित्य की कसौटी होगी, क्या इनसे भी अधिक स्वादु कोई रस होगा?

–भावपुरुष श्रीकृष्ण (1989)

रस की आत्मीयता

श्रीमद्भागवत के बारे में कुछ भी कहना हो तो इस प्रतिज्ञा को सामने रख करके ही कहना होगा 'पिबत भागवतं रसमालयम्'। भागवत पूरा रस है। उसमें अलग से रस-विमर्श तो हो ही नहीं सकता। उसके एक-एक अक्षर में रस है। सारा ग्रन्थ ही रसरूप है सारा ग्रन्थ ही रस के विग्रह श्रीकृष्ण का ही रूप है। उनका वाङ्मय विग्रह है। उसमें कहाँ से शुरू करें कहाँ से अन्त करें, कुछ समझ में नहीं आता। इसलिए उसमें हजार-पन्द्रह सौ रस नहीं हैं, बस एक रस है। लेकिन वह रसरूप श्रीकृष्ण की तरह से है। हाथ में आने वाला रस नहीं है। कुन्ती ने हस्तिनापुर से श्रीकृष्ण की बिदाई के अवसर पर यह निवेदन किया और उसमें, लड़ाई में उनकी क्या भूमिका थी, अपने लड़कों की रक्षा में क्या भूमिका थी, कुछ भी नहीं कहा। शुरू यहीं से किया—

गोप्याददे-त्वयि कृतागसि दाम तावद् या ते दशाश्रुकलिताञ्जनसंभ्रमाक्षम्।
वक्त्रं निनीय भयभावनया स्थितस्य सा माँ विमोहयति भीरपि यद् बिभेति।।

(1/8/31)

सबसे अधिक जो तुम्हारा बिम्ब मेरे मन को बराबर विमुग्ध करता रहता है उसका स्मरण, जो मैंने देखा नहीं है केवल सुना है कि यशोदा ने हाथ में डंडा लिया है। तुम्हें ओखल में बाँध दिया है और तुम सिर नीचा किए हुए खड़े हो, आँखों से आँसू गिर रहे हैं। काजल पुँछ करके फैल रहा है। आँखें लाल हो गयी हैं। जिससे सारा जग भयभीत होता है, वह भय की मुद्रा में खड़ा हुआ है। वही रूप मुझे सबसे अधिक विमोहित करता है। एक परेशानी का रूप यह है जो कुन्ती को विमोहित करता है। दूसरी परेशानी का रूप है युद्ध में उत्तरीय सरक गया है, पसीने से लथपथ है। बाल गालों पर चले आए हैं और उन्होंने रथ का पहिया उठा लिया है भीष्म को मारने के लिए। भीष्म को मृत्यु के समय वही रूप सबसे अच्छा लगता है।

स्वनिगममपहाय मत्प्रतिज्ञामृतमधिकर्तुमवप्लुतो रथस्थः।
धृतरथचरणोऽभ्ययाच्चलद्गुर्हरिरिव हन्तुमिभं गतोत्तरीयः।।

(1/9/39)

अपनी प्रतिज्ञा भूल जाते हैं कि हमें शस्त्र नहीं उठाना चाहिए और मेरी प्रतिज्ञा

सच करवाना चाहते हैं। रथ का पहिया उठा कर ऐसे टूट पड़े हैं हरिरिव हनतुमिभं गतो; जैसे सिंह हाथी के ऊपर झपटे तो मैं उस रूप का ध्यान करना चाहता हूँ। मरते समय प्रसन्न-वदन वरदान देने वाले श्रीकृष्ण का स्मरण नहीं करना चाहता हूँ। मैं परेशानः

युधि तुरगरजोविधूम्रविष्वक्कचलुलितश्रमवार्यलङ्कृतास्ये।
मम निशितशरैर्विभिद्यमानत्वचि विलसत्कवचेऽस्तु कृष्ण आत्मा।।

(1/9/35)

जिनके अंग को मैं छेद रहा हूँ, जो मेरे आवेध्य बने हैं उनको मैं देखना चाहता हूँ। सारे संसार को आविद्ध करने वाले मेरे आवेध्य हो रहे हैं, उस क्षण को फिर से जीना चाहता हूँ। कोटि-कोटि लोगों को आकुल करने वाले, मेरे कारण आकुल हो रहे हैं उस आकुलता को मैं देखना चाहता हूँ। श्रीकृष्ण के रस में ऐसा विपर्यास कि श्रीकृष्ण को बेचैन देखने के लिए समष्टि चैतन्य को विक्षुब्ध देखने के लिए तैयारी है। ठीक, हम परेशान हों उनके लिए, पर वे परेशान हों तो हमारी परेशानी का मूल्य चुक जाता है। तब जब श्रीकृष्ण कहते हैं कि यदि देवताओं की ही आयु मिले तो मैं गोपियों के ऋण से मुक्त नहीं हो सकता, तो लगता है जैसे उस आकुलता की पूरी-की-पूरी मजूरी एक साथ मिल गयी है। भगवान की बात, ईश्वर की बात, मोक्ष की बात सब करके भी व्यास उदास हो जाते हैं कि कुछ नहीं हुआ। ऐसा कुछ कहीं नहीं किया मैंने जिससे 'येनआत्मासम्प्रसीदति' जिससे आत्मा को प्रसन्नता हो, और जब नारद ने उनसे कहा कि इसका कारण यह है कि आपने सब कुछ कहा है, पर मन की बात नहीं कही है, आपने हंसों के पीने के लिए आप्तकाम पुरुषों की कामना जगाने के लिए, जिनकी प्यास बुझ चुकी है, ऐसे लोगों के हृदय में प्यास जगाने के लिए कुछ नहीं लिखा है। प्यास बुझाने के लिए लिखा है, लेकिन जब सारी प्यास बुझ जाए तो भी कुछ प्यास और है, उसको उद्बोधित करने का काम तो आपने किया ही नहीं है। जो निष्काम परमहंस हैं उनको उद्बोधित करने के लिए तो आपने कुछ काम ही नहीं किया है। व्यास ने तब भागवत कथा लिखी। ऐसी कथा आती है, शुकदेव की जब तलाश होने लगी कथा सुनने के लिए। शुकदेव को तलाश करने लगे व्यासदेव तो समाधि में मग्न उनकी समाधि टूट नहीं सकी थी, तो उन्होंने श्लोक पढ़ा कि वृन्दावन में प्रवेश कर रहे हैं श्रीकृष्णः

बर्हापीडं नटवरवपुः कर्णयोः कर्णिकारं
बिभ्रद् वासः कनककपिशं वैजयन्तीच मालाम्।
रन्ध्रान् वेणोरधरसुधया पूरयन् गोपवृन्दै-
र्वृन्दारण्यं स्वपदरमणं प्राविशद् गीतकीर्तिः।।

(10/21/5)

जब इस श्लोक के सुनते ही शुकदेव आ गये, अर्थात् उनकी आँख खुल गयी, तो व्यास को ऐसे परमहंस-भाव में स्थित व्यक्ति की समाधि तोड़ने के लिए यही श्लोक सबसे उत्तम जान पड़ा। क्यों जान पड़ा? किस प्रकार का रूप है यह? श्री पूज्य करपात्री जी यह कहते थे कि इसमें सारा सौन्दर्य नटवरवपुः में है। इस शरीर में नटता भी है वरता भी है। साथ-साथ खिलाड़ी भी है और खिलाड़ी के साथ-साथ वह एक विशेष आत्मीय व्यक्ति भी है। जो खिलाड़ी होता है वह बड़ा अनात्मीय होता है, बड़ा निठुर होता है, तमाशा दिखलाता है, बहुत चमत्कृत करता है और चला जाता है। श्रीकृष्ण केवल वैसे नहीं, केवल विप्रयोग शृंगार नहीं कि तमाशा दिखायें और चले जाएँ। वे नित्य संयोग शृंगार हैं। वर हैं, वर होने के नाते नित्य संयोग में अधिष्ठित हैं। दोनों एक ही शरीर में कैसे? ऐसा कैसे सम्भव होता है कि श्रीकृष्ण नट भी हैं वर भी हैं? नट और वर दोनों की भूमिका में एक साथ रहने के कारण वे और अधिक आकर्षक हैं। जितने परिचित हैं, उतने अपरिचित हैं। जितने जाने हुए हैं उतने ही अज्ञात हैं। यदि इस वर वाली भूमिका में न रहें उसी चमत्कार की भूमिका में रहें तो इतनी आत्मीयता साधारण से साधारण व्यक्ति को न हो। कुन्ती को उसी जगह कहना पड़ा है कि तुम जा रहे हो, यह सोचकर के जाओ, नदियाँ सूख रही हैं, धरती सूख रही है। सब प्रसन्नता खो रहे हैं। तुम देखते हो इन्हें तो ये हरी-भरी रहती हैं, पूरी रहती हैं। तुम्हारी उपस्थिति मात्र से ऐसा कुछ होता है। एक प्रेम का ज्वार रहता है। तुम नहीं रहते हो तो सब कुछ बदल जाता है। उनकी उपस्थिति में ऐसा जो आत्मीय भाव है उनके वरत्व के कारण है और जो इतना सब कुछ करते हैं और लोग अचरज में पड़ जाते हैं तो फिर एक स्मरण आ जाता है कि अरे यह तो एक खिलाड़ी है। खेलता है। दावानल पी लिया उन्होंने कहा कि इसमें कुछ था ही नहीं। तुम लोगों को भ्रम रहा होगा। उनके मन पर छा गया कि यह एक तमाशा था।

कठिन से कठिन ताप को अवास्तविक बनाने वाले और अत्यन्त सामान्य महत्त्वहीन क्षण को एकदम प्रकाश का एक शिखर बनाने वाले श्रीकृष्ण इसीलिए इतने प्रिय हैं। और इस देश के रागात्मक हृदय के आराध्य हैं। उनमें कुछ ऐसा है कि उन्हें बराबर कोसने को मन करता है और उनके पीछे-पीछे बराबर भटकने को मन करता है। जो प्यार करता है, वह कोसे बिना नहीं रहता, जो प्यार नहीं करता है वह भी कोसे बिना नहीं रहता कि हाय, कैसे लोग हैं, कितने मूर्ख लोग हैं, श्रीकृष्ण के पीछे पड़े हुए हैं। ये गोपियाँ कितनी जड़ हैं, इनके पीछे पड़ी हुई हैं। उनको ईर्ष्या होती है, जलन होती है कि कोई ऐसा प्यार हो सकता है। प्यार का कोई ऐसा आलम्बन हो सकता है। हरेक आदमी कोशिश करता है कि इतना आलम्बन कैसे मिल गया है किसी को। जो बड़े ज्ञानी भक्त हैं, उनको स्पृहा होती है। उद्धव को स्पृहा होती है कि अगर हम गोपी नहीं हो सके तो हम उनकी पद-धूलि में से उठने वाले तृण

होते, क्षुप होते, झाड़ होते, वृक्ष होते, क्योंकि उनको तो सुलभ हैं, श्रीकृष्ण के प्यार में बनी गोपी की सन्निधि है। गोपियों को श्रीकृष्ण की प्रकृति प्राप्त है, क्योंकि वे सहज हें, उनमें कोई दुराव नहीं है, कोई छल-कपट, कोई संकोच नहीं है। जिसमें दुराव रहता है, चाहे सच्चाई का ही दुराव क्यों न रहता हो जैसे कि रुक्मिणी को हुआ। उन्होंने कहा कि नहीं मैं पग की धूलि तो श्रीकृष्ण को नहीं दे सकती। वैसे श्रीकृष्ण हमारे आराध्य हैं। हम उनको पैर की धूलि देंगी, तो ये सच्चाई क्या है? यह दुराव है। गोपी के मन में दुराव नहीं है। उन्होंने कहा कि धूलि जितनी चाहो उतनी ले जाओ, यदि उनका सिर दर्द हमारी चरण-धूलि से अच्छा होता है तो मनों ले जाओ। कोई दुराव है नहीं। उनके लिए जो प्रिय है, उनके लिए जो हितकर, उनके लिए जो सुखकर है वह हम दे देंगे। उसमें क्या संकोच। हमारा है ही क्या कि हम सोचें उसमें। सब उसी का है। इतनी बड़ी आत्मीयता जहाँ हो उसे रस की संज्ञा दें, आत्मा की संज्ञा दें, जो भी संज्ञा आप दे दें।

श्रीमद्भागवतकार का लक्ष्य यह है कि पहले सब कुछ अपना समर्पण करने के लिए तैयार हो जाओ, नारद की उस भूमिका को समझो जो दासीपुत्र होकर के भगवान् के दर्शन की लालसा उन्होंने कमायी और दूसरे जन्म में नारद के रूप में यह सौभाग्य पाया कि उनका गुण-कीर्तन करें। या व्यास के उस टूटते हुए मन के साथ एकाकार हो सकें, महाभारत, वेद-संहिताओं का सम्पादन किया, पुराण लिखे, धर्म, अर्थ, काम, मोक्ष की व्यवस्था की, इह लोक और उस लोक के बीच सामंजस्य स्थापित किया और हुआ कुछ भी नहीं। अनुभव यही हुआ जैसा भागवतकार ने कहा कि :

नैष्कर्म्यमप्यच्युतभाववर्जितं न शोभते ज्ञानमलं निरञ्जनम्।
कुतः पुनः शश्वदभद्रमीश्वरे न चार्पितं कर्म यदप्यकारणम्।।

(1/5/15)

जिसमें अच्युत भाव न हो, अच्युत के लिए भाव न हो और न चुकने वाला भाव न हो वह क्या मूल्य रखता है? वह नैष्कर्म्य क्या मूल्य रखता है? नैष्कर्म्य जब उस भाव से आप्लुत हो तब मतलब रखता है। गोपी मथुरा नहीं जाती हैं, वह दूर नहीं हैं, हाथ में झाड़ू लेकर मथुरा पहुँच सकती थीं, लेकिन नहीं, काम नहीं छोड़तीं, घर के सारे कामकाज सँवारती हैं। श्रीकृष्ण के लिए प्यार काम में फैल जाता है। इस रूप में फैल जाता है कि उद्धव को कहना पड़ता है :

या दोहनेऽवहनने मुसलोपघातप्रेङ्खेङ्खनार्भरुदितोक्षणमार्जनादौ।
गायन्ति चैनमनुरक्तधियोऽश्रुकण्ठ्यो धन्या व्रजस्त्रिय ऊरुक्रमचित्तयानाः।।

(10/4415)

गाय दुहते समय, धान कूटते समय, चावल बनाने के लिए मूसल चलाते समय, झूले पर झूलते समय, बच्चा रो रहा है उसको चुप कराते समय, उसको उबटन कराते समय कोई भी काम हो उन्हीं का काम। दुहना उन्हीं के लिए, मथना उन्हीं के लिए,

बच्चों को नहलाना उन्हीं के लिए, सारा काम उन्हीं के लिए और अनुरक्तधियः जिनका ध्यान अनुरक्त है। ध्यान प्रायः निर्मल होता है, श्वेत निर्वर्ण लेकिन यह ध्यान अनुरक्त ध्यान है, उनके आने पर दूसरे रागों का दूसरे रंगों का कोई अस्तित्व नहीं रह जाता। अन्यत्र कहा:

इतररागविस्मारणं नृणां वितर वीर नस्तेऽधरामृतम्।।

(1/31/14)

दूसरे जितने राग हैं सब भूल जाते हैं, रह नहीं जाते। इस राग के रहते हुए दूसरे रागों का कोई अस्तित्व नहीं रह जाता। क्योंकि यह राग तो एक विचित्र प्रकार का राग है। जितने साहित्यशास्त्र में राग वर्णित हैं, उसमें जो उत्कृष्ट राग है, वह राग इतना गहरा है कि उसमें सब रंग डूब जाते हैं। ध्यान में जब यह रंग भीतर आता है तब सारा काम वही हो जाता है, मथनी भी श्रीकृष्ण बन जाती है, दूध भी कृष्ण बन जाता है, गाय भी बन जाती है, बछड़े भी बन जाते हैं, और श्रीकृष्णमयता में काम रस हो जाता है, काम साधारण काम नहीं रहता, उस काम में कोई थकान नहीं होती, अविराम चलता रहता है दैनिक क्रम। वह क्रम नहीं रुकता। लोग समझते हैं कि ऐसी तल्लीनता कर्म से पलायन है। ठीक उल्टी बात है कि कर्म को सरस बना करके सप्रयोजन बना करके कर्म को एक तरह से ऐसे आत्मा से जोड़ करके कि यह काम तो सही रूप में अपने लिए है, इस काम का लेखा-जोखा मैं ही लेने वाली हूँ कोई दूसरा लेने वाला नहीं है, अपने लिए करना है, यह अपनी प्रीति के लिए करना है, अपने प्रिय की प्रीति के लिए करना है जो अपने से भी ज्यादा प्रिय है, तो कर्म रस हो जाता है और वह ज्ञान भी रस हो जाता है, जो कृष्ण को अर्पित होता है, क्योंकि तब उसे ज्ञान की दिशा में, जो एक अवधूत-भाव आता है तो उसमें स्मरण नहीं रहता कि क्या चाहिए। शुकदेव ने कथा जब शुरू की तो उन्होंने उसी अवधूत-भाव का स्मरण किया—

सत्यां क्षितौ किं कशिपोः प्रयासै-
र्बाहौ स्वसिद्धे ह्युपबर्हणैः किम्।
सत्यञ्जलौ किं पुरुधान्यपात्र्या
दिग्वल्कलादौ सति किं दुकूलैः।।

(2/2/4)

पृथ्वी है तो शय्या की क्या आवश्यकता? अपनी बाँह है तो तकिया की क्या आवश्यकता? अपनी अंजलि है तो फिर पात्र की क्या आवश्यकता? और जब दिशाएँ वल्कल होकर दिखती हैं तो फिर रेशमी वस्त्र पहनने की क्या आवश्यकता? हमारी दिशाएँ आवाहित कर रही हैं कि तुम्हें निर्मल अम्बर सौंप रहे हैं। यह जो अवधूत फक्कड़ भाव आता है किसलिए आता है? किस कारण आता है कि सत्ता है उसके जानने से जिसका होने से और जो होने से कुछ घटित होता है और उस घटित होने

का स्वाद मिल जाने पर दूसरे स्वाद फीके हो जाते हैं। जितने रस हैं तथाकथित रस हैं, रसाभास कहना चाहिए उनको, वे विरस हो जाते हैं। तब तुलसीदास जी ने कहा कि—

'सब षटरस नव रस रस अनरस ह्वै जाते सब मीठे'। वे नौ रस षट्रस अनरस हो गये। भक्ति-रस भी एक ऐसा शब्द है जिसकी लक्षणा की जा सकती है। इसलिए नहीं कि भक्ति का अर्थ ही लक्षणा है। किन्तु इसलिए कि जब इस भाव को इस स्तर की भक्ति प्राप्ति होती है तब भक्ति की कई चीजें समाप्त हो जाती हैं। भक्ति का एक अर्थ है गौणता कि दूसरे की अपेक्षा वही मुख्य है कोई मुख्य हमारा रहे और हम उसके पीछे-पीछे आएँ। दूसरा अर्थ है सेवा, तीसरा अर्थ है हिस्सा बँटाना, बाँटना। इससे सारे अर्थ भक्तिरस में उद्भिन्न होते हैं एक-एक करके, लेकिन एक चरम परिणति उसकी इस प्रकार के मनोभाव में होती है जहाँ पर मधुसूदन सरस्वती ने कहा है कि 'धारावाहिकतां गता' एक धारा चल पड़ती है। और जितने ये छोटे-छोटे भ्रम हैं वह एक-दूसरे को ठेलते हुए आगे जाते हैं तो उसमें किसी एक का महत्त्व नहीं रह जाता। दास्य-भाव का महत्त्व नहीं रह जाता, माधुर्य-भाव का अलग से महत्त्व नहीं रह जाता। सख्य का भी महत्त्व नहीं रह जाता। जितने भाव हो सकते हैं उनके स्थान पर उस निरन्तरता का महत्त्व रहता है जिसमें आदमी बहा दिया जाता है। उस निरन्तरता में सकता है कभी आदमी डूबे कभी उतराये। एक क्षण में भी कोटि-कोटि युगों का अन्तराल अनुभव करे और यह अनुभव करे कि देखना तो होता ही नहीं है। देखने में क्यों बाधा पड़ती है। एकटक निहारते, जाने कितना समय बीत जाए पता न चले। पर रहती है निरन्तरता, दिन हो, रात हो, श्रीकृष्ण सामने हों, श्रीकृष्ण सामने न हों वह निरन्तरता टूटती नहीं है। इसी को रस कहना चाहिए। रस तो जल ही का नाम है। जल का स्वभाव ही है द्रुत होना और चलते रहना। और जितना ही चलते रहें उतना ही दूसरों को चलाते रहने में समर्थ हो सकता है। श्रीमद्भागवत का रस इसी प्रकार का है कि यह रस कहीं ठहरता ही नहीं। देवकी के कारागार में नहीं ठहरता, गोकुल के गाँव में नहीं ठहरता, वृन्दावन में नहीं ठहरता, मथुरा में नहीं ठहरता, कहीं नहीं ठहरता। किसी के चित्त में यह ताव नहीं है कि ठहरा सके। बहता रहता है। यह शोभा का समुद्र किसी भाजन में नहीं आता। हर भाजन छोटा पड़ जाता है। हर द्रुति छोटी पड़ जाती है और हर व्यक्ति को दूसरे की ललक रहती है कि शायद श्रीकृष्ण का प्यार उन्हें मिला होगा, उन्हें मिला होगा, उन्हें मिला होगा। लेकिन प्यार तो श्रीकृष्ण का मिलता ही नहीं, प्यार से अधिक मिलता है प्यार की एक अछोर चाह, एक अतृप्त तृषा, किसी भी उपाय से न बुझने वाली प्यास, जिस प्यास का चित्र श्रीमद्भागवत ने इस रूप में खींचा है—

दयित दृश्यतां दिक्षु तावकास्त्वयि धृतासवस्त्वां विचिन्वते।।

जिस शब्द का प्रयोग भागवतकार ने किया वह 'धृतासव' शब्द है। प्राण कहीं रखे

हुए हैं। जिस जगह प्राण रखे हुए हैं, अर्थात् श्रीकृष्ण के पास प्राणों की धरोहर रख दी गयी है और गोपियाँ तलाश इसलिए कर रही हैं कि तुम्हारे यहाँ धरोहर रखी हुई है। जब उन प्राणों की सुधि आती है, जीवन की सार्थकता की सुधि आती है तो तुम्हारी सुधि आती है। तुम जीने के साथ जुड़े हुए, निश्वास के साथ जुड़े हुए हो। वह धरोहर रखी हुई है। ऐसी दिशाओं में व्याकुल होकर के घूमती है। हमारी धरोहर कहाँ है? ऐसी धरोहर श्रीकृष्ण के पास है और इसलिए उनका आमन्त्रण प्राणों के फूँक से है, उनका आमन्त्रण प्राणों के लिए है इसीलिए प्राणों की फूँक से वंशी के निनाद से आमन्त्रण होता है। रस के एक विशाल पारावार जैसे समुद्र में आने के लिए निमन्त्रण वंशी के द्वारा दिया जाता है। सारे सम्बन्धों को नष्ट करने वाली, सारे रागों को विस्मृत कराने वाली, सारे सूत्रों को तोड़ने वाली और एक अवशता की स्थिति में लाने वाली यह जो पुकार है, कहा जाता है कि वंशी और रुद्र से सम्बन्ध है, तादात्म्य सम्बन्ध हो, कोई सम्बन्ध हो, लेकिन संहार का काम तो वंशी करती ही है। वह प्राणों के संस्कार का काम करती है क्योंकि नये प्राण ढालना चाहती है। नये प्राण ढालने के पहले बहुत कुछ हर लेती है। जितने भी उसमें संस्कार होते हैं इनके लिए जीना, उनके लिए जीना, सब जीना व्यर्थ हो जाता है। केवल जीना सार्थक रह जाता है। श्रीकृष्ण वह जीना बन जाते हैं, वह जीवन बन जाते हैं, विद्यापति के शब्दों में देह के जीवन 'एक सार' बन जाते हैं।

इस दृष्टि से जब हम भागवत पर विचार करते हैं तब हमको लगता है कि भागवत इतने ज्ञान के खण्ड रखता है, बीच-बीच में, इतने मोह छोड़ने के खण्ड रखता है, पर आदि से अन्त तक वह एक सूत्र है, श्रीकृष्ण की लीला में डूबने की ललक का सूत्र।

यह पहचान ही नहीं हुई कि यह अस्तित्व तो जिनके कारण तब था, वे नहीं हैं तो यह असत् है:

तद्वै धनुस्त इषवः स रथो हयास्ते सोऽहं रथी नृपतयो यत आनमन्ति।
सर्वं क्षणेन तदभूदसदीशरिक्तं भस्मन् हुतं कुहकराद्धमिवोप्तमूष्याम्।।

(1/15/21)

एक क्षण में वही घोड़े, वही धनुष-बाण, वही रथी, सब कुछ ईशरिक्त होने के कारण, उनसे खाली होने के कारण असत् हो गया। जैसे भस्म में दी गयी आहुति असत् हो जाती है, जैसे कुहरे में कोई रसोई पकाये वह रसोई असत् हो जाती है, जैसे ऊसर में कोई बीज बोये वह बोना असत् हो जाता है, वैसे सब असत् हो गया है। क्योंकि उनके कारण सब था, सत्तामात्र उनके कारण है, अस्तित्वमात्र उनके कारण है, जीवन के वे प्रयोजन हैं, जीवन के कारण हैं, प्रेरक हैं, परिणाम हैं, सब कुछ वही हैं, वे नहीं हैं तो ये जो छोटी-मोटी सुविधाएँ थीं, गांडीवधारी अर्जुन की, फाल्गुन की ये सब असत् हो गयीं। इस प्रकार से असत् के भान की तीव्रता से सद् में प्रवेश

कराया जाता है। प्रयोजन है इसमें कि जब तक आदमी इस अनुपस्थिति से उपजी हुई खालीपन की स्थिति को नहीं समझेगा, रीतेपन को नहीं समझेगा, तब तक श्रीकृष्ण से आपूरित होने का वह पात्र नहीं हो सकता। आपूरित होने के लिए आवश्यक है कि पूर्ण रूप से विरेचन हो जाय। उस कुम्भ में और कोई प्राण न रहे, केवल एक प्राण की स्थिति हो, तभी पूरण हो सकता है। इसकी तैयारी होती है और इसके बाद ज्ञान-काण्ड की लम्बी बड़ी शृंखला सातवें स्कंध तक चली जाती है। बीच-बीच में ऐसे सूत्र हैं, जिन से पता चलता है कि पात्रता किसको मिली। श्रीमद्भागवत के अनुसार पात्रता अकिंचन को ही मिली और शायद इसीलिए श्रीकृष्ण की प्रतिज्ञा है—

वयं निष्किंचनाः शश्वन्निष्किंचनजनप्रियाः।

हम तो निष्किंचनता हैं, हमको निष्किंचन लोग ही प्रिय होते हैं। तो निष्किंचनता के कई प्रकार हैं, एक प्रकार वृत्रासुर है, जो असुर देह पाए हुए है। तो वह निष्किंचन है, उसको देवत्व नहीं मिलेगा, देवता का विरोधी बना रहेगा। उस विरोध में भी चूँकि निष्किंचन हो चुका है जो प्रकाश हो सकता है, उससे वंचित हो चुका है। देवता जो प्रकाश-रूप है उससे वंचित हो चुका है। इसलिए वह पात्र है। और इन्द्र तो नहीं कह सकते, वह कहता है जैसे अवधि बीत जाते ही पत्नी पति के लिए प्रतीक्षा करने लगती है, आकुल हो जाती है वैसे ही मैं तुम्हारे लिए आकुल हूँ। मेरी दिदृक्षा, देखने को मेरी प्यास उसी प्रकार की है जैसे चिरौटे अपने माँ के लिए जोहते हैं कि आएगी, चारा देने के लिए, जैसे बछड़ा अपनी माँ को दूध के लिए, गाय के दूध के लिए तरसते हैं, वैसी तरस उसमें है। मुझे कुछ चाहिए नहीं, यह सब स्वर्ग, अपवर्ग कुछ नहीं चाहिए, स्वर्ग का राज्य नहीं चाहिए, मुझे तुम चाहिए। तुम्हें देखना चाहिए। इस प्रकार का सूत्र चाहे उसमें हो, असुरराज प्रह्लाद में हो, मिलता जाता है। विदुर में हो, घर में टूटे हुए विदुर में हो, ऐसे ही लोगों में ही यह पात्रता है। आगे चल करके भी ऐसी पात्रता दिखाई पड़ती है, तो यह ध्यान देने योग्य बात है कि दो ही प्रकार के लोगों में पात्रता आती है, जो अपना सब कुछ सौंप देते हैं और अपने को कुछ भी नहीं समझते तो हम तो हैं ही नहीं कुछ। अरे हमारे बीच में कृष्ण रहे, हम तो विश्वास भी नहीं कर सकते। कैसे रहे, हम जानते थे कि ये तो अखिलदेहिनाम् अन्तरात्मा हैं, लेकिन क्यों हैं? हमारे बीच में हम नहीं समझ पाए तो यह अपनी हीनता का बोध नहीं है। अपने में कुछ है ही नहीं, सिवा उनके, इसका बोध है। इसका बोध जिसको होता है, वही उस रस का पात्र होता है। वह छोटा नहीं होता है, वह बड़ा होता है और इस बोध को जगाने के लिए श्रीमद्भागवत एक सोपान—क्रम रखता है। और तमाम भक्तों के क्रम में सबसे अन्त में गोपियों का नाम आता है। उत्कर्ष की भूमिका उनकी है इसलिए उनका नाम आता है और इसलिए उस भूमिका की रचना श्रीमद्भागवत का चरम उद्देश्य है कि शुकदेव तक को उसकी तरस है, उद्धव तक को उसकी तरस है, नारद तक को तरस है। ईर्ष्या है कि उतनी अकिंचनता

सब कुछ होते हुए हमारे भीतर क्यों नहीं आयी? उस अकिंचनता की एक पहचान है। वह पहचान पहले ही भूमिका में आ गयी है–

कृतमनुकृतवत्य उन्मदान्धाः प्रकृतिमगन् किल यस्य गोपवध्वः।

(1/9/40)

जो कुछ उन्होंने किया उसको गोपियों ने किया। रस तो और कुछ है ही नहीं, रास की रचना है श्रीकृष्ण–लीला में डूबने को, डूब करके उसकी प्रस्तुति करने की। कोई गोपी पूतना बनती है, कोई कृष्ण, कोई असुर बनती है, कोई कुछ, की और कोई कुछ माने जो कुछ भी श्रीकृष्ण ने किया, सारी लीला जो आँखों के सामने घटित हुई, उसमें गोपियाँ डूब जाती हैं और वही हो जाती हैं तो उनकी प्रकृति को प्राप्त हो जाती हैं। श्रीकृष्ण की जो सहज प्रकृति है विश्व-संचरणशील, विश्वमोहन, विश्व-उन्मादक, विश्वाह्लादक प्रकृति, उस प्रकृति को प्राप्त हो जाती हैं। यह इसलिए कि उनमें उन्मदान्धता है, वे केवल पागल नहीं हैं, वे अन्धी भी हैं। अब इसका अर्थ क्या है? इसका अर्थ यह है कि कहा जाता है कि एक नीलमणि है। यह प्रकाश भी नील प्रकाश है। नील प्रकाश होने से इसको एक सुविधा है कि यह घने से घने तमस् में चला जाता है। क्योंकि उसका सजातीय है, उस तमस् का सजातीय है। और गोपियाँ अपने मोह को, अपने व्यसन को, अपने तमस् को श्रीकृष्णमय बना देती हैं, जो कोई दूसरा नहीं बना सकता। अपनी मोहान्धता में श्रीकृष्ण को रखती हैं। ऐसी भयंकर महासक्ति के विषय के रूप में श्रीकृष्ण को रखती हैं कि यह मोहासक्ति श्रीकृष्णमय जब बन जाती है तब वहाँ पर कहीं भी किसी प्रकार के दुराव के लिए कोई गुंजाइश नहीं रहती है। जिसका अन्धकार प्रकाशमय हो जाता हो वहाँ अन्धकार का कोई टुकड़ा जर्रा भी बचेगा नहीं पर यह होना कठिन होता है। आदमी अपने प्रिय को अच्छी चीजें देता है, सत्व देता है, सात्विक चीजें देता है, या राजस चीजें देता है, भोग लगाता है। लेकिन अपना तमस् उनको सौंप दे यह कोई अन्धा ही आदमी करेगा। कोई बिल्कुल उन्मद आदमी ही करेगा। यह उत्कर्ष ऐसी तादात्म्य बुद्धि से आता है जो सहज हुए बिना मिल नहीं सकता। सहज होने का अर्थ यह है कि एक ऐसा रिश्ता, जिसमें सारी चीजें उसी से उद्भूत हों। जीवन के सारे व्यापार उसी से उद्भूत हों। सारे सम्बन्ध उसी से उद्भूत हो–

यत् पत्यपत्यसुहृदामनुवृत्तिरङ्ग स्त्रीणां इति धर्मविदा त्वयोक्तम्।
अस्त्येवमेतदुपदेशपदे त्वयीशे प्रेष्ठो भवांस्तनुभृतां किल बन्धुरात्मा।।

(10/29/32)

सबके साथ जो भी सम्बन्ध है तुम्हारे कारण है, क्योंकि आत्मा ही सबसे अधिक प्रिय है। इतना प्रिय मानना कि दूसरे प्रियेतर रह न जाय। यह सहजता है। उनका खण्डन नहीं है। उस जीवन से बिलगाव नहीं है। साधारण से गँवार जीवन से कोई बिलगाव नहीं है। उस जीवन में रहते हुए, आसक्त रहते हुए, उसमें संसक्त रहते हुए

उसमें केवल एक ही अर्थ पाना बहुत मुश्किल चीज है। लेकिन चूँकि उसमें इतना सामान्यभाव है, वे सामान्य सत्ता को इतनी गहराई से समझ सकती हैं, सामान्य होने के कारण कि उन्हें कोई विशेष चाहिए ही नहीं और जिसको विशेष नहीं चाहिए, जो विशेष नहीं है, जो निर्विशेष है उसी को श्रीकृष्ण मिलते हैं। तो इस भागवत की रचना निर्विशेषीकरण के लिए है और इसीलिए इसे पारमहंस्य-संहिता कहा जाता है। परमहंसों के लिए इसकी रचना मुख्य रूप से की गयी है कि पारमहंस्य-भाव किसी का विशेष रहने नहीं देता है। इसके लिए कोई तैयार हो जाय तब वह पात्र होता है। इसमें कहें कि यह माधुर्यप्रेम है, वात्सल्यप्रेम है, सख्यप्रेम है, ऐसा है इसके अनेक भेद किए जा सकते हैं। तो मैं समझता हूँ कि वे भेद नहीं हैं, वे सोपान मात्र हैं। रस केवल एक है और वह रस श्रीकृष्ण का वह भाव है जिसके आगे दूसरे भाव छोटे पड़ जाते हैं। दूसरे भाव कोई अस्तित्व नहीं रखते, कोई स्वाद नहीं रखते, कोई अर्थ नहीं रखते। मित्रो, श्रीमद्‌भागवत के बारे में शास्त्रीय दृष्टि से मैंने कोई चर्चा नहीं की है। आपको लगेगा कि साहित्य-शास्त्र के विद्यार्थी से अपेक्षा की जाती है कि प्रमाणित करे कि यह रस निष्पन्न हुआ और ऐसे निष्पन्न हुआ लेकिन उसमें बड़ी कठिनाई है। शास्त्र की जो सरणि है, जिन्हें लेकर वहाँ उतने भेद हैं और उतनी गाँठें हैं कि उनको लेकर के चलें तो श्रीकृष्ण के इस समुद्र में प्रवेश ही नहीं करने को मिलेगा। जिसको हम कहते हैं वीर रस, जिसको हम कहते हैं भयानक रस, जिसको हम कहते हैं रौद्र रस, तो क्या करें—

मल्लानामशनिर्नृणां नरवरः स्त्रीणां स्मरो मूर्तिमान्
गोपानां स्वजनोऽसतां क्षितिभुजां शास्ता स्वपित्रोः शिशुः।
मृत्युर्भोजपतेर्विराडविदुषां तत्त्वं परं योगिनाम्
वृष्णीनां परदेवतेति विदितो रङ्गं गतः साग्रजः।।

(10/43/17)

एक शरीर में वीर भी है, एक शरीर में रौद्रमूर्ति भी है। एक शरीर में वीर की भी मूर्ति है और एक ही शरीर में भयभीत है और ये सब विरुद्ध कहे जाते हैं शास्त्र में एक-दूसरे से। भयानक और वीर तो परस्पर विरुद्ध हैं। जहाँ वीर का आश्रय होगा, वहाँ भयानक का नहीं होगा। और यहाँ पर है, तो क्या कहा जाय। इसलिए कि जितने विरोध हैं यहाँ तो परिश्रान्त हैं। जहाँ सारे विरोध परिश्रान्त हो जाते हैं वहाँ कोई इस प्रकार की कोटि बनाने से विश्लेषण करना ठीक नहीं होता। समझने के लिए हम यह कहीं कह दें कि यहाँ पर यह अलंकार है तो इस अलंकार से इस प्रकार के रस का पोषण होता है। इस शब्दावली से विप्रलंभ-शृंगार का पोषण होता है, यहाँ संयोग-शृंगार का पोषण होता है लेकिन जब उसको ध्यान से देखें तो क्या कहेंगे? मम्मट को ध्यान में रखें तो जहाँ कहा है :

नद्यस्तदा तदुपधार्य मुकुंदगीतमावर्तलक्षितमनोभवभग्नवेगाः।
आलिङ्गनस्थगितमूर्मिभुजैर्मुरारेर्गृह्णन्ति पादयुगलं कमलोपहाराः।।

(10/21/15)

यहाँ कहें कि नदियों ने जब उनका वंशीगीत सुना तो उनके भीतर काम जगा। और जब नदियों के भीतर काम जगा, इसे कहेंगे रसाभास। जड़ में क्या काम जगा, लेकिन इसे रसाभास कहेंगे तो यही कहना पड़ेगा कि आपको भागवत का कोई अधिकार नहीं है।

'अस्पन्दनं गतिमताम्' जो गति वाले हैं, उनको स्पन्दित करने वाला है और जो जड़ हैं उनको चलाने वाला है, यह व्यापार जिसमें है वहाँ पर यह कोटियाँ, प्राकृत रसभेद, उपयोगी नहीं होते। वह इस रूप में सोचना चाहिए कि इस रस के विमर्श के लिए श्रीकृष्ण को शरीरी रस मानना चाहिए। रस का ही शरीर मानना चाहिए। और रस को समझने के लिए उनकी आराधना करनी चाहिए, श्रीकृष्ण को समझने के लिए नहीं। रस क्या है यह जानने के लिए श्रीकृष्ण की आराधना करनी चाहिए कि रस ऐसा होता है। इस अनुभव को अच्छी तरह से समझना हो तो भागवत पढ़ना चाहिएं। भागवत का अध्ययन करना चाहिए कि अनुभव होता कैसा है। जिसको रस कहा जा रहा है, है कैसा रस श्रीकृष्ण? किस प्रकार है? जो सुदामा के साथ इतना सामान्य हो सकता है कि कहे मित्र उस वर्षा की रात्रि में, एक-दूसरे की बाँह थामे हम रात को नकारते रहे। इतना सामान्य हो सकता है उसको समझना, जो इतना निष्ठुर हो सकता है, जो किसी का होता ही नहीं, जो न सगी माँ का न पालने वाली माँ का। और इतना प्यार बटोरता है। है क्या यह चीज? किस प्रकार का भाव, किस प्रकार का सत्य है जो हाथ में आ करके चला जाता है, हाथ में रहता नहीं। ऐसा दुर्लभ और ऐसा सुलभ, यह क्या व्यापार है? यह समझना अपने आप उस रस की प्राप्ति कराएगा। इस संसार में जो विशाल जीवन है उसका भी यही सच है। लगता है कि बिल्कुल हमारे हाथ में है, दूसरे के हाथ में है ही नहीं और लगता है हमारे हाथ में भी नहीं है। दूसरे क्षण में लगता है हमारे हाथ में नहीं। यह निरन्तर वंचित होना और निरन्तर वंचित होने पर भी उसी के लिए अभिमुख होना, निरन्तर हारना, निरन्तर जीवन को ललकारना यही श्रीकृष्ण का रस है।

—जसुदा के नन्दन (2002)

प्रीति की प्रभा

श्रीराधा के नाम के बारे में ऐतिहासिक दृष्टि रखने वालों के भाँति-भाँति के विचार प्रचलित हैं। कोई कहता है कि 'राधा' नाम और राधाकृष्ण के प्रेम का आख्यान पहली-दूसरी शताब्दी में आभीरों के युग में प्राप्त होता है और वही आभीर-भूमि उत्तरकाल में श्रीकृष्ण का लीलाकेन्द्र बनी। कुछ दूसरे लोग कहते हैं कि यह नाम नक्षत्रवाचक 'अनुराधा' से उद्भूत है। सूर्य का जब 'अनुराधा' नक्षत्र के साथ योग होता है, तो मार्गशीर्ष मास आरम्भ होता है और मार्गशीर्ष मास से तभी वर्ष प्रारम्भ होता था। इसी कारण भगवान् श्रीकृष्ण ने श्रीमद्भगवद्गीता में अपनी विभूतियों के विभिन्न स्वरूपों का वर्णन करते समय अपने को महीनों में मार्गशीर्ष महीना बताया है। पहले शरद् ऋतु ही वर्षान्त होती थी, इसलिए वेदों में सौ शरद् जियें, सौ शरद् सुनें, जैसी कामनाएँ की गयी हैं।

शरद् सम्पात से वसन्त सम्पात तक आकर वर्षा आरम्भ करना खगोल के परिवर्तन के कारण हुआ है और इसी परिवर्तन में भारतीय ज्योतिषियों के अनुसार कई हजार वर्ष लगे हैं। ऋग्वेद में विशाखा और अनुराधा युग नक्षत्रों को आलंकारिक भाषा में सूर्य की क्रिया के रूप में देखा गया है। कुछ लोगों ने यह समझा कि राधा नाम केवल नक्षत्र से जुड़ा हुआ था तथा श्रीमद्भागवत पर्यन्त वैष्णव पुराणों में राधा का नाम उल्लिखित न होने से यह अनुमान किया है कि राधा का महत्त्व भारतीय साहित्य और कला में आठवीं-नौवीं शताब्दी के बाद से दिखाई पड़ने लगता है। जयदेव के गीतगोविन्द से राधा काव्य को नया उत्कर्ष मिलता है और यह उत्कर्ष बांग्ला, मैथली, ब्रजभाषा में और गुजराती के काव्यरूपों में निखरता ही चला गया। इन सबसे अलग एक समग्र दृष्टि है, जो श्रीकृष्णतत्त्व और राधातत्त्व को दो नहीं मानती, एक मानती है। श्रीकृष्ण को अपनी समग्र पहचान के लिए अपने ही आत्मीय अंश के रूप में श्रीराधा की आवश्यकता है। श्रीराधा को अपने समग्र की पहचान के लिए अपने ही आत्मरूप श्रीकृष्ण की आवश्यकता है। यह आवश्यकता शिव के अर्द्धनारीश्वर रूप में इस मायने में विलग है कि शिव का अर्द्धनारीश्वर रूप अविभक्त होता हुआ भी विभक्त है और श्रीराधा-कृष्ण का स्वरूप विभक्त होता हुआ भी अविभक्त है।

वृन्दावन में 'बाँकेबिहारी' की मूर्ति के बारे में लोक-श्रद्धा यही है कि उसमें श्रीराधा और श्रीकृष्ण स्वामी हरिदास की दो हथेलियों पर नाचते-नाचते दोनों हथेलियों के मिलने से एक ऐसे रूप में प्रतिष्ठित हुए, जिसे कभी कोई ध्यान से देखता है तो उसमें कभी श्रीराधा की छवि झलकती है तो कभी श्रीकृष्ण की छवि। एक ही क्षण में श्रीराधा और श्रीकृष्ण की छवियों का विनिमय होता रहता है। अनेक देवी-पुराणों में, अनेक कथानकों में श्रीराधा श्रीकृष्ण के प्रति एकनिष्ठ प्यार का विग्रह हैं और वे इस प्यार की साकार प्रतिमा होने के कारण श्रीकृष्ण से नित्य संयुक्त हैं। एकाएक ऐसा लगने पर कि श्रीकृष्ण तो कहीं चले गये, शरीर से या मन के ध्यान से चले गये लेकिन चले गये, यह एक क्षण का विरह ऐसा व्याकुल करने वाला होता है कि ऐसे अनन्त क्षणों के अन्तराल आने के कारण वे नित्य वियुक्त भी हैं। वे नित्य संयोग-वियोगमय श्रीकृष्ण की आकांक्षा ही नहीं करतीं, वह आकांक्षा करती हैं, श्रीकृष्ण के प्यार में, श्रीकृष्ण के भाव में निरन्तर निमज्जन और उन्मज्जन की गाथा में, जो रसखान के शब्दों में केवल चाह बनी रहना चाहती है। यह न श्रीकृष्ण की प्राप्ति है, न अप्राप्ति है, यह दोनों है। श्रीकृष्ण के ध्यान की प्राप्ति की अभिलाषा नहीं है, श्रीकृष्ण के गोलोकधाम की प्राप्ति-अभिलाषा नहीं है, यह सनातन रूप से लीला है जो अतिप्रिय, अतृप्त अभिलाषा है। लीला में भाग लेने की या लीला में भाग न ले सकने की छटपटाहट की व्याकुलता की परिणति है श्रीराधा। श्रीमद्भागवत के बारे में यह भी कहा जाता है कि उसमें श्रीराधा का नाम नहीं है। केवल 'अनयाराधितो नूनं भगवान् हरिरीश्वरः' के द्वारा तो कुछ अन्य संकेतों के द्वारा यह इंगित है कि कोई एक मुख्य गोपी श्रीकृष्ण की प्रीतिभाजन थी, जिसे श्रीकृष्ण ने अपने कन्धों पर चढ़ाया। इसी श्रीकृष्ण ने जब उनके पाँव दुखने लगे, उसमें काँटे गड़ने लगे तो अपने कन्धे पर चढ़ाया और फिर एकाएक उस गोपी के मन में प्रेमाभिमान जाग्रत् हो जाने के कारण उन्हें कन्धे से उतार दिया और अन्तर्धान हो गये। वह गोपी अकेले श्रीकृष्ण के विरह में बिलखती रही। दूसरी गोपियाँ श्रीकृष्ण को खोजती-खोजती आती हैं तो उन्हें यह मुख्य गोपी दिखाई देती है। रास के (प्रथम) दिन उसी गोपी का नाम लिए बिना संकेत है जिसमें कहा गया है कि ''पुलकाङ्गमुपगुह्यास्ते योगीवानन्दसम्प्लुता। सर्वास्ताः केशवालोकपरमोत्सवनिर्वृताः।''

(श्रीमद्भागवत महापुराण, दशमस्कन्ध पूर्वार्ध, अध्याय-32 श्लोक, 8/9)

अर्थात् जहाँ अन्य गोपियों ने अंगस्पर्श के द्वारा विविध प्रकार से श्रीकृष्ण के साथ सम्बन्ध जोड़ा, वहीं एक गोपी ऐसी है जो आँखों के सम्पुट में उन्हें भरती है और उन्हें हृदय के भीतर पहुँचा देती है और वहीं पर उनसे एकात्म होती है। यही भाव स्थापित करने वाली श्रीराधा हैं। ऐसा अनुमान किया जा सकता है। श्रीराधा के नाम का उल्लेख श्रीमद्भागवत में नहीं है, इसके लिए एक भक्तिभाव का तर्क दिया गया है, श्रीराधा का नाम पूरा लेते ही श्री शुकदेव को छह महीने की समाधि

लग जाती थी, उन्हें सात दिन के भीतर श्रीमद्भागवत-कथा परीक्षित् को सुनानी थी, इसीलिए उन्होंने श्रीराधा का नाम जानबूझकर नहीं लिया, केवल संकेत किया। ब्रह्माण्ड पुराण की कथा के अनुसार श्रीललिता ने शक्ति के पूर्णभाव का प्रत्यक्षीकरण कराने के लिए रूप धारण किया और शिव श्रीराधा बन गये। आज भी नन्दगाँव की पहाड़ी ब्रह्माजी का रूप, गोवर्धन की पहाड़ी विष्णु का रूप और बरसाने की पहाड़ी शिव का रूप मानी जाती है।

एक दूसरी कथा भी है जिसमें श्रीराधा का ब्रजभूमि में कैसे आविर्भाव हुआ, यह वर्णित है। इस आख्यान में पहले राधा ने गंगा को शाप दिया कि मेरे प्रिय के चरणों में क्यों लिपटी रहती हो, जाओ तुम मर्त्यलोक में जड़ नदी बन जाओ। गंगा ने उलटकर शाप दिया कि मेरी सेवा-भवना भी तुम्हें चुभती है तो तुम भी मर्त्यनारी बनकर संयोग में भी वियोग के दुख अनुभव करो। इन दोनों के अवतरण से भूमि धन्य हो जाती है और देवता भी इस भूमि से स्पृहा करते हैं। इस प्रकार के अनेकानेक आख्यानों में दो और महत्त्वपूर्ण हैं। पहले में तो यह कहा गया है कि रामावतार में सीता के निर्वासन के बाद अश्वमेघ यज्ञ करते समय भगवान् रामचन्द्र को सीता की स्वर्णमूर्ति यजमान-पत्नी के रूप में स्थापित करनी पड़ी, जब यज्ञ सम्पन्न हो गया तो उन्होंने उस मूर्ति का विसर्जन करना चाहा तब उस प्राणप्रतिष्ठित मूर्ति ने विसर्जित होने से इनकार कर दिया और कहा कि मैंने तुम्हारा इतने प्रयोजन में साथ दिया, तुम मुझे विसर्जित कैसे करोगे? तब रामचन्द्र को उसे तत्काल सन्तुष्ट करने के लिए यह वादा करना पड़ा कि इस जन्म में तो नहीं, लेकिन अगले अवतार में तुम श्रीराधा होगी और तुम्हारा हमसे नित्य संयोग बना रहेगा। किन्तु हमसे तुमने बड़ा दुराग्रह किया इसलिए मैं इस वरदान के साथ-साथ यह शाप भी देता हूँ कि तुम नित्य यह समझती रहोगी कि मैं तुमसे बिछुड़ा हुआ हूँ। इस प्रकार नित्य संयोग और वियोग ही राधा की नियति है।

दूसरे आख्यान में श्रीराधा के ललिता के रूप में अलग से स्थापित होने की कहानी है। श्रीराधा ने भगवान् से मिलने के लिए शृंगार किया, भगवान् को प्रिय लगने के लिए शृंगार किया, तब दर्पण में देखना चाहा कि मैं कैसी लग रही हूँ? दर्पण की ओर देखते समय उन्हें ऐसा लगा कि कहीं पीछे से भगवान् उनका ही रूप देख रहे हैं। दूसरे शब्दों में, उन्हें लगा कि भगवान् मेरा प्रतिबिम्ब निहार रहे हैं और अपने प्रियतम, अपने भगवान् द्वारा निहारे गये प्रतिबिम्ब को देखकर इतनी उल्लसित हुईं कि उन्हें मूर्च्छा आ गयी, क्योंकि अपने को पहचानना तभी पहचान बनता है, जब अपना प्रिय उसे पहचान ले। प्रिय के द्वारा पहचाना गया, प्रिय की दृष्टि से आलोकित अपना रूप स्पृहा का विषय बन गया, राधा मोहित हो गयीं। वह दर्पण में बस गया और वही रूप श्रीललिता के रूप में प्रतिष्ठित हो गया। यदि इन आख्यानों का आकलन किया जाए तो यही स्पष्ट होता है कि श्रीराधा भारतीय वाङ्मय की

अद्वितीय विभूति हैं। वे दूसरी सहचारिणी देवियों से भिन्न हैं। उनमें शुद्ध प्रियातत्त्व है। वे जगन्माता न होकर जगदीश्वर की आह्लादशक्ति होने के कारण, दूसरे शब्दों में आनन्दतत्त्व की आनन्दशक्ति होने के कारण सबसे अलग हैं। वे स्वयं जन्म लेने वाली हैं। और किसी को जन्म देने वाली नहीं हैं। सनातन प्यार की अधिष्ठात्री हैं और ऐसी अधिष्ठात्री हैं जो लीला के नायक को उसमें से बाहर जाने नहीं देतीं। वे लोक के परे होते हुए भी इस लोक की सनातन नागरिक हैं। श्रीराधा का प्यार ही श्रीकृष्ण के सम्पूर्ण चरित्र का सबसे बड़ा सम्बल है। ऐसा समर्पण और ऐसा इस तरह से एक-दूसरे का ढूँढ़ना, किसी दूसरे प्रेमाख्यान में दिखाई नहीं पड़ता है।

श्रीकृष्ण और श्रीराधा पृथक् नहीं हैं, जैसे भाव और रस पृथक् नहीं हैं। भाव का उच्छलन ही रस है, श्रीकृष्ण का राधामय होना ही सच्चिदानन्दसागर का ज्वार है। ब्रह्म अतिक्रामी ही नहीं होता, अतिक्राम्य भी होता है, ब्राह्मी स्थिति सबके भीतर होती हुई सबके परे भी जाती है तो ब्राह्मी स्थिति के परे भी एक स्थिति होती है, मोहरूप द्वैत को पार करके अद्वैत की जड़ता तोड़नेवाली भी एक गति होती है, उसी का नाम राधा है।

ध्यान साँवरे के रंग में रँगा है, आँखों में साँवरे का रस आँसू, बनकर उमड़ा चला आ रहा है, कहीं नाभि से स्वर उठ रहा है—कृष्ण-कृष्ण, गोविन्द-गोविन्द, दामोदर-दामोदर, माधव-माधव। श्रीकृष्ण को इसी रस की तरस है, अतृप्य तरस है। सबसे अधिक तरस है शिव स्वरूप श्रीराधा के शान्तनिर्धूम तप के ताप पर खौलाये सात्त्विक वाणी के रस से धैर्य के जामन से जमाये दही के स्वाद की। सूर की राधा ने कहा—'मेरे दधि को हरि स्वाद न पायौ'। हरण करने वाले लुटेरे ने मेरे दही का स्वाद कहाँ पाया। वह लूटने से नहीं मिलेगा। वह मिलेगा निःशेष समर्पण से, भूमिका-परिवर्तन से, पीताम्बर देकर नीली ओढ़नी लेने से; वंशी देकर मोरमुकुट देकर, बेंदी सिर पर धारण करने से, वास-परिवर्तन से, आगे जाकर चित्त-परिवर्तन से, पुनः स्वभावज नारीरूप में अपना शृंगार कराके और अपने हाथ से शिवरूप राधा को पुरुष में प्रतिष्ठित कराके प्राणों के विनिमय से। श्रीकृष्ण राधा होकर बेचारी राधा के लिए अकुला उठे, उसे बहुत सताया, कैसी होगी, श्रीकृष्ण राधा होकर रूठ जाएँ और मनाये न मानें, कृष्ण हुई राधा थक जाएँ, खीझ जाएँ, क्या अपराध मुझसे हुआ। यह वैचित्त्य, चित्त का अपना चित्त न रह जाना, अपना विशिष्टचित्त हो जाना, सामान्य चित्त की तरह आत्मचित्त न रह जाना, परकीय हो जाना, श्रीकृष्ण-भाव का उच्छलन है। तभी श्रीकृष्ण रस बनते हैं। मैंने उन्हें अन्यत्र भावपुरुष कहा है, उस होने की अधिकारिणी तो केवल उनकी आह्लादिनी शक्ति है, उनका राधामय रूपान्तर है।

राधा न शरीर हैं, न इन्द्रिय, न पत्नी, न पुत्री, वे केवल प्यार हैं। राम में पन्द्रह कलाएँ हैं, सोलहवीं कला तो वह राधा हैं, जिसको अमृता कहें, जिसे राधने का व्यापार कहें, जिसे चाहत कहें, जिसे अपने को मिटाकर विराट् का वरण कहें, या

सब अधिकारों को छोड़कर, सुविधाओं, ऐश्वर्यों को छोड़कर केवल आराधिका के अधिकार का वरण कहें, कुछ भी कहें, श्रीकृष्ण के जीवन की जीवनमूरि राधा हैं।

श्रीकृष्ण के श्यामल रूप से पहले उनका वह प्रभामण्डल राधा है। उनके श्याम ललाट पर जो सबसे पहले झलकता है वह है गोरोचन का तिलक, जो राधा है। श्रीकृष्ण के प्राणों की पुकार भी राधा ही है। श्रीकृष्ण के रास की ईश्वरी भी राधा ही है। राधा मानव-मन की आदिम वृत्ति है जो सम्पूर्ण सत्ता को अपनी तरह से बेचैन पाता है, समरस पाता है, वह छोटे मानस में रससिन्धु को भरने की न पूरी होने वाली कोशिश है। हाँ, राधा पत्नी नहीं, माँ नहीं, बहन नहीं, सखी नहीं, बस केवल प्रिया है। भारतीय साहित्य में एकनिष्ठ पतिव्रता की प्रतिमा सीता हैं, रुक्मिणी हैं, सख्य की प्रतिमा द्रोपदी हैं, बहन के दुलार की प्रतिमा हैं सुभद्रा, ऐसी प्रतिमा कि जगन्नाथजी से लक्ष्मी रूठ गयीं, बेचारे भाई-बहन के साथ ही काठ होकर विराजमान हैं, लक्ष्मी मन्दिर में हैं पर प्रिया तो केवल राधा हैं। राधा एक सर्वस्वनाशी प्यार का विग्रह हैं, जहाँ कामनाएँ क्षार हो गयी हैं, प्राप्ति ठुकरा दी गयी है। मिलन छोटा हो गया है, बस केवल प्यार रह गया है।

मुझे बराबर यही लगता है कि श्रीकृष्ण का निर्मोही रूप, योगीश्वर रूप, दार्शनिक रूप, मदविनाशक रूप, ये सभी राधा के प्यार से उद्‌भूत हैं। राधा के प्यार की धूपछाँही व्यंजना ही श्रीकृष्ण का दुरवगाह चरित है। इतनी अविचल शक्ति, इतना निरुद्वेग भाव और इतनी निर्मम कर्मसम्पृक्तता बिना किसी बड़े आलम्बन के एक व्यक्ति से, चाहे वह समष्टि का एकीकृत रूप ही क्यों न हो, सध नहीं सकता।

इसे यों भी कह सकते हैं, श्रीकृष्ण के स्मरण का कुसुमित परिणाम है राधा का स्मरण, श्रीकृष्ण रूप में कोई गन्ध नहीं, पर राधा के अंग के वे जब शृंगार बनते हैं तो काले रंगमात्र नहीं रहते, वे मृगमदरस (कस्तूरी के रस) बन जाते हैं और रस बनकर राधा के रोम-रोम में खिले आकांक्षाओं के असंख्य कुसुम-स्तवकों में रस की तरह आपूरित हो जाते हैं। श्रीकृष्ण का घनश्याम-रूप वसन्त का आभरण पाता है और राधा का मधुमय यौवन श्रीकृष्ण की कस्तूरी-गन्ध का आमोद। पर अकेले श्रीकृष्ण न वर्षा हैं, न राधा वसन्त है अकेले श्रीकृष्ण एक विशाल और उज्ज्वल अन्धकार हैं, राधा के अभिभावकत्व में वे वर्षा हैं, पर राधा कभी अकेली हैं ही नहीं, वे श्रीकृष्ण की असंख्य सुधियों के बीच हैं, वे नित्य वसन्त हैं, नित्य नूतन होने की आकांक्षा हैं, नित्य ताप हैं, नित्य मरण हैं और इसलिए महाकाली के पुरुषावतार श्रीकृष्ण की नित्यलीला का अधिष्ठान हैं।

—राधामाधव रंगरगी (2000)

राधा माधव हो गयी

हमारी शिक्षा ने बचपन में कुछ बड़े ही अस्वस्थ संस्कारों के बीज बोये और मैं तो अपने को भाग्यशाली मानता हूँ कि श्रीमद्‌भागवत पर शोध का कार्य इन संस्कारों की छाया में शुरू तो किया, पर कई कारणों से वह कार्य अधूरा रह गया और जो उस समय में लिखता, वह पाप होता, उससे मैं बच गया। उस जमाने में दो भूत बड़े जबर्दस्त थे। एक तो ब्रह्म का, जिसके कारण भागवत में 'बिलकुल ब्रह्मवाद' देखने के लिए आँखें फोकस कर दी गयी थीं, दूसरा था पश्चिमी छूँछी नैतिकता के आग्रह का, जिसके कारण सनातनी 'कल्याण' भी यह सफाई देता था कि श्रीकृष्ण तो केवल पाँच-सात वर्ष के थे, उस समय रासलीला में कोई वैसी बात सोची नहीं जा सकती। 'गीतगोविन्द' को भक्ति का ग्रन्थ मानने के लिए पढ़ा-लिखा तर्क-बुद्धि आदमी तैयार नहीं होता था। इसीलिए एक निर्जीव और भावहीन चिन्तन के गुंजलक में हम सभी लोग गिरफ्त थे और गोपी-प्रेम को हम लोग या तो प्रतीक मानकर ही किसी तरह भक्ति का दामन बचा सकते थे या फिर और ऐतिहासिक पाण्डित्य का लबादा ओढ़कर आमीर-कृष्णवाली लीलाओं को बाद का क्षेपक मानकर एक शुद्ध गीतावादी कृष्ण को इतिहासपुरुष के रूप में प्रतिष्ठित करके अपना सांस्कृतिक अभिमान सुरक्षित रख सकते थे।

पता नहीं, कैसे इस गुंजलक से मुक्ति मिली, पर आज भक्ति की पात्रता अपने में पाऊँ, न पाऊँ, इतना तो है ही कि चाहे 'गीतगोविन्द' मणिपुरी और ओडिसी नृत्यरूपान्तर का प्रभाव हो, चाहे काँगड़ा गुलेर के चित्रों का, चाहे विदेश में रहकर अपने देश को पहचानने की नयी कोशिश का, अब भयंकर आधि-व्याधि में भागवत का पारायण उस आधि-व्याधि को जीवन के महनीय क्षण में, जीवन के स्पृहणीय क्षण में जरूर रूपान्तरित कर देता है; क्योंकि तब वह क्षण क्षण (उत्सव) बन जाता है। अपनी श्यामलता में अशेष अन्धकार को आकृष्ट करने वाले मेघमेदुर कृष्ण के साक्षात्कार हों न हों, अपना अन्धकार भी प्रिय हो जाता है; क्योंकि वह अन्धकार ही प्रकाश का एकमात्र झरोखा मेरे-जैसे साधारण आदमी के लिए हो सकता है; प्रकाश की पूँजी पर जो इतराएँ, उनकी बात अलग है, क्योंकि देखता हूँ, उस कृत्रिम प्रकाश

ने जिस जली काली छाया को जन्म दिया है, उससे यह स्निग्ध अन्धकार लाख गुना प्रेय है, और साथ ही साथ श्रेय भी।

अब, जब भागवत पढ़ता हूँ तो उसका पहला स्कन्ध बड़ा सार्थक लगता है। अर्जुन के शोकगीत को पढ़ते-पढ़ते ऐसा लगता है जैसे भगवान् अभी-अभी मुझे ही धोखा देकर चले गये और उनके जाते ही मेरा कहा जा सके, ऐसा कुछ भी नहीं रहा। यह भी लगता है कि राधा नाम भागवत में आया या नहीं, राधाभाव ही भागवत की पराभूमिका है; यह न होता तो भीष्म, शुकदेव, नारद, उद्धव जैसे तत्त्वज्ञानी को भी यह स्पृहा क्यों होती—'राधा की कौन कहे, सामान्य गोपी की भी चरण-धूलि जहाँ लगी हो, उन झाड़ियों, वनौषधियों, लताओं का भी कुछ हो पाता तो भक्ति के परमफल का कुछ स्वाद तो मिल जाता।'

''आसामहो चरणरेणुजुषामहं स्याम्,
वृन्दावने किमपि गुल्मलतौषधीनाम्।
या दुस्तजं स्वजनमार्यपथं च हित्वा
भेजुर्मुकुन्दपदवीं श्रुतिभिर्विमृग्याम्।।''

मैं भागवत धर्म को एक पोथी में बँधा धर्म नहीं मानता, मैं इसे मनुष्य की अनन्त भावयात्रा का प्रक्रिया-धर्म मानता हूँ और यहाँ इसी रूप में इसे प्रस्तुत करने का प्रयत्न कर रहा हूँ।

भागवत का सूत्रपात उचाट से होता है। अठारह पुराण, महाभारत और वेद की संहिताओं के सम्पादन के बाद भी व्यासदेव को लगता है, जो करना चाहिए था, वही नहीं किया है और सरस्वती के किनारे अनमने भाव से सोचते हैं—अपने ही किए से ऐसी उचाट क्यों? नारद समाधान देते हैं—अभी असली बात आपने कही कहाँ? जो वास्तव में वेद्य है, जानने योग्य है और जो शिवप्रद है, जिसमें सहज निष्कपट धर्म भावरूप में लीलायित है, जिसमें जगत् को, मायापाश से बाँधने वाले को भी बाँधने का विधान है, ऐसी हरिलीला की बात अभी आपने की ही नहीं, जिस निष्काम कर्मयोग की बात आपने की, जिस ज्ञानयोग की बात आपने की, वह कर्मयोग अपनी सार्थकता अच्युत भाव से प्राप्त करता है, और वह ज्ञानयोग श्यामदृगों में अंजित होकर ही निरंजन मल न रहकर ज्योति बन पाता है—

''नैष्कर्म्यमप्यच्युतभाववर्जितं न शोभते ज्ञानमलं निरञ्जनम्।''

आपने अभी तक काकपेय तीर्थों का निर्माण किया, हंसों के एकान्तभाव से रमने के लिए कोई घर आपने बनाया ही नहीं। आपको ऐसी प्यास ही नहीं लगी, जिसके लगते ही सारी तृषाएँ तृप्ति बन जाती हैं पर जो स्वयं तृप्ति होते हुए कभी भी तृप्त नहीं होती। आपने केवल चार पुरुषार्थों को साधने के जतन बताए पर चारों पुरुषार्थ साधने में जहाँ से नया-नया स्वाद आता है, उसे तो आपने अभी तक साधा ही नहीं। जीवन्मुक्त भी जिस बन्धन को मुक्ति से बड़ा मानकर वरण कर सकें और विषयों में

फँसे लोग जिसे विषय के रूप में स्वीकार करके विषयी होते हुए भी विषयातीत हो सकें, ऐसी शाश्वत लीला का आख्यान आपने शुरू ही नहीं किया। शायद इसलिए आप एक कुहासे से ढँके द्वीप में अँधियारे में पैदा होकर भी उस उपेक्षा की पीड़ा से वंचित रह गये, जो इस लीला का अर्थ समझने के लिए सबसे जरूरी शर्त है। मैं उस पीड़ा से गुजर चुका हूँ, एक दासी के पेट से जन्मा, केवल हर तरह की जूठन बटोरता रहा निरभिमान भाव से, भोजन मुझे जूठन के रूप में ही मिलता रहा, न पेट भरता रहा, न मन भरता रहा। उसी अतृप्ति में मैंने पाया कि पूर्णकाम नारायण भी अतृप्त हैं, वे सगुण-लीला केवल भक्त के लिए नहीं करते, अपने लिए अपनी बेकली दूर करने के लिए सगुण लीला रचते हैं और उस लीला को फिर समेट नहीं पाते, क्योंकि जो कोई भी उस लीला में अपने को कभी भी, स्मृति में ही सही, कहीं खड़ा कर देता है, लीला उसकी आँखों में बस जाती है और लीलामय उन आँखों में सदा के लिए बस जाते हैं।

भागवत नारद की इस सीख का परिणाम है और भागवत के पहले गृहीता इसीलिए जन्म-जात परमहंस शुकदेव हैं, जो सब ओर निराकांक्ष होने के बाद भी भागवत लीला के लिए सतत साकांक्ष हैं और शुकदेव इस लीला को सबसे पहले सुनाते हैं परीक्षित् को, जिनकी मृत्यु सात दिन बाद होने वाली है, इसलिए इन सात दिनों में अपने उस त्राता की कथा सुन लेना चाहते हैं, जिन्होंने गर्भ में अश्वत्थामा की शक्ति से रक्षा की थी और जिनकी कथा की उत्कण्ठा में मृत्यु जीवन की अतृप्त लालसा बन गयी है।

शौनक ने सूत को यहीं पर टोका—

भगवत्परायण परीक्षित् ने शरीर-त्याग का निश्चय किया कैसे? भगवत्परायण व्यक्ति का शरीर दूसरे के लिए है, उस शरीर पर उसका अपना स्वत्व ही कहाँ, इस भगवदर्पित, इस लोकार्पित शरीर से निर्वेद मोक्षाभिलाषी को हो तो हो, भगवद्भक्त को क्यों हो?

"शिवाय लोकस्य भवाय भूतये य उत्तमश्लोकपरायणा जनाः।
जीवन्ति नात्मार्त्थमसौ पराश्रयं मुमोच निर्विद्य कुतः कलेवरम्।"

वह शंका ही भागवत-धर्म की दूसरी भूमिका है। उत्तम श्लोक भगवान् में निरन्तर जीने का अर्थ है लोक-कल्याण के लिए जीना, लोक के अभ्युदय के लिए जीना और सबसे अधिक लोक के दुख की साझेदारी के लिए जीना, जब तक एक भी कोना उल्लसित होने से रह गया है, जब तक एक भी दुख का कण अपनाने से रह गया है, जब तक जिन्दगी एक निरन्तर बेचैनी की उन्मदान्ध यात्रा है, कभी उद्धारक बनकर, कभी उद्धृत बनकर, कभी मोहन बनकर, कभी मोहित बनकर, कभी माधव बनकर, कभी राधा बनकर और कभी-कभी एक ही राधा शरीर में त्वरित क्रम से राधा और माधव बनकर। इस बेचैनी की भी एक शर्त है, दूसरी बेचैनियाँ इसकी

धार में बह चलें, केवल यही एक बेचैनी रहे, जैसे-अनउगे पंखवाले चिरौटे चोंच फैलाये माँ के लिए आकुल हो जाते हैं, माँ चारा लेकर आती होगी, उस समय शीत-घाम, आँधी-पानी कुछ भी मालूम नहीं पड़ता, पास के कोटर में महाव्याल की जीभ लपलता रही है, इसका भी ध्यान नहीं रहता, बस माँ आ रही होगी, इसी का बेसब्री से इन्तजार रहता है; या जैसे सुबह के बँधे बछड़े को शाम होते ही दूध से भरे हुए थन की याद विह्वल कर देती है, कब हुमच-हुमच कर वह अमृत पीने को मिलेगा, दिन कितना लम्बा खिंचेगा, कब मेरी आतुरता देखते ही दूर से रँभाती हुई माँ के थन मेरे मुँह लगाने के पहले ही पेन्हा उठेंगे; या जैसे दूर अवधि देकर गये प्रियतम के लिए अवधि समीप आते ही आशा-निराशा का निविड़ संघर्ष छिड़ जाता है, एक छन होता है, दो दिन बाकी हैं तो क्या आज शाम आ जाएँगे, सवेरे कागा उचरा था, फिर दूसरे छन ही डर लगता है कहीं बिलगा तो नहीं गये, कहीं बिंध तो नहीं गये और विषाद साँझ की प्रतीक्षा किये बिना गहरा हो जाता है। वैसी बेचैनी हो तब जिसे दर्शन देना है, जिसे प्यास मिटानी है, जिसे उपासी आँख को रूप का पारण देना है, वह स्वयं बेचैन हो जाएगा, वह 'दीर्घ-दर्शन बनकर आएगा, पर शर्त है—आकुलता ऐसी हो—

"अजातपक्षा इव मातरं खगाः,
स्तन्यं यथा वत्सतराः क्षुधार्त्ताः।
प्रियं प्रियेव व्युषितं विषण्णा,
मनोऽरविन्दाक्ष दिदृक्षते त्वाम्।।"

वैसी बेचैनी के बारे में लोगों का खयाल आजकल सम्भव नहीं, उस आदिम जमाने में जब संचार-साधन नहीं थे, तब यह आकुलता कुछ माने रखती थी, आज तो दुनिया सिकुड़ गयी है, दर्शन-श्रवण का सुख लाखों-लाखों कोस की दूरी से भी सुलभ है; तब दर्शन की लालसा का क्या अर्थ? पर सच तो यह है कि अर्थ आज ही सबसे ज्यादा रखता है; क्योंकि देखना-सुनना सिर्फ आँख-कान से नहीं होता, ऐसा होता तो एक ही साथ लोग रहते हैं, दिन-रात एक-दूसरे को देखते-सुनते रहते हैं, पर न वह देखना होता है, न सुनना होता है। एक ही घर में लगता है लोग एक-दूसरे के लिए प्रवासी हो गए हों, परिचय ही दीवार बन गया हो और आँख से देखना कान से सुनना हो भी, पर सर्वात्म भाव से देखना-सुनना दूभर हो गया है, क्योंकि बेचैनियाँ इतने प्रकार की इतनी सारी बढ़ गयी हैं कि हर नयी बेचैनी पहली वाली बेचैनी को काटती चलती है, पता ही नहीं लगता, कौन बेचैनी सचमुच की बेचैनी है। बेचैनियों की इसी अनवच्छिन्न शृंखला में तो एक दिन ऐसी बेचैनी जुड़ेगी, जिसके आगे कोई बेचैनी न रह पाएगी, रह जाएगा एक कगार और कगार के नीचे एक खड्ढ—काला और डरावना खड्ढ। तब बेचैनी जो भी शक्ल लेगी, बेचैनी के जो सबसे बड़े सौदागर हैं, बचैनी खरीदना और बेचना ही जिनका धन्धा है वो बनजारे

दरवाजे पर अपने-आप आ जाएँगे। वे बेचने की बेबसी भर देखते हैं, और जान जाएँ कि मन की कलौंस बेचने की लाचारी आ गयी है तो उसे भी खरीद लेंगे और उस कलौंस को अपनी कलौंस बना लेंगे। पर बेबसी ऐसी हो कि कुछ सूझे नहीं, किसी भी कीमत पर दे देने की, यहाँ तक कि एक दृष्टिपात पर ही बिक जाने की बेबसी हो। बिकने का सौदा पूरा होने के पहले ही मन से बिककर तैयार हो जाय, ऐसी उन्मदान्धता हो, ऐसी बेखबरी हो, ऐसी बेसुधी हो कि खरीदने वाला आए तो बेचने की सुधि न रह जाए।

बेचने वाला रहा ही नहीं, वह तो बेच-खरीद की लीला करते-करते खुद खरीदार हो गया है। ऐसी बेसुधी ही जीवन की सबसे बड़ी साध है, अपनी इच्छा से मृत्यु को रोक रखने वाले भीष्म भी मृत्यु के क्षण एक ओर श्रीकृष्ण के धूलि-सने, अस्तव्यस्त, क्षुब्ध और रोषाकुल रूप का ध्यान करते हैं, पैताने सौम्य प्रसन्न मुद्रा में वे ही श्रीकृष्ण खड़े हैं, पर वह रूप मृत्यु की बेला में ध्यान में क्यों लाया जाए, ध्यान में वह रूप लाया जाए कि वे अकुला उठे हों मारने के लिए और ऐसे मरते हुए मेरी अकुलाहट सब शान्त हो गयी हो और अन्त में जब स्वयं अकुला उठे हों प्रभु की अकुलाहट से, तो अकुलाहट की उस चरम साधना का ध्यान करते हैं—

''ललितगतिविलासवल्गुहास-प्रणयनिरीक्षणकल्पितोरुमानाः।
कृतमनुकृतवत्य उन्मदान्धाः प्रकृतिमगन् किल यस्य गोपवध्वः।।''

प्रिय सामने हैं, उनके आगे उनके साथ ललित गति से नाचना, उनकी ओर देख-देखकर सहज भाव से मुसकराना, उन्हें प्रेम से निहारना, उनको जरा भी इधर-उधर मुड़ते देखकर रूठ जाना और फिर मान जाना, क्योंकि अभी फिर उन्होंने मनाने के लिए हाथ भी जोड़ लिए, जैसे-जैसे वे विहरें, वैसे-वैसे उनकी छाया बनकर विहरना, होश खो देना कि कोई और सत्ता है, कोई देश है, कोई काल है, बस वे हैं और अलग-अलग 'मैं' बनी हम हैं, ऐसी उन्मदान्धता में ही पूरा तादात्म्य सम्भव है। ज्ञान, प्रकाश, अच्छाई तो हर एक दे सकता है और बड़े सच्चे भाव से दे सकता है, पर अपना मोह, अपना अन्धकार और अपने भीतर की बुराई अपने प्रिय को देने का साहस नहीं होता, प्रिय से भी कुछ चीजों का दुराव रह ही जाता है। कितनी भी इच्छा क्यों न हो कि प्रिय मेरे हृदय में छिपे रहें पर यह मन से नहीं जाता कि मेरे कोने-अतरे में छिपे पुराने पाप की पूँजी कहीं टटोलने न लगें। पर अपने को बिलकुल पराया मानकर और उनको अपना मानकर जब दिया जाएगा तो फिर उससे दुराव नहीं रह पाएगा, दुराव तो उससे होता है जिसके लिए एकदम अपनी होने का अभिमान हो, जिसके लिए परायी हैं उससे क्या छिपाना, वह हमारा भीतर-बाहर सब देख सकता है; क्योंकि भीतर तो वही-वही है, बाहर कोई भी तो उसी के रंग में सराबोर होकर है। इसीलिए भागवत धर्म ने सबसे ऊँचा आसन इस मोहान्ध घोर तामस प्रेम के मार्ग से प्रभु की प्राप्ति को दिया है।

इसका भी चरम उत्कर्ष है—'राधा भेलि मधाई' वाला भाव। अनुखन माधव-माधव रटते-रटते राधा माधव हो गयी और माधव के रूप में अपने को स्थापित करते ही बेचैनी कम होने के बजाय और बढ़ गयी, बेचैनी राधा के लिए जो अब वह नहीं रही और फिर माधव बनी राधा राधा बनकर माधव को सान्त्वना का सन्देश भेजती है, सन्देश पहुँचा नहीं कि विह्वल होकर पुनः माधव बन जाती है और एक ही बिजड़ित चित्त के दो पाट चिर जाते हैं : एक राधा दूसरा माधव, दोनों ओर आग पकड़ चुकी है, बीच में प्राण एक कीड़े की तरह फँसा हुआ अकुला रहा है, वही प्राण तो इस विजड़ित काष्ठीभूत द्विभक्त चित्त का संयोजक है, नगण्य चाहे कितना हो, पर वह दोनों पाटों की जलन का साक्षी है, चित्त बेखबर है, प्राण जाग रहा है—

दुहुँ दिसि दारु दहन जइसे, दगधदू आकुल कीट परान।।

आज की दुरन्त मानवीय द्विभक्तता की स्थिति में बस आग की कमी है और अकुला उठने वाले 'कीट परान' की कमी है, नहीं तो उस बेकली के लिए जैसी तैयारी आज है, वैसी कभी नहीं थी।

मनुष्य के हाथ ने जिसे छुआ वह सोना हो गया, मनुष्य का हाथ पारस पत्थर है न! पर अपने स्पन्दन, अपने स्नेह, अपनी ममता, अपनी वेदना, अपनी हुलास को भी छूकर उसने सोना बना दिया, एकदम ठोस। हाथ से छूते ही जीती-जागती लड़की सोना हो गयी, हाथ में लगा जैसे बिजली का करेण्ट मार गया हो। अब हाथ उठने से डरता है। अपनी छुवन से सिरजाये सुनहले वैभव के बीच मनुष्य एकाएक काठ हो गया है, उसका लोभ उसे खाने दौड़ रहा है और उसे बचाने वाला कोई प्राण नजर नहीं आता। इसी डर में कहीं भीतर से प्राण छटपटा उठेगा और कहीं बाहर का भय भीतर देने वाले और लेने वाले के बीच एक भूमिका की अदला-बदली की जरूरत महसूस कराएगा। बाहर कोई लेने वाला नहीं रहेगा तो भीतर का लेने वाला अकुला कर देने वाले की भूमिका ले लेगा और गुहार लगाएगा कि ओ लेने वाले मन, लो कितना लोगे, लो मेरा लो, मेरा अभिमान, मेरा कर्तृत्व, मेरा भोक्तृत्व लो, इनकी गाँठें एक के ऊपर दूसरी पटी हुई हैं। ले जाओ, मेरा गोदाम खाली करो और जब कोई मन उस भूमिका में उतरने को तैयार नहीं होगा, और जल्दी-जल्दी में आगे वाला पर्दा डालने की उपहसनीय स्थिति आ जाएगी, तभी नाटक का सूत्रधार आएगा। माधव-माधव रटते रहो, माधव होना, राधा के शरीर से माधव होना कठिन साधना है। राधा सुख दे दे, सरबस दे दे, पर अपना राधत्व, अपना दुरन्त अकेलपन, अपना चिरन्तन विरह कैसे दे? वही तो मूलधन है, उसी के कारण राधा का अस्तित्व है। पर राधात्व देने की भी एक बेचैनी की जबर्दस्त बहिया आती है, अपने सँजोये निपट अकेलेपन को उसमें विसर्जित करके माधव की धारा बनने का भी क्षण आता है। वह क्षण चाहे ज्यादा देर तक न ठहर पाए पर वह क्षण आते ही विरह की साधना दुखी होने के कारण तीव्रतर भूमिका में पहुँच जाती है, ऐसी भूमिका जो अब तक

सुनने में न आयी हो, देखने में न आयी हो, उस 'श्रुतिभिर्विमृग्याम्' भूमिका की कामना ही भागवत धर्म की चरम कामना है।

श्रीकृष्ण का जन्म भाद्रपद की कृष्णपक्ष की अष्टमी को होता है, समस्त जगत् का अन्धकार पीकर आधी रात में कृष्णचन्द्र का उदय होता है और राधा का जन्म भाद्रपद की शुक्लपक्ष की अष्टमी को होता है, अपनी समस्त उज्ज्वलता, अपनी पूरी प्रभा श्यामल रंग में घोल देने के लिए।

राधा माधव के केलिनिकुंज के अन्धकार में घटित होकर उतनी सार्थक नहीं जितनी राधा के मनोमन्दिर में एक राधाचित्त के दो राधा-माधव भावों की एक-दूसरे को पाने की उत्कट विह्वलता में भावित होकर सार्थक है। भागवत धर्म की चरम सार्थकता परपीड़ा की ज्वाला के वरण से शुरू करके अपनी पीड़ा की ज्वाला को प्रिय की ओर मोड़ने के बजाय पुनः अपनी ओर मोड़ देने में है। यही उसका आज के पर्याकुल सन्दर्भ में सबसे बड़ा अवदान हो सकता है। बशर्ते कि इस पराभूमिका को ग्रहण करने वाले हम जो सोंठियाये शुद्धिवादी अधूरे और अश्लील संस्कारों के शिकार हो गए हैं, पहले अपने को इस खोखली शिक्षा द्वारा नैतिकता के नाम पर फैलाए गए विषाक्त अनैतिकता के नागपाश से मुक्त कर सकें।

—राधामाधव रंगरंगी (2000)

अव्ययभाव की साधना

महाभारतकार व्यास श्रीकृष्ण के प्रकाशमय व्यक्तित्व से अभिभूत हैं। वह सबको टूटते देखते हैं, हारते देखते हैं, झुकते देखते हैं, कहीं न कहीं पछताते देखते हैं, सचाई के आगे प्रतिहत होते देखते हैं, पर कृष्ण को उन्होंने कभी पछताते नहीं देखा, रोते नहीं देखा, घबराते नहीं देखा, जय-पराजय क्या है, इसकी बिल्कुल उपेक्षा करते देखा और मृत्यु की वेला में भी वैसे ही अनुद्विग्न रहते देखा। जरा का तीर लगा, जरा का उन्होंने उपकार माना कि नरदेह की निष्कृति बन कर बालि जरा बन कर आया है। एकलव्य का पुत्र पूरी क्षत्रिय जाति के दम्भ का प्रतिकार लेने आ गया है, इसे ओढ़ो, बड़े ऊँचे मन से इस तीर का वरण करो, इस विद्ध जीवन के क्षण का वरण करो। व्यास ने श्रीकृष्ण के इस सर्वोपेक्षी और सर्वापेक्षी, सबकी उपेक्षा करने वाले पर सब की अपेक्षाओं को समझने वाले सत्य से रस लेकर अपनी रचना का बिरवा रोपा।

मृत्युद्रुम और धर्मद्रुम दो नहीं हैं, एक ही महावृक्ष है, जिसमें 18 पर्व हैं, पोर हैं, हर पर्व में अलग रस है, सबसे अधिक मीठा रस, सबसे परिपक्व रस महावृक्ष के अन्तिम पर्वों में है—शान्ति, आश्वमेधिक मौसल महाप्रस्थान और स्वर्गारोहण पर्वों में है। मैंने ऊपर में यह भी कहा कि पंडित पहले यही रस चखते हैं, पहले वे शान्ति पर्व पढ़ने पर बल देते हैं। पूरा रूपक इस महावृक्ष का इस प्रकार है—

संग्रहाध्यायबीजो वै पौलोमास्तीकमूलवान्।
सम्भवस्कन्धविस्तारसभारण्यविटंकवान्।।
आरणीपर्वरूपाढ्यो विराटोद्योगसारवान्।
भीष्मपर्वमहाशाखो द्रोणपर्वपलाशवान्।।
कर्णपर्वसितैः पुष्पैः शल्यपर्वसुगन्धिभिः।
स्त्रीपर्वैषीकविश्रामः शान्तिपर्व महाफलः।।
अश्वमेधामृतरसः त्वाश्रमस्थानसंश्रयः।
मौसलः श्रुतिसंक्षेपः शिष्टद्विजनिषेवितः।।
सर्वेषां कविमुख्यानामुपजीव्यो भविष्यति।
पर्जन्य इव भूतानामक्षयो भारतद्रुमः।।

(आ.प.1/88-92)

अर्थात् महाभारतवृक्ष का बीज है संग्रहाध्याय, जड़ है पौलोम और आस्तीक स्कन्ध या तना है सम्भव पर्व (ये सभी आदि पर्व के अंग हैं), सभा पर्व और अरण्य पर्व तना का विस्तार है—उसमें बने हुए कोटर ही पक्षियों के, सर्पों के आश्रय बन जाते हैं। आरणि पर्व (वन पर्व का एक अंग है) इसकी गाँठ है, विराट् और उद्योग पर्व इस वृक्ष के हीर हैं, (भीतर के सार-भाग हैं, पके हुए हिस्से हैं)। भीष्म पर्व इसकी शाखाओं का विस्तार है, इन्हीं शाखाओं में एक अद्वितीय शाखा है जो ठीक ऊपर को चली जाती है—*श्रीमद्‌भगवद्‌गीता,* द्रोण पर्व पत्रजाल है। कर्ण पर्व पुष्प है, शल्य पर्व सुगन्धि, स्त्री पर्व और ऐषीक पर्व फूल का झरना है, शान्ति पर्व फल है, अश्वमेध पर्व फल का अमृत रस है, आश्रमवासिक पर्व बैठ कर विश्राम करने की जगह है। मौसल पर्व रसास्वाद की अनुभूति है। संसार के श्रेष्ठ कवि इस वृक्ष पर सदा अवलम्बित रहेंगे। यह वृक्ष उनकी रचना का आश्रय होगा। यह भारतद्रुम पर्जन्य की तरह प्राणियों का अक्षय तृप्ति देने वाला होगा।

महाभारतद्रुम का प्रेरणा-स्रोत भी वृक्ष है, वह ऊर्ध्वमूल अश्वत्थ है—

ऊर्ध्वमूलमधः शाखमश्वत्थं प्राहुरव्ययम्।
छन्दांसि यस्य पर्णानि यस्तं वेद स वेदवित्।।

(भीष्म प. 39/1, श्रीमद्‌भगवद्‌गीता 15/1)

यह सृष्टि वृक्ष है। ऊर्ध्व से नारायण अर्थ लिया जाता है। यह ऊर्ध्व मूल ऊपर, नीचे इसकी शाखाएँ हैं। शाखा है ब्रह्मा छन्द अर्थात् वेद, प्रथम सिद्धान्तों का ज्ञान ही इसका पत्र जाल है। इसे जो जान ले वही वेदविद् है। यह अव्यय है, अर्थात् बार-बार काटा जाता है बार-बार फिर बढ़ जाता है। इसकी शाखाएँ ऊपर-नीचे, चारों ओर फैली हुई हैं, सत्त्व, रजस् अक्षैर तमस् तीनों गुणों के प्रसार के रूप में और भाँति-भाँति के ऐन्द्रिय विषय ही इसकी नयी कोपलों हैं, इसकी जड़ें एक-दूसरे से गुँथी हुई दूर तक चली गयी हैं, कर्मजाल में बँधी हुई।

अधश्चोर्ध्वं प्रसृतास्तस्य शाखा
गुणप्रवृद्धा विषयप्रवालाः।
अधश्च मूलान्यनुसन्तानि
कर्मानुबन्धीनि मनुष्यलोके।।

(तदैव 2)

इसी वृक्ष को बार-बार काटने की बात भी गीता में मिलती है। इस अनासक्ति की तीक्ष्ण धार से इसे काटो तभी परमार्थ पद की तलाश कर सकोगे। यह बात कुछ परस्पर विरुद्ध लगती है कि अव्यय वृक्ष को कैसे काटें और फिर क्यों काटें। काटने का अर्थ समझना है—अलग-अलग करके समझना है।

स्त्री पर्व में विदुर के मुख से संसार वृक्ष पूरा गहन वन हो जाता है (स्त्री प. अध्याय 5)। हिंस्र पशुओं से समाकुल, घोर अँधेरा, कहीं राह नहीं, उस वन के चारों

ओर एक जाल तना हुआ, एक स्त्री उसके सूत्र हाथ में लिए हुए। बड़े-बड़े सर्प वृक्षों से लटकते हुए, बीच में घास-फूस में ढँका जाने कब का कुआँ। इस वन में भटकते-भटकते विचारा यात्री कुएँ में गिर पड़ता है, पर लताओं में फँस कर ऊपर अटक जाता है। पैर ऊपर, सिर नीचे–उस कुएँ के ऊपर हाथी खड़ा, जिसके छः मुँह बारह पैर, आधा काला, आधा सफेद। और नीचे महानाग बैठा हुआ। लता-वितार में मधुमक्खियों के छत्ते से मधु टपक रहा है, यात्री भय से घिरा हुआ है, देख रहा है जिस पेड़ की डाल में अटका हुआ है, उसकी जड़ें काले और सफूद चूहे काट रहे हैं। मधुमक्खियाँ अलग भिनभिना रही हैं। पर मधु की तरस ऐसी है कि जाती नहीं, मृत्यु उपस्थित रहने पर भी।

तथापश्यत् वनं घोरं समन्ताद् वागुरावृतम्।
बाहुभ्यां सम्परिक्षिप्तं स्त्रिया परमघोरया।।
पंचशीर्षधरैर्नागैः शैलैरिव समुन्नतैः।
नभस्पृशैर्महावृक्षैः परिक्षिप्तं महावनम्।।
वनमध्ये च तत्राभूदुदपानः समावृतः।
वल्लीभिस्तृणछन्नाभिर्दृढाभिरभिसंवृतः।।
पपात स द्विजस्तत्र निगूढे सलिलाशये।
विलीनश्चाभवत् तस्मिन् लतासन्तानसंकुले।
मनस्यश्च यथा जातं वृन्तवद्ध महाफलम्।
स तथा लम्बते तत्र ह्यूर्ध्वपादो ह्यधः शिरा।।
अथ तथापि चान्योस्य भूयो जात उपद्रवः।
कूपमध्ये महानागमपश्यत् महाबलम्।
कूपवीनाहवेलालामपश्यत् महाबलम्।।
ऐडूक्यं कृष्ण शुक्लं च द्विषट्क पदचारिणम्।
क्रमेण परिसर्पन्तं वल्लीवृक्षसमावृतम्।
तस्य चापि प्रशाखासु वृक्षशाखावलम्बिनः।
नाना रूपा मधुकरा घोररूपा भयावहाः
आसते मधु संवृत्य पूर्वमेत निकेतजाः।
तेषां मधूनां बहुधा धारा प्रस्रवते तदा।
आलम्बिमानः स पुमान् धारां पिबति सर्वदा।।
न चास्य तृष्णा विरता पिबमानस्य संकटे
अभीप्सति तदा नित्यमतृप्तः स पुनः पुनः।।

(स्त्री. प. 5/8-20)

विदुर ने रूपक को समझाते हुए बतलाया कि पेड़ों में लटके हुए साँप व्याधियाँ हैं, स्त्री जरा है, कुआँ देह है, भीतर फुफारता हुआ नाग मृत्यु है, जिस लता में यात्री

लटका हुआ है, वह जीविताशा है, कुएँ के किनारे खड़ा हाथी संवत्सर है, 6 ऋतुएँ उसके मुख हैं, 12 महीने पैर, सफेद और काले चूहे दिन और रात हैं, मधुमक्खिखों कामनाएँ हैं, मधु काम-रस है।

(स्त्री. प., अध्याय 6)

इस गहन कान्तार से और इस भयावृत कूप से उद्धार कोई दूसरा नहीं करता, स्वयं ही करना पड़ता है।

वृक्ष का यह अभिप्राय दोहरा अर्थ रखता है। यह छाया देता है, आश्रय देता है, फल देता है, रस देता है, पर यह यदि मोह बन जाय, आसक्ति बन जाय तो दुःख देता है, यह भय का स्थान बन जाता है। वृक्ष न हो, कुआँ न हो, मधुस्रवा लता न हो तो निर्भय होने की अभिप्रेरणा कहाँ से मिले? सृष्टि की सुन्दरता फँसाव बनने के लिए नहीं है, वह आमन्त्रण है जिसे स्वीकार करना चाहिए पर उससे बँधना नहीं चाहिए। महाभारत भी एक दूसरे प्रकार का सृष्टि वृक्ष है जो आमन्त्रण देता है 'इसे ग्रहण करो' पर अपेक्षा रखता है कि इसके किसी भी अंश से बँध न जाओ। पूरे वृक्ष को देख लो, समझ लो, उसका फल चख लो, उसके नीचे छाँव लो, पर चल पड़ो, शास्त्र सिर का भार न बने, शास्त्र को गति की प्रेरणा मानो, गति शास्त्र में नहीं है, तुम में है। शास्त्र अनुष्ठान की विधि देता है। अनुष्ठाता तो तुम हो।

श्रीकृष्ण ने अपनी विभूतियों का वर्णन करते हुए गीता के बारहवें अध्याय में अपने को भी अश्वत्थ कहा है, इसी से गाँवों में पीपल के पेड़ को 'वासुदेव' कहते हैं। श्रीकृष्ण अपने प्रिय मित्र उद्धव को ज्ञान-दीक्षा देकर विदा कर देते हैं। यह नहीं कहते कि तुम मेरे पास पड़े रहो, मेरी सेवा करते रहो। गोपियों को महाभाव की दीक्षा देकर चले जाते हैं, उधर मुँह भी नहीं करते। इतने निर्भय हैं कि अर्जुन को युद्ध में प्रेरित करके, पग-पग पर रक्षा करके, विजय मिला करके एक ऐसी स्थिति में डालते हैं कि उनका गाण्डीव व्यर्थ हो जाता है, अस्त्र विद्या का गर्व चूर हो जाता है, जिस गांडीव की निन्दा वह युधिष्ठिर के मुँह से सुन कर उन्हें मारने के लिए उद्यत हुए, वहीं गांडीव बेकार हो जाता है। यह दोस्ती है या दुश्मनी? अर्जुन ने कहा भी कि हरि मुझ से छल करके चले गये और मुझे एकदम शव बना कर रख गये, लुटने के लिए।

क्या अव्यय या अक्षर का यही कार्य है कि जो उसे साधने चले, उसका व्यय करा दे, उसका क्षरण करा दे, उसे बूँद-बूँद निचोड़ दे, तिल-तिल काट दे? यही कृपा है उस सनातन अव्यय भाव की? यह प्रश्न बार-बार मन को कुरेदता है और महाभारत से बड़ा डर लगता है, लगता है इस जंगल में तुम्हारी गाँठ में कुछ रह नहीं जायेगा, तुम्हारी पूरी तलाशी ली जायेगी, तुम्हारी नंगा-झोरी कर दी जाएगी, तुम केवल तुम रह जाओगे, केवल तुम। श्रीमद्भगवद्गीता वस्तुतः इसी प्रश्न का विस्तृत उत्तर है।

पश्चिम के विंस्टरनित्स जैसे विद्वानों ने श्रीमद्भगवद्गीता को स्वतन्त्र अर्थात्

महाभारत में अलग ग्रन्थ माना है और सम्भावना की है कि बाद में इसे महाभारत में समाविष्ट कर लिया गया है। युद्ध में अठारह अध्याय सुनना-सुनाना असम्भव है और महाभारत का जीवन-दर्शन श्रीमद्भगवद्गीता से बिल्कुल अलग है; क्योंकि शेष महाभारत में श्रीकृष्ण का परब्रह्म प्रस्फुटित नहीं है। ये तर्क कितने बचकाने हैं, यह इसी से सिद्ध है कि इन लोगें ने काव्य को घटना-विवरण या हूबहू अभिलेख मान लिया है। श्रीमद्भगवद्गीता महाभारत के काव्यार्थ के साथ अन्वित है। महाभारतकार घटनाओं पर बहुत गहरे स्तर पर विचार करते हैं, उनकी दृष्टि में महाभारत की घटनाएँ तो पहले ही घट चुकी थीं, वह देख चुके थे कि यह होने वाला है और घटनाओं के घट जाने के बाद भी उनकी दृष्टि में घटनाएँ अतीत नहीं हैं, वे वर्तमान हैं और भविष्यत् भी हैं। क्योंकि इति ह आस—ऐसा ही होता आया है, ऐसा ही होता जाएगा। व्यास नारायण, नर और नरोत्तम की नित्य सम्भावना की विभूति के रूप में अपने ग्रन्थ को देखते हैं। श्रीमद्भगवद्गीता श्रीकृष्ण का उपदेश नहीं है, वह महाभारत की गहरी वास्तविकता का साक्षात्कार है, श्रीकृष्ण ही वह साक्षात्कार करा सकते हैं, अर्जुन ही वह साक्षात्कार कर सकता है और युद्ध की विभीषिका में, मत्यु की उपस्थिति में, सामूहिक मृत्यु की उपस्थिति में ही वह साक्षात्कार सम्भव हो सकता है। अर्जुन के हाथ से गाण्डीव जब तक खिसकने को न आये, जब तक शरीर का रोम-रोम भयंकर दावानल की लपटों से नहीं, उसके भय से जलने न लगे, जब तक भीतर का अभिमान चुक न जाय कि मैं यह कर सकता हूँ, मैं यह करूँगा, तब तक अव्यय भाव की दीक्षा ली नहीं जा सकती। परन्तु भय बड़ा होना चाहिए और उसका आघात ऐसा होना चाहिए कि लगे मैं ही नहीं, मेरे आस-पास, मेरे आस-पास के लोग सब जलने जा रहे हैं। अर्जुन का निर्वेद छोटे नर का निर्वेद नहीं है। नरोत्तम के सहचर नर का निर्वेद है। निर्वेद तो दुर्योधन को भी होता है, जब युधिष्ठिर उसे—उसके जीवन को गन्धर्व-राज चित्रसेन के बन्धन से छुड़वा देते हैं, जब कर्ण पहले ही पलायन कर चुके हैं। चित्रसेन गन्धर्व ने अर्जुन से स्पष्ट कहा कि दुर्योधन पाप-बुद्धि से वन में आया, मैंने तुम लोगों के हित की कामना से बाँधे रखा है, पर युधिष्ठिर की आज्ञा से अर्जुन ने उन्हें छुड़ाया और जब दुर्योधन युधिष्ठिर के सामने गये तो युधिष्ठिर ने इतना ही कहा:

मा स्म तात पुनः कार्षीरीदृशं साहसं क्वचित्
न हि साहसकर्तारः सुखमेधन्ति भारत।।
स्वस्तिमान् सहितः सर्वैर्भ्रातृभिः कुरुनन्दन।
गृहान् व्रज यथाकामं वैमनस्यं च मा कृथाः।

(वन प. 246/22-23)

"भाई, तुम ऐसा दुस्साहस न करना, इस प्रकार के दुस्साहस करने वाले कभी सुखी नहीं होते, स्वस्ति भावना लेकर भाइयों के साथ जब घर जाना चाहो जाओ, मन में

वैमनस्य भाव न रखना"। दुर्योधन को युधिष्ष्ठर की यह निश्छल उदारता बड़ी भारी पड़ी। लौटे रास्ते में कर्ण ने बधाई दी कि तुम गन्धर्वों को जीत कर आ गये, दुर्योधन से कहा कि गन्धर्वों ने मुझे, साथ की स्त्रियों को बाँध रखा था, उसी रूप में उन्होंने हमें युधिष्ठिर को सौंपा। जिसका मैंने जीवन-भर तिरस्कार किया, जिनसे मैं शत्रुता करता रहा, उन्होंने ही मुझे छुड़ाया, मुझे प्राण-दान दिया। युद्ध में मैं मारा जाता तो कहीं अच्छा होता, इस प्रकार शत्रु से प्राण-दान पा कर जीना तो जीना नहीं है। मैं यहीं उपवास करके प्राण छोड़ दूँगा, तुम लोग लौट जाओ।

स्त्रीसमक्षमहं दीनो बद्धः शत्रुवशं गतः।
युधिष्ठिरस्योपहृतः किन्तु दुःखमतः परम्।।
ये मे निराकृता नित्यं रिपुर्येषामहं सदा।
तैर्मोक्षिताहं दुर्बुद्धिर्दत्तं तैरेव जीवितम्।
प्राप्तः स्यां यद्यहं वीर वधं तस्मिन् महावने।

(वन प. 249/6-9)

दुःशासन, कर्ण, शकुनि सभी समझाते हैं, पर दुर्योधन ने मरने का निश्चय कर लिया तो कर लिया। इतने में दानवी शक्तियों को चिन्ता हुई, उन्होंने कृत्या का अनुष्ठान किया, कृत्या पैदा हुई, उससे कहा कि जाओ दुर्योधन को लाओ। दुर्योधन को सम्बोधित करके उन्होंने कहा—तुम आत्महत्या क्यों करते हो, बड़ा तप करके हमने महेश्वर से तुम्हें पाया, तुम्हारे शरीर का ऊपरी भाग वज्र है। पृथ्वी पर तुम्हारी सहायता करने के लिए हजारों दानव तैयार हैं। देवताओं को तो पांडव सहारा मिले हुए हैं, पर हमारी गति आप हैं, आप हमें ऐसे कैसे छोड़ देंगे? हम अनेक वीरों के भीतर कायननुप्रवेश करेंगे। कर्ण के भीतर तो नरकासुर की आत्मा पहले से ही प्रविष्ट हो चुकी है। और आप पांडवों का वध कर सकेंगे। दुर्योधन का कृतक वैराग्य नष्ट हो गया (वन पर्व, 252 अध्याय) क्योंकि वह वैराग्य और उसकी लज्जा दोनों क्षुद्र थे, उसके मन में विपुल था ही नहीं। दुर्योधन के लिए धर्म भी यही था कि इसके छल से मैं जनमत अपने पक्ष में करूँ। पांडवों की जो छवि बनी हुई है, उससे अधिक अच्छी छवि बनाऊँ, लोग उन्हें भूल जाएँ। वह यज्ञ करता है, दान देता है, राज्य की व्यवस्था करता है, यज्ञ में दुर्योधन को निमन्त्रण भी पढ़ाता है, परन्तु उसके सारे व्यापार ईर्ष्या के कलुष से प्रेरित हैं। उसका मन विपुल की चिन्ता कर ही नहीं सकता। दैवी सम्पद् और आसुरी सम्पद् में यही तो अन्तर है कि दैवी सम्पद् आर्जव (सिधाई) नहीं छोड़ सकती, इसीलिए उसे अधिक क्लेश होता है। दैवी सम्पद् जिसे मिली है, उसका स्वभाव अलग होता। श्रीकृष्ण ने अर्जुन को इसकी पहचान करायी, तुम इस अन्तर को समझो, तुम दैवी सम्पद् लेकर पैदा हुए हो, दैवी सम्पद् का लक्षण है—अभय, अन्तःकरण की निर्मलता, ज्ञान और एकाग्रचित्तता, दान, दम, यज्ञ, स्वाध्याय, तप, आर्जव, अहिंसा, सत्य, अक्रोध, त्याग, शान्ति, अपेशुन, (दूसरों

की निन्दा से विरक्ति), भूत दया, अलोलुपता, मृदुता, लज्जा और अचापल (चपल चेष्टा से विरक्ति), तेज, क्षमा, धैर्य, अद्रोह, अपने भीतर पूज्य और सम्मान्य होने का भाव न होना। इसके उलटे आसुरी सम्पद् की विशेषता है, दम्भ, दर्प, अभिमान, क्रोध, परुषता और अज्ञान।

अभयं सत्त्वसंशुद्धि र्ज्ञानयोगव्यवस्थितिः।
दानं, दमश्च यज्ञश्च स्वाध्यायस्तप आर्जवम्।।
अहिंसा सत्यमक्रोधस्त्यागः शान्तिरपैशुनम्।
दया भूतष्वलोलुप्त्वं मार्दवं ह्रीरचापलम्।।
तेजः क्षमा धृतिः शौचमद्रोहो नातिमानिता।
भवन्ति सम्पदं दैवीमभिजातस्य भारत।।
दम्भो दर्पोभिमानश्य क्रोधः पारुष्यमेव च।
अज्ञानं चापि जातस्य पार्थसम्पदमासुरीम्।।
दैवी सम्पद् विमोक्षाय निबन्धायासुरी मता।
मा शुचः सम्पदं दैवीमभिजातोसि पाण्डव।।

(भीष्म पर्व 40/1-5)

(श्रीमद्भगवद्गीता 16/1-5)

दुर्योधन और कर्ण का मोहावेश आसुरी सम्पत्ति का मोहावेश है। इस मोहावेश में इसी प्रकार का चिन्ता-चक्र चलता है। आज यह पाया, कल यह पाएँगे, आज मेरे पास इतना है, कल इतना और होगा। मैंने उस शत्रु को मार दिया, कल दूसरों को नष्ट करूँगा। मैं ईश्वर हूँ, सिद्ध हूँ, बलवान हूँ और सुखी हूँ।

इदमद्य मया लब्धमिमं प्राप्स्ये मनोरथम्।
इदमस्तीदमपि भविष्यति पुनर्धनम्।।
असौ मया हतः शत्रुर्हनिष्ये चापरानपि।
ईश्वरोहमहं भोगी सिद्धोहं बलवान् सुखी।।

(भी प. 40/13-14)

(श्रीमद्भगवद्गीता 16/13-14)

इसके विपरीत दैवी सम्पद् में मेरा यह हो जाएगा, वह हो जाएगा, मैं प्रभु हूँगा, दूसरे दानव होंगे, ऐसा भाव नहीं होता, पर यह भी नहीं होता कि उत्थान या उद्यम की बात या पराक्रम की बात व्यर्थ हो जाती है। बस अपने क्षुद्र स्वार्थ के लिए न हो, अपना बल सबका बल न हो, अपना धन सबका धन हो, प्रभु और प्रभुता का सम्बन्ध न हो, सहभोक्ता, सहकर्मा का सम्बन्ध हो; होने का भाव हो, पाने का भाव न हो।

उत्थातव्यं जागृतव्यं बोधितव्यं मुहूर्मुहुः।
भविष्यतीत्येव मनः कृत्वा सततमव्यथैः।।

सजग रहते हुए सम्पूर्णता की समझ रखते हुए उद्यत हो, अविचल मन से सोचे कि

कार्य हो कर रहेगा। जिसको पा कर दूसरे जियें, समस्त प्राणी जियें, उसी का जीवन सार्थक है, उस वृक्ष की तरह जिसके फल पक गये हैं—

यमाजीवन्ति पुरुषं सर्वभूतानि संजय।
पक्वं द्रमभिवासाद्य तस्य जीवितमर्थवत्।।

(उ. प. 133/43)

दुर्योधन से कहीं अधिक कई बार धृतराष्ट्र टूटते हैं, पर उनका भी टूटना अपनी छोटी आशा तक सीमित रहता है, विदुर और व्यास उनसे कितनी बार कहते हैं, पुत्रमोह में तुम न्याय और धर्म की वृद्धि का परित्याग कर रहे हो। संजय तो उन्हें श्रीकृष्ण तत्त्व का उपदेश भी देते हैं कि इस विराट् सत्य को समझो, परन्तु उनकी बुद्धि फिर नारायण भाव से अलग बहक जाती है, इसीलिए वह मनुष्य के शरीर में नरोत्तमता की अवधारणा नहीं कर सकते। वह मनुष्य जन्म को ही धिक्कारते हैं कि सब दुःख तो इस मनुष्य देह के कारण हैं, और इस मनुष्य देह के जुड़े मानुष्य भाव (ममता) के कारण है।

धिगस्तु खलु मानुष्यं मानुषेषु परिग्रहे।।
यतोमूलानि दुःखानि सम्भवन्ति मुहुर्मुहुः।।

(स्त्री. प. 8/6)

वह अन्धे वस्तुतः इस माने में अधिक हैं कि सब कुछ देख कर भी नहीं देख पाते। अन्त में आश्रम में रहते हुए भी तब तक गत-मोह नहीं होते जब तक व्यास उन्हें उनके पुत्रों का दर्शन नहीं करा देते, और तभी वह सब मोह छोड़ कर कठोर तप से अग्नि धधकाते हैं और उसी में आत्मसात् हो जाते हैं।

दुर्योधन, धृतराष्ट्र, अर्जुन और युधिष्ठिर दैवी सम्पद् में उत्तरोत्तर समृद्ध हैं, वे वस्तुतः मनुष्य की चेतना के विकास के चार स्तर हैं। श्रीकृष्ण ने अर्जुन को ही क्यों उपदेश दिया, उसका एक कारण है। वह नर के सुहृद् हैं, वह इन्द्र के अंश के प्रति इसलिए सदय हैं कि इन्द्र नरत्व या पौरुष या पराक्रम के देवता हैं, साथ ही अन्तरिक्ष के देवता हैं, भीतरी उथल-पुथल के देवता हैं। ऐसे सक्रिय चित्त में ही पात्रता आती है विपुल का भाव प्राप्त करने की। युधिष्ठिर नर की भूमिका से ऊपर उठे हुए हैं, वह विपुल-भाव प्राप्त कर चुके हैं। श्रीकृष्ण अर्जुन के सारथी बनते हैं, उपनिषदों की भाषा में सोचें तो उल्टी भूमिका है। इन्द्रियाँ जहाँ घोड़े हों, शरीर रथ हो, आत्मा रथी हो और बुद्धि सारथी, उससे अलग यहाँ बुद्धि ही और वह भी संशित बुद्धि रथी है, आत्मा सारथी है। पर यही वांछनीय भूमिका है। बुद्धि का सारथी होना साधारण व्यक्ति के लिए ठीक है, जिसे महाभारत में न लड़ना हो। जब सम्बन्धों के महाजाल में से निकलना हो, उसमें बुद्धि के सारथि होने से काम नहीं चलेगा, वहाँ आत्मा को सारथि बना कर बुद्धि को केन्द्रस्थ होना पड़ेगा। श्रीकृष्ण ऐसे रथी के सारथी हैं जो उनका अनुगत है, उसे निरन्तर यह प्रतीति है कि मैं श्रीकृष्ण का अनुगत हूँ।

वह उपदेश देने का समय चुनते हैं, या समय ही उपदेश का क्षण चुनता है, अनुगत होने की भावना ऐसी तीव्र हो कि लगे, और कोई उपाय नहीं है, तब उस अनन्य अनुगत को पात्रता मिलती है। श्रीमद्भगवद्गीता को उपनिषद् रूपी गउओं का दुग्ध कहा गया है, श्रीकृष्ण दुहने वाले हैं और अर्जुन बछड़े हैं जिनके भूखे हुए बिना या जिनके लिए गउओं के आकुल हुए बिना, जिनके कारण गउओं के पिन्हाये बिना दूध नहीं उतरता। उपनिषद् रहस्य विद्या है, जीवन-मृत्यु के रहस्य का अनुसन्धान है, पोथी द्वारा नहीं, आचार द्वारा, एकाग्र ध्यान द्वारा या ऋषियों की सेवा के द्वारा। वह जड़ ज्ञान नहीं है, वह सजीव ज्ञान है जो वत्सभाव का साकांक्ष है। आकुलता जब दोनों ओर से हो तभी दूध उतरेगा। महाभारत में गुरु, पितामह, भाई-बन्धु, रिश्तेदार सामने हैं और दिख रहा है कि महाकाल का नृत्य होने वाला है, तभी वह पारस्परिक ज्ञान जो लुप्त-सा हो गया, पात्र पाता है अर्जुन में। अर्जुन ऐसे पात्र के, अर्जुन ऐसे जिज्ञासु के बिना गीता का उपदेश असम्भव है। अव्ययभाव की सिद्धि व्यय की चिन्ता, महान् व्यय की चिन्ता से गुजरे बिना कैसे सम्भव है? अव्यय का अर्थ ही है व्यय के बाद–दिखने में सब कुछ व्यय हो जाने के बाद–कुछ बच रहना, अपने भाव का बच रहना।

परन्तु यह सिद्धि एक सोपान से दूसरे सोपान पर चढ़ते हुए मिलती है यकायक नहीं, यकायक मिले तो आदमी उसे लेकर ढह जाय। इन सोपानों का क्रम इस प्रकार है : पहले छः अध्यायों में त्वं अर्थात् साधारण जीव की समस्या उभारी जाती है, बीच के छः अध्यायों में तत् अर्थात् परब्रह्म की परम अपेक्षा पर बल दिया जाता है और अन्तिम छः अध्यायों में असि अर्थात् 'त्वं' ही 'तत् है, इस ऐक्य या तादात्म्य की सिद्धि करायी जाती है। इस जीवन संघर्ष में रहते हुए, प्रपंच में रहते हुए जीवन का अव्यय भाव सीखा जाय तो सीखना है जैसा कि लोकमान्य तिलक ने कहा है–'ज्ञान भक्ति युक्त कर्मयोग ही गीता का सार है, उपनिषदों में वर्णित अद्वैत वेदान्त का भक्ति के साथ मेल करके उसके द्वारा बड़े-बड़े कर्मवीरों के चरित्रों का रहस्य या उनके जीवन-क्रम की उपपत्ति बतलाना ही गीता का सच्चा तात्पर्य है। भगवान् ने ऐसे ज्ञानमूलक, भक्ति प्रधान और निष्काम कर्म विषयक धर्म का उपदेश गीता में किया है कि जिसका पालन आमरण किया जाय, जिससे बुद्धि, प्रेम और कर्त्तव्य का ठीक-ठीक मेल हो सके, मोक्ष की प्राप्ति से कुछ अन्तर न पड़े और लोक-व्यवहार भी सरलता से होता रहे।' (श्रीमद्भगवद्गीता रहस्य–हिन्दी अनुवाद, पृ. 493)

पहले अध्याय में जीवन विषाद है, दूसरे अध्याय में उसका मिथ्या ज्ञान है, उसको काटने के लिए तर्क दिये जाते हैं, तीसरे में कर्म की अपरिहार्यता समझाई जाती है। चौथे में कर्म के दोष को दूर करने के लिए ममकार के त्याग की आवश्यकता बतलायी जाती है। इस अभ्यास पर बल दिया जाता है कि सोचना बन्द करो, मेरा हाथ है, मेरा द्रव्य है, बस सोचो, न मम न मम, कुछ भी मेरा नहीं। पूजा भी मेरी

नहीं। संक्षेप में इस अध्याय में कर्ममात्र को यज्ञ बनाने पर बल है, यज्ञ के अर्थ का विस्तार है जिससे यज्ञ-व्यापार ही ब्रह्म हो जाय। पाँचवें अध्याय में ब्रह्मार्पण के अभ्यास के बाद कर्म का सम्यक् न्यास समझाया जाता है, कर्म को ठीक जगह धरोहर के रूप में, न्यास के रूप में रख दें, वह धरोहर सबकी हो जाय, इसके बिना केवल त्याग कितना भी प्रशंसनीय क्यों न हो सबका मार्ग नहीं हो सकता। परन्तु यह कर्म संन्यास सब में एक ही है, यह बुद्धि आये बिना सम्भव नहीं होता, अतः समत्वयोग का उपदेश किया जाता है। समत्व का अर्थ आज के अर्थ में समानता नहीं है, गीता का आचार शास्त्र समानता की मूल्यवत्ता समता (अर्थात् तादात्म्य अर्थात् सब में एक चैतन्य के प्रवाह का अनुभव) अधिक मूल्यवान समझता है। इस समता के बिना सर्व से, सर्वात्मा से जुड़ना सम्भव नहीं होता, इसके बिना कार्य में कुशलता भी नहीं आती। जो आदमी करता है, उसे तभी ठीक तरह से कर सकता है, जब वह इस बुद्धि से करे कि यह कार्य, यह रचना, यह शिल्प, यह खेती, यह व्यापार, यह धन्धा अकेले मेरे लिए नहीं है, अकेले मेरा नहीं है, यह सब के लिए है, इसे सब के लिए उपयोग्य होना चाहिए। इसे उत्कृष्ट होना चाहिए। यह समता आत्म-संयम से अपने को आहार-विहार में संयत रखने से और अपने को अपनी अपेक्षा से इधर-उधर भटकने से रोकते हुए सधती है। तब जा कर त्वं तत्त्व साहस कर सकता है कि तत् तत्त्व के अभिमुख हो।

सातवें से बारहवें अध्याय तक ब्रह्म परिचय को घनिष्ठ किया जाता है। ब्रह्मनिष्ठा जगत् में कैसे प्रतिफलित होती है, यह सातवे अध्याय में निरूपित है। जल में रस, सूर्य में प्रभा, वेदों में ओंकार, आकाश में शब्द, पृथिवी में गन्ध, प्राणियों में प्राण, तपस्वियों में तप, बलशालियों में बल, (शुद्ध बल—काम और राग से विवर्जित बल), धर्म का अविरोधी काम ब्रह्म है। 'वासुदेवः सर्वमिति' सब कुछ वासुदेव है, ऐसा समझकर भजने वाला सबसे अधिक दुर्लभ होता है। वैसे तो जिस प्रकार की श्रद्धा से, जिस अंश को भजता है, उसकी पूर्ति होती है, परन्तु वास्तविक पूर्ति तो कृत्स्न (सम्पूर्ण) को भजने से ही होती है। जो अंश को भजता है, उसकी पूर्ति सात्र होती है। इसी बिन्दु पर संशय होता है। क्या क्षर, क्या अक्षर, क्या अन्त, क्या सान्त और मृत्यु पहले अध्याय में भय रूप द्वार बन कर आयी थी, अब आठवें में पराव बन कर आती है जीवन की? मृत्यु का क्षण पूरे जीवन का हिसाब है। जो जीवन में पूर्ण के साथ सध गया, वह मृत्यु के क्षण में सधा दिखता है, सान्त दिखता है, जिसे वह मृत्यु के क्षण ध्याता है, वही उसका जीवन बनता है, क्योंकि मृत्यु ही जीवन की निरन्तरता की सही पहचान कराने वाला सूत्र है। इसी अध्याय में दो प्रकार की गतियाँ निरूपित हैं—एक लौटने वाली, एक न लौटने वाली।

नवें अध्याय में न लौटने वाली गति का उपाय है, जिसे पाकर मृत्यु के संसार में न आना पड़े, जीवन के अनन्त में एकाकारता हो जाये। यही बात त्वं से तत् की

ओर मुड़ती है, सब को, अनन्त को मुझ में देखो, मैं अलग-अलग सब में नहीं हूँ। 'मत्स्थानि सर्वभूतानि न चाहं तेष्ववस्थितः'। जो लोग मुझे शरीरी मानते हैं, वे मेरा प्रभाव, निरपेक्ष प्रभाव नहीं जानते। वे मेरा सब के लिए होना, यह सनातन अव्यय भाव, अच्युत भाव नहीं समझते। जो मेरा प्रभाव जानते हैं, उन्हें यह स्पष्ट हो जाता है कि श्रीकृष्ण ही कर्म हैं, कर्म की स्वाधीनता हैं, मन्त्र हैं, घी की आहुति हैं, यज्ञ हैं, इज्म हैं, यजमान हैं। जो लोग इस दृष्टि से अनन्य दृष्टि से श्रीकृष्ण तत्त्व को पाना चाहते हैं, वे श्रीकृष्ण की चिन्ता बन जाते हैं। दसवें अध्याय में ब्रह्म की व्यापकता विभूतियों के उपदेश से प्रभावित होती है, समस्त सारवान् वस्तु श्रेष्ठ वस्तु ब्रह्मरूप है, उसकी ओर खिंचे तो यह अनुभव करके खिंचे कि हम ब्रह्माभिमुख हो रहे हैं। परन्तु अर्जुन को अभी आधा-आधा ही दिख रहा है, विभक्त-विभक्त दिख रहा है। वह सम्पूर्ण विराट का दर्शन करना चाहते हैं और क्रमिक सोपान में श्रीकृष्ण उन्हें विराट विश्व रूप का दर्शन कराते हैं, ग्यारहवाँ अध्याय श्रीमद्भगवद्गीता का सबसे अधिक काव्यमय अंश है। यह रूप दुःसह है, इसमें अनेक एक हो गये हैं:

अनेकवक्त्रनयनमनेकायुतदर्शनम्।
अनेकदिव्याभरणं दिव्यानेकोद्यतामुधम्।।

(श्रीमद्भगवद्गीता 11/10)

जिसमें अनन्तता विश्वतोन्मुख हो, सब ओर अनन्तता हो और हजार सूर्य एक साथ उदित हों, उनकी जैसी आभा हो, वैसी आभा एक साथ उदित हो गयी हो, ऐसा है यह रूप।

दिवि सूर्यसहस्रस्य भवेद् युगपदुत्थिता।
यदि भाः सदृशी या स्याद् भासस्तस्य महात्मनः।।

(तदैव 12)

उसी शरीर में अनेक और विभक्त एकस्थ और पूर्ण हो गये हैं। (तत्रेकस्थं जगत्कृत्स्न प्रविभक्तमनेकषा)। इस रूप में सब समाते जा रहे हैं, सारे वीर इसके कराल वक्त्र में ऐसे समा रहे हैं जैसे पतिंगे दीपक के प्रकाश में समाते हैं, एक विचित्र आकर्षण है काल का। अर्जुन को विश्व रूप अभिभूत कर देता है, वह विराट् का साक्षात्कार करके भी विराट् की अनात्मीयता नहीं चाहता, वह अनात्मीयता से घबराता है, तुम पुत्र के लिए पिता ही बन कर उपस्थित हो, मित्र के लिए मित्र बन कर ही रहो, प्रिय के लिए प्रिय होकर रहो, तभी तुम वहन किये जा सकते हो, इस रूप में तुम्हें वहन करना, तुम्हें सँभालना सम्भव नहीं है।

पितैव पुत्रस्य सखेव सख्युः।
प्रियः प्रियायार्हसि देव सोढुम्।।

(तदैव 44)

विश्व रूप के दर्शन से श्रीकृष्ण और आत्मीय हो जाते हैं और तब अर्जुन उनसे

तादात्म्य प्राप्त कर सकते हैं। इसकी पात्रता बारहवें अध्याय में दृढ़ होती है। तब श्रीकृष्ण कहते हैं कि 'अनन्य भाव से मुझे भजो, पर आवेश के साथ भजो, मैं तुम्हें मृत्यु-संसार से खींच कर सनातन जीवन में प्रवेश करा दूँगा।'

तेषामहं समुद्धर्ता मृत्युसंसार सागरात्।
भवामि न चिरात्पार्थ मय्यावेशितचेतसाम्।।

अब आता है तीसरा सोपन जिसमें तादात्म्य की प्रक्रिया का निरूपण होता है, उस प्रक्रिया की बाधाओं का भी वर्णन होता है, उसके भटकावों का भी वर्णन होता है। तेरहवें अध्याय में मनुष्य के शरीर को महत्त्व दिया जाता है, यही क्षेत्र है, भगवान् इसी को पा कर क्षेत्रज्ञ हैं, इन दोनों को जोड़ो, इस शरीर से उन्हें साधो। चौदहवें अध्याय से बाधाओं का वर्णन है, तीनों गुण बाधक हैं, सत्त्व भी बाधक है, सुख और ज्ञान भी बाधक है। जब तक मनुष्य इन गुणों को अपने से, अपनी वास्तविकता से अलग नहीं देखता, तब तक वह भक्तियोग से ब्रह्म कैसे होगा? इसी से पन्द्रहवें अध्याय में विशाल अनासक्ति का मन्त्र बतलाया जाता है कि तुम ऊर्ध्वमूल जगत् रूपी अश्वत्थ को नीचे से नहीं ऊपर से काटो, त्रिगुणात्मिका प्रकृति के बन्धन को काटो, जब जगत वृक्ष नहीं रहेगा, तब केवल ब्रह्म ही ब्रह्म रहेगा। शेष तीन अध्यायों में तीन गुणों के तीन स्तरों का वर्णन है, क्योंकि उस स्तर की पहचान करके ही उससे पार पाया जा सकता है, वृक्ष की जड़ जान कर ही उसे काटा जा सकता है और वृक्ष की सम्पूर्णता को जाना जा सकता है। इन तीन अध्यायों में विभिन्न स्तरों के ज्ञान, दान, तप, श्रद्धा, बुद्धि, धैर्य और सुख की परिभाषाएँ दी गयी हैं, इसलिए नहीं कि मूल्यों का तारतम्य, ऊँच-नीच दिखाया जाय, प्रत्युत ठीक इसके उलटे इसका उद्देश्य यह है कि इन स्तर भेदों को एक ही विराट् व्यापार का अंग समझने की अभेद बुद्धि, अतिक्रामी अभेद की बुद्धि विकसित हो, भेदों की सतही वास्तविकता की प्रतीति के साथ-साथ अभेद की सही वास्तविकता की प्रतीति हो। भूत के रूप में, अतीत के रूप में या सिद्ध रूप में वस्तु को देखते हैं, उसके सादि और सान्त रूप में किसी वस्तु को देखते हैं, उसके इतिहासबद्ध रूप में किसी वस्तु को देखते हैं, किसी समाज को देखते हैं, तो वह भिन्न है, अनेक है, और उसका भिन्न होना, अनेक होना, विलग होना स्वाभाविक है। पर जब हम वस्तु को भाव रूप में सतत होने की प्रक्रिया में वर्तमान रूप में देखते हैं, उसके सनातन प्रवाही रूप में देखते हैं तो उसकी तथ्यता, उसकी वास्तविकता को देखते हैं, उसके न चुकने वाले सनातन स्वरूप को देखते हैं। वही देखना देखना है, **'सर्वभूतेषु येनेकं भावमव्ययमीक्षते।'** इसलिए श्रीकृष्ण का अन्तिम उपदेश है कि भूतों को छोड़ो, वर्तमान के सतत वर्तमान रूप मुझे देखो, मेरी शरण में आओ। तुम एक विराट् सत्य के लिए लड़ो, तुम्हारे कर्म का दायित्व मेरा होगा, जिससे लड़ रहे हो, उसे अपना वैरी न मानो, जिसके साथ कन्धा मिलाकर लड़ रहे हो उसे अपना प्रिय न मानो, जीवन के परम सत्य को तुम

अनासक्त युद्ध द्वारा प्राप्त करो। एक बड़े ताने-बाने में सचेत और सक्रिय रूप में रंग बनो, पर इस भाव से कि यह रंग तुम न रहे, हम हो जाय। सत्रहवें अध्याय में अर्जुन ने पूछा कि शास्त्र-विधि छोड़कर जो श्रद्धा करे उसकी क्या गति है क्योंकि उसके उत्तर में श्रीकृष्ण ने स्पष्ट कहा था कि ॐ तत्सत् यह ब्रह्म का निर्देश है, जो अश्रद्धापूर्व यज्ञ किया जाय, दान दिया जाय, तप किया जाय वह शास्त्र-भावन व्यापार है और भावन विहित होता हुआ भी असत् है। श्रद्धा का महत्त्व इसलिए है कि पुरुष का व्यापार ही पुरुष है। श्रीमद्भगवद्गीता का मूल उपदेश है तुम होना सीखो, धीरे-धीरे सब कुछ होना सीखो, सब कुछ होने का अन्तिम उपाय है, छोटे धर्मों का त्याग, बड़े धर्म का एकान्तिक वरण। वह बड़ा धर्म और कुछ नहीं, अव्यय भाव है, अच्युत भाव है, वही श्रीकृष्णभाव है, क्योंकि श्रीकृष्ण इतने व्ययशील समाज में अकेले अव्यय हैं, क्योंकि वह जड़ ब्रह्म नहीं हैं, वह ब्रह्मार्पण हैं, घोर आंगिरस से दीक्षा प्राप्त प्राणसंशित जागरूक लोकानुग्रह के आचरण हैं। वह किसी के सगे नहीं और सब के हैं, सब में हैं।

श्रीमद्भगवद्गीता का यह अव्ययभाव महाभारत में बिखरे हुए अनेक आख्यानों में मिलता है, महाभारतकार उन्हें इतिहास कहते हैं, इन सभी छोटे-छोटे इतिहासों में भाव-प्रक्रियाओं में दो बातें समान रूप से मिलती हैं, कोई दुविधा में पड़ कर प्रश्न करता है—कौन श्रेष्ठतर धर्म है? और एक व्यक्ति जो अन्तर्द्वन्द्व से गुजर चुका है, उत्तर देता है, वह कभी ऋषि है, कभी देवता है, कभी मांस विक्रेता धर्म व्याध है, कभी पक्षी है, कभी सर्प है, कभी पशु है; वह कुछ भी हो, उसे स्मरण है कि वह जो कुछ हुआ है उसमें बड़े धर्म की प्रतिस्मृति कारण है, वह उसी की पूर्ति के लिए ऐसा हुआ है। महाभारत में कोई भी छोटा-बड़ा पात्र नहीं है जिसका भावान्तर न हुआ हो, कोई गन्धर्वराज से धृतराष्ट्र होता है, कोई वसु से भीष्म, कोई बृहस्पति से द्रोण, कोई कलि से दुर्योधन, धर्म से युधिष्ठिर या कोई ऋषि के शाप से धर्म से शूद्रा में उत्पन्न विदुर, कोई ऋषि के शाप से महासर्प, सब को भाव की पूर्ति करनी है। स्वयं परम भाव रूप श्रीकृष्ण को पूर्ति करनी पड़ती है, गान्धारी के शाप की, दुर्वासा के शाप की। मदान्ध यादव जाति में जन्म लेने के कारण उनके विनाश की साझेदारी की। शान्ति पर्व के विभिन्न उपपर्वों में ऐसे अनेक इतिहास पिरोये हुए हैं। आश्वमेधिक पर्व में ऐसे कई इतिहास अनुगीता के रूप में संगृहीत हैं। अनुगीता का अर्थ ही है—गीता का अनुसरण करने वाली गीता। महाभारत में श्रीमद्भगवद्गीता संहत और समग्र है, दूसरे प्रसंग उसी के एक-एक अंश को अलग-अलग उद्भासित करते हैं। अनुगीता में ब्रह्मार्पण या अपने व्ययशील संसार को अव्यय में रूपान्तर करने के भाव को कई रूपकों, मिथकों, और कथानकों से स्पष्ट किया गया है। एक उदाहरण पर्याप्त होगा। ब्राह्मण-ब्राह्मणी संवाद में यह आता है कि दस इन्द्रियाँ

होती हैं। उनके विषय ही दश हवि हैं, समिधाएँ हैं, दश अग्नियों का हवन होता है, चित्त ही स्रुवा है, पवित्र ज्ञान ही वित्त है, यज्ञ का फल है जीवन रूप आत्मा। गार्हपत्य अग्नि है, वहाँ से आग लेकर मन रूपी आह्वनीय अग्नि में आग धधकायी जाती है, उसी में आहुति पड़ती है मन्त्र के द्वारा; मन और वाक् का, अग्नि और सोम का मिथुनीभवन होता है अर्थात् मन और वाक् के इस संयोग से विश्वसख्य का संयोजन होता है।

दशेन्द्रियाणि होतॄणि हवींषि दश भाविनि।
विषया नाम समिधां हूयन्ते च दशाग्निषु।।
चित्तं स्रुवश्च वित्तं च पवित्रं ज्ञानमुत्तमम्।
सुविभक्तमिदं सर्वे जगदासीदिति श्रुतम्।।

(आश्वमेधिक पर्व 21/5-6)

तथा—

शरीरभृद्‍ गार्हपत्यस्तस्मादन्यः प्रणीयते।
मनश्चाहवननीयस्तु तस्मिनाक्षिप्यते हविः।।
ततो वाचस्पतिर्जज्ञे तं मनः पर्यवेक्षते।
रूपं भवति वैवर्णसमनुद्रवतेमनः।।

(तदैव 8-9)

मन के ताप से वाक् आकृष्ट होती है, सब को संयोजित करने वाली वाक् आकृष्ट होती है और वाक् के संयोग से मन अभितप्त होकर विम्रत होता है, वह वर्णात्मक वैखरीवर्णात्मक आकार ग्रहण करता है, वह दूसरे के लिए निवेदनीय बनता है। यही सृष्टि की साभिप्रायता है।

महाभारत के रचनाकार ने महाभारत की रचना कथा के लिए नहीं की, उस पवित्र ज्ञान के यज्ञ के निरन्तर अभ्यास के लिए की जिसे पा कर हजार माताएँ गर्भ धारण करती हैं। हजार पिता पोषण करते हैं, हजार बार विवाह होता है, पुत्र उत्पन्न होते हैं। ये अनुभव के विषय बन चुके हैं, बन रहे हैं, बनेंगे, हजारों हर्ष के स्थान मिले, मिलते हैं, मिलेंगे, हजारों शोक के स्थान भी, ये सभी आविष्ट नहीं करेंगे क्योंकि तब इनमें निजता का अभ्यास नष्ट हो जाएगा।

मातापितृसहस्राणि पुत्रदारशतानि च।
संसारेस्वनुभूतानि यान्ति यास्यन्ति चापरे।।
हर्षस्थानसहस्राणि शोकस्थानशतानि च।
दिवसे-दिवसे मूढमाविशान्ति न पंडितम्।।

(स्वर्गारोहण प. 5/59-60)

ऐसे ज्ञान यज्ञ की संकल्पना करने वाले व्यासदेव के विशेषण मननीय हैं, वे सत्यवादी मुनि हैं, सत्यवती सुत हैं, सर्वज्ञ हैं, विधिज्ञ हैं, धर्मज्ञ हैं, सद्रूप हैं, ब्रह्मनिष्ठ हैं,

अतीन्द्रिय हैं, शुचि तप से भावितात्मा हैं, ईश्वर हैं, सांख्ययोगवान् हैं, एकांगी दृष्टि से नहीं दिव्य चक्षु से देख कर उन्होंने पुण्य इतिहास रचा।

(आश्व. प. 5/36-38)

महाभारत के सत्य का प्रवाह यह अव्यय भाव है जो एक ओर कगार तोड़ता है बहुत से अहंकारों के, ममकारों के, बहुत निर्ममता के साथ, दूसरी ओर आच्युत होकर सूखे, बंजर और उपेक्षित क्षेत्रों को रस से अनुभव कराता है कि तुम्हीं में क्षेत्रज्ञ है। स्पष्ट शब्दों में कहें, सत्य का एक पक्ष है कठोर, मुच्छेदक, विध्वंसक, तापक, बेधक और खण्डक; दूसरा पक्ष है करुण, अनृशंस, संयोजक, अभिद्रावक, सूत्रात्मा और परिपूरक। एक पक्ष छल का छल है, दूसरा पक्ष करुण की करुणा, कृपा की कृपा। महाभारतकार इन दोनों पक्षों के बीच में कभी भी आँख-मिचौनी का खेल रचते हैं और तभी कभी कठोरता ही सही जान पड़ती है, कभी करुणा ही, पर सही दोनों मिलकर हैं। वह दुराव के अनेक स्थानों का पता लगाते हैं और उन्हें ममत्व भी देते हैं, पर उन्हें उघारते समय वह बहुत ही अकरुण हो जाते हैं, क्योंकि उघारना ही करुणा है। वे देवताओं और असुरों को उतारते हैं, पर उठाते हैं मनुष्य को, जो अपने भीतर इन दोनों की सत्ता पहचान कर इनसे ऊपर उठता है। नरोत्तम के पास पहुँचने के लिए अनुशासन पर्व में श्री के निवास के स्थल श्री के मुख से कहलाये गये हैं। वहीं पर श्री जिन स्थानों को छोड़ देती है, उनका भी उल्लेख है। श्री धरित्री हैं, तारायण के साथ एकचित्त हैं, श्री और कुछ नहीं पार्थिव अस्तित्व की चरम सार्थकता हैं, वे जिन स्थानों का परित्याग करती हैं, वे सभी स्थान अल्पता वाले हैं, अल्पता तेज में, बल में हो या तृप्ति में हो, वे सभी स्थान अल्पता या क्षुद्रता के ही कारण क्लेश और कोप से आक्रान्त हैं, उन सभी स्थानों में मूढ़ता आक्रान्त किए हुए है। और जहाँ श्री रहती है वहाँ पूर्णता है, परस्पर पूरकता है, सरोवर हैं तो फूलों से फूले हुए, शारदीय रात्रियाँ हैं तो नक्षत्रों से खची हुई, नदियाँ हैं तो पक्षियों के कलरव को अपने कलरव से जोड़े हुए, किनारे की वनराजियों से अनुच्छादित, किनारे तपस्या के वातावरण से पवित्र पानी से भरपूर, परस्पर वैर भाव-त्याग करके तृप्ति के लिए आने वाले प्राणियों से भरपूर—

वसामि फुल्लासु च पद्मिनीषु
नक्षत्रवीथीषु च शारदीषु।
गजेषु गोष्ठेषु तथासनेषु
सरःसु फुल्लोत्पलपंकजेषु।।
नदीषु हंसस्वननादितासु
क्रौंचावपुष्टस्वरशोभितासु।।
विकीर्णकूलद्रुमराजितासु
तपस्विसिद्धिद्विजसेवितासु।।

वसामि नित्यं सुबहूदकासु
सिंहैर्गजैश्चाकुलितादवासु ।।

(अनुशासन पर्व 11-15-17)

महाभारत इस श्री का सनातन निवास है। इसीलिए इसमें नारायण अपने आप आकृष्ट होकर आदि से अन्त तक अभिव्याप्त हैं। कहीं विधि रूप में, कहीं निषेध रूप में, कहीं ज्ञान रूप में, कहीं अज्ञान रूप में। पर वह जब नहीं हैं, तब उनकी अनुपस्थिति सब कुछ अन्धकारमय कर देती है, जब हैं तो सब प्रकाशमय कर देती है, पर होने के कारण मनुष्य की, नर की दीर्घ यात्रा, वनवास, पर्वतारोहण, दारुण अपमान, छोटे विजय से उत्पन्न छोटे अहंकार, इन तमाम स्थितियों से गुजरने की प्रक्रिया भी है, अनन्त जल में महाव्याल की शय्या पर सोये नारायण का जगना ऐसे नहीं होता है, क्षीर समुद्र में पादाक्रान्त पृथ्वी की पुकार लहर बन कर आती है, आग धधकती है, यकायक एक कमल फूट पड़ता है और उसमें से स्रष्टा निकल कर नारायण का आह्वान करने लगते हैं, सृष्टि के धारक उठो, सृष्टि उद्वेलित है, कमल और कमल के साथ-साथ कमलाधरित्री उद्वेलित है।

महाभारत के नारायण काव्य में स्रष्टा हैं कृष्ण द्वैपायन, कमल हैं सत्य, कमला है करुणा, अशेष अस्तित्व के प्रति करुणा, स्रष्टा के उद्‌देश्य की प्रतिपूर्ति हैं नर के साथी नरोत्तम की जय-यात्रा, कठिन जय-यात्रा, सर्वस्वाह्यपहारी जय-यात्रा।

—महाभारत का काव्यार्थ (1985)

श्रीमद्भवद्गीता का प्रतिपाद्य

गीता की अनेक व्याख्याएँ होंगी, क्योंकि गीता से सबको कुछ अलग-अलग मिलता ही रहेगा और एक तरह से हर व्याख्या के साथ गीता नयी लिखी जाती रहेगी। मैं गीता के बारे में विशेष कुछ न कहकर सिर्फ तीन बातें बताना चाहता हूँ। एक तो यह कि गीता ब्रह्म सूत्र और उपनिषदों की एक प्रस्तुति है। एक दूसरी प्रस्तुति है श्रीमद्भागवत। श्रीमद्भागवत और श्रीमद्भगवद्गीता को अगर आमने-सामने रखें तो पता चलेगा कि दोनों का प्रारम्भ बड़ा विचित्र है, एक का प्रारम्भ विषाद–योग से है, युद्धस्थल में विषाद उत्पन्न होता है। पहली बार अर्जुन को मृत्यु का साक्षात्कार होता है। लगता है कि सामने मौत नाच रही है। "भीमद्भागवत" में हम पाते हैं, ऐसे ही साक्षात्कार से उद्घाटित होता है, एक-दूसरे प्रकार का दुख। व्यास ने 18 पुराण लिखे, महाभारत लिखा, उनको लगा, मैंने कुछ नहीं लिखा है, गहरी उदासी हुई। नारद ने कहा कि आपने जो लिखने योग्य था, वह लिखा ही नहीं। आप सब लिखते रहे, ले.किन आपने लीलागान नहीं किया–श्रीकृष्ण की लीला का गान नहीं किया। उसमें श्लोक आता है–नैत्यं न मम चेष्टितभाववर्जितं न शोभते ज्ञानमलं निरंजनम्।" कोरा ऐश्वर्य अगर भाव न हो और अच्युत के प्रति भाव न हो, तो उसकी कोई शोभा नहीं है, वह टिक भी नहीं पाता। वह भगवद्भावित होकर ही टिक पाता है और कोरा ज्ञान अगर निरंजन है, अगर श्याम का अंजन नहीं लगा तो वह व्यर्थ है। वह एक तरह से मल का शोधक् नहीं, स्वयं मल हो जाता है, स्वयं में प्रचार का मल हो जाता है। आवरण बन जाता है। इसलिए कौन करेगा लीलागान? किसकी पात्रता होगी? पात्रता की चर्चा की तो नारद ने कथा सुनाई और उससे पता चलता है कि पात्रता कहाँ सें आती है। नारद ने कथा सुनाई कि मैं दासी का पुत्र था और मुझे काम मिलता था–जो साधु-सन्त आते थे, वहाँ उनकी सेवा करने का और उनके वचनों का जूठन लेने का। मेरे मन में उसके कारण बड़ी उत्कण्ठा हुई कि यह चर्चा का बिन्दु है कैसा? मेरी बड़ी उत्कट इच्छा हुई तब मैं वह उत्कट इच्छा लेकर ही मर गया। मुझे ठीक तरह से उस व्यक्ति की तलाश थी वह व्यक्ति नहीं मिला–अर्थात् जब टूट चुके हो और समझ रहे हो कि तुमने इतना किया और

कुछ नहीं किया, तब तुम उस लीला के गान के पात्र हुए हो। अधिकार प्राप्त ही तब होता है, जब तुम सब जगह से टूट चुके हो, हार चुके हो।

अर्जुन अधिकारी पहले नहीं हुआ, उस समय हुआ जब वह देख रहा है कि साक्षात् मृत्यु उपस्थित है। उसकी अपनी ही नहीं, एक बड़ी सेना है जिसकी भी मृत्यु उपस्थित है। यह सब आपस में मरेंगे-कटेंगे और मैं उस दृश्य को बर्दाश्त नहीं कर सकूँगा और उसको विषाद होता है। ऐसे क्षण में श्रीकृष्ण की समझ में आता है। जब तक अपनी अकिंचनता का बोध नहीं होता, न कुछ होने का बोध नहीं होता, तब तक परम रहस्य को, अध्यात्म को समझना असम्भव होता है और अध्यात्म इतना कठिन नहीं है। अध्यात्म को गीता में कहा गया है—''स्वभावोऽध्यात्ममुच्यते'। आदमी का स्वभाव, जो निजी भाव है, वही अध्यात्म है अर्थात् सहज रूप ही आदमी का अध्यात्म है। आदमी का सहज रूप है, दूसरे के साथ साझेदारी, दूसरे का हिस्सा देना, तो अपना हिस्सा लेना। यह बच्चों में भी है। बच्चा मचलता है, पूरा फल ले लेगा और लोग कहें कि सब बाँट कर खाओ तो सबको बाँटेगा और अपना छोटा हिस्सा लेगा। यह सहज है। मनुष्य का यही अध्यात्म है कि उसके लिए पर स्व हो जाये, जो पर में स्व को देखे दूसरे में अपने को देखे, वह ही उसका सहज भाव है और यही अच्छा है। इस प्रश्न का जो समाधान मिलता है गीता में, वह आसानी से नहीं मिलता, सीढ़ी-दर-सीढ़ी मिलता है और चक्कर खाते हैं, तब मिलता है।

एक और बहुत महत्त्वपूर्ण बात है कि विराट रूप का दर्शन श्रीकृष्ण ने केवल तीन बार कराया हैं एक बार कराया है—यशोदा को, जब मिट्टी खायी है, दूसरी बार कराया है दुर्योधन को, जब दूत बनकर आये और दुर्योधन ने उन्हें बाँधने की आज्ञा दी, तीसरी बार कराया है अर्जुन को, युद्धस्थल में। और अर्जुन ने कहा, मुझसे बर्दाश्त नहीं होता, इस रूप को समेटो, क्योंकि मैं देख रहा हूँ सारा संसार इससे सँवरता चला जा रहा है और युद्ध घटित हो चुका है, होने नहीं जा रहा है, सब कुछ हो चुका है। मैं इस रूप को नहीं सँभाल सकता। इस सम्पूर्ण शक्ति को सँभालना बहुत कठिन है। शक्ति की सम्पूर्णता मुझसे नहीं झेली जाती। बड़ा कष्ट होता है वह सहस्र सूर्य की तरह तेजवाली होती है। ऊर्जाशक्ति, जो उसका एक लघु रूप है, उसकी चर्चा करनी चाहिए। तो कृष्ण ने तीन बार अपने विराट् रूप को दिखाया, तीन स्थितियों में। एक माँ के स्नेहवश, एक अज्ञानी मूर्ख, द्रोही, अभिमानी के अभिमान को चूर करने के लिए, तीसरा एक ऐसे आदरणीय व्यक्ति को जो उन्हें जानता है, पर नहीं जानता है, सम्पूर्णता का उसको चित्र देने के लिए। भगवान जानते हैं कि सम्पूर्णता आदमी में तभी सही-सही आ सकती है जब वह अकिंचन हो जाय। जब तक वह कुछ भी रहेगा, सम्पूर्णता को वह समझ नहीं सकेगा। क्योंकि अपने को कहीं प्रतिक्षिप्त करेगा, प्रोजेक्ट करेगा, तब तक समझ नहीं सकेगा इसलिए बराबर इसी बात पर बल है कि तुम्हारा कृतित्व नहीं है, भोक्तृत्व नहीं है और है, तो तुम कर्ता भी हो,

कर्म भी हो क्रिया भी हो। भोक्ता हो, भोग्य हो, भोग भी हो। और अलग से कोई कर्ता नहीं हो सकता, अलग से कोई भोक्ता नहीं हो सकता।

एकांततः कोई कर्ता नहीं हो सकता, एकांततः कोई भोक्ता नहीं हो सकता, एकांततः कोई भोग्य नहीं हो सकता, एकांततः कोई वस्तु नहीं हो सकती, एकांततः कोई विषय या विषयी नहीं हो सकता, सब परस्पर गुँथे हुए हैं, परस्पर अबलम्बित हैं। यह परस्पर अवलम्बन-भाव ही मनुष्य का सहज भाव है और परस्पर अवलम्बन-भाव केवल मनुष्य का मनुष्य के साथ नहीं, मनुष्य का पूरी सृष्टि के साथ, कि पूरी सृष्टि के ऊपर हम अवलम्बित हैं और हमारे ऊपर सृष्टि है। न हम सृष्टि के मालिक हैं न सृष्टि हमारे ऊपर सवार है, न समष्टि हमारे ऊपर सवार है न हम समष्टि के ऊपर सवार हो सकते हैं। एक-दूसरे को उपकृत करने का भाव है, एक-दूसरे को शोभा देने का भाव है। इस दृष्टि से क्या घटित हो रहा है; युद्ध में क्या होने वाला है, इसका महत्त्व नहीं है। महत्त्व इसका है कि सारे विनाश के बावजूद कुछ बच जाये। कहीं मनुष्य ही इसमें लुप्त न हो जाय और इसलिए पूरी गीता में इसका बखान बहुत ज्यादा है कि अव्यय-रूप से कुछ-न-कुछ बच जाये और गीता के लगभग अन्त में है, ''सर्वभूतेषु येनैकं भावमव्ययमीक्षते, अविभक्तं विभक्तेषु ज्ञानं तद्विद्धि सात्त्विकम्''।। सात्विक ज्ञान वही है, सहज ज्ञान वही है, जब जितनी चीजें सत्ता के रूप में हैं, उनमें एक भाव देखते हों, एक होने की प्रक्रिया के रूप में हैं, जितने हैं, जितनी सत्ताएँ हैं उनमें होने का भाव एक है। सत्ता के रूप में अलग हैं किन्तु होने की प्रक्रिया सबमें एक है। अंग्रेजी में अगर कहना चाहें तो 'बीइंग' के रूप में अनेक हैं, लेकिन 'बिकमिंग' के रूप में एक हैं। जो एक होने की प्रक्रिया देखता है, एक प्रकार की बेचैनी देखता है, जब सब-कुछ अलग होते हुए सब कुछ होना चाहते हैं; जो हैं उससे अलग कुछ होना चाहते हैं–''अविभक्तंविभक्तेषु'' और चीजें अलग-अलग बँटी हुई दिखती हैं, किन्तु उनमें देखना है कि बँटी हुई तो नहीं है, एक ही के अंग हैं और एक अंग दूसरे अंग से अलग दिखता हुआ भी अलग नहीं होता है, हाथ पैर से अलग नहीं है, मुँह सिर से अलग नहीं है। इस प्रकार की अविभक्तता देखना कि कोई चीज अलग बँट कर नहीं है, यह सात्विक ज्ञान है। यह सम्भव होता है परस्पर अवलम्बन को समझने से और समझने से आपको पता चलेगा कि यह बात कोई एक जगह नहीं है, यह वेदों का, उपनिषदों का, सबका सार है कि सबमें अपने को देखो, अपने में सबको देखो।

एक नहीं, कई बार यह बात दोहराई गयी है कि ''सर्वं पश्यति स पश्यति'' जो सबको देखता है, वह सब देखता है। सबको देखकर चलना, सबकी बात समझते हुए चलना, सबकी ओर से काम करना, यह दृष्टि है। यज्ञ की भी, क्योंकि यज्ञ सबकी ओर से किया जाता था। करने वाला एक होता था, लेकिन प्रार्थना करता था कि इसका फल सबको मिले ''जगदनेन तृप्यतु'' सारा जगत् इस यज्ञ से तृप्त

हो। जब सब दिमाग में रहेगा, कोई एक चुना हुआ समुदाय (चोजेन पीपुल) नहीं रहेगा सामने, तो सबके कल्याण की बात आदमी सोचेगा। जो अधर्मी है, उसके भी कल्याण की बात सोचेगा। क्योंकि अधर्म/गीता की दृष्टि में और भारतीय दृष्टि में धर्म का अभाव नहीं है। धर्म का अभाव अधर्म नहीं है, बल्कि वही काम आप सर्वभाव से करते हैं, तो धर्म है और यदि सर्वभाव से नहीं करते हैं तो धर्म नहीं है। आप दान देते हैं और अपने को उसमें से हटा लेते हैं, तो धर्म है। अपने को भी स्थापित रखते हैं, तो धर्म नहीं है। बड़ी स्पष्ट बात महाभारत में, गीता में आई है कि जहाँ अहंता का भाव होगा, जहाँ आपकी संकीर्णता रहेगी, वहाँ धर्म नहीं होगा।

तो एक ही चीज धर्म या अधर्म बन सकती है। पुराणों में इसे दूसरे रूपक से समझाया गया है कि धर्म भगवान् का वक्षस्थल है, अधर्म विराट् पुरुष की पीठ है। तो पीठ अभाव नहीं है। पीठ विमुख है, भगवान के मुख से, भगवान की ओर नहीं है पीठ, भगवान के आगे वक्षस्थल है अर्थात् विराटता और सर्वता की ओर धर्म है, और जो उससे मुख मोड़ लेता है, वह अधर्म है। इस बात को जब समझाने की कोशिश करते हैं तो आपको लगता है कि यह तो बड़ा विचित्र चिन्तन है और इसको लेकर पश्चिम में बड़ा व्यामोह है। यह एक ऐसा चिन्तन है, जिसमें धर्म और अधर्म में आत्यन्तिक विरोध नहीं है, दो कैटेगरी नहीं है, एक कैटेगरी के दो रूप हैं। वे यह नहीं समझ पाते हैं कि इन्द्र और वृत्त एक-दूसरे के पूरक हैं। वे एक-दूसरे के शत्रु नहीं हैं। और शत्रुता तो ऊपर से दिखती है, लेकिन इन्द्र वृत्त के बिना नहीं है। वृत्र इन्द्र के बिना नहीं है। गीता ने इसी को अनेक उदाहरणों से, अनेक उपायों से समझाने की चेष्टा की है। और सबसे अन्त में यह बात कही गयी कि इस सर्वभाव को समझो और इसी सर्वभाव को समझोगे, यही मैं हूँ। ''मामेकं शरणं ब्रज''—सब कुछ छोड़कर मुझमें आओ। सारे विकल्प छोड़ करके सर्वात्मा भगवान के साथ समाविष्ट होओ, सबके साथ जुड़ो, श्रीकृष्ण का वह रूप जो सर्वमय है, जो सबमें है, उसके साथ जुड़ो। महत्त्वपूर्ण बात यह है कि गीता और भागवत एक ही सिक्के के दो पहलू हैं। भगवान में श्रीकृष्ण की लीला जिनके बीच सबसे अधिक होती है, वे साधारण लोग हैं, सहज लोग हैं, अकिंचन लोग हैं। अंग्रेजी में कहा जाय तो Have nots हैं। उनके बीच उनकी लीला सबसे अधिक रसमय होती है। वह रस दूसरे को सुलभ नहीं होता। जो गोपियों को होता है, गोप-बालों को होता है, चरवाहों को होता है, क्योंकि उनके पास सहज ज्ञान है। यह जो बालक है, वह बालक अद्भुत बालक है। कितने रूपों में नाच नचा रहा है, हाथ नहीं आता। किसी के हाथ नहीं आता। सबके ऊपर एक विचित्र मोहिनी नाच नाचता है। सब जानते हैं कि यह अदभुत है, अलौकिक है। लेकिन अलौकिक के साथ जुड़ने में आनन्द आता है, अपने को न्योछावर करने में आनन्द आता है और वे उसका रस जानते हैं। दूसरे पढ़े-लिखे लोग नहीं जानते। गीता में भी यही है कि जो व्यक्ति अर्जुन

की तरह केवल प्रश्न करने आता है और समर्पण कर देता है कि कुछ पता नहीं, मैं अब बिल्कुल परेशान हो गया हूँ, मुझे कोई रास्ता दिखता नहीं है, उसी को दिखता है रास्ता, दूसरे को नहीं दिखता।

यह एक छोटी-सी महत्त्वपूर्ण बात है गीता के बारे में, कि गीता को उपनिषद् के साथ, श्रीमद्भागवत के साथ जोड़ करके पढ़िए। श्रीकृष्णलीला के रहस्य के साथ इसे जोड़कर पढ़िए, तो आपको लगेगा, सहजता क्या होती है और सहजता को समझने के लिए गोपी के महत्त्व को सब जगह कहा गया है और वह महत्त्व इसलिए है कि गोपियाँ पागल हो करके, उन्मत्त हो करके वृन्दावन से मथुरा नहीं आतीं। अपने काम में लगी रहती हैं, गाय दुहती हैं, भोजन के लिए धान कूटती हैं, बच्चों को खिलाती हैं, सब काम करती हैं, लेकिन हर एक काम में वह कृष्ण-भाव रखती हैं। उनको लगता है कि यह कूटना भी कृष्ण का काम है, यह दुहना भी कृष्ण का काम है और यह गाना भी कृष्ण का ही है। यह जो प्रत्येक कर्म को इतना कृष्णमय बना दिया है उन्होंने, उससे उनका कर्म अधिक सरस हो गया है। वह कर्म बेगार नहीं रह गया है, भार नहीं रह गया है, सरस हो गया है, क्योंकि वह कृष्ण के लिए है। यह शिक्षा अत्यन्त अपठित, अशिक्षित व्यक्ति से मिलती है। इस रूप में तो अपने कर्म को हम कर ही नहीं पाते, इस रूप में तो अपने ज्ञान को साध ही नहीं पाते। ज्ञान को इतना सहज बनाओ, कर्म को इतना सहज बनाओ, इतना भावपूर्ण बनाओ, अपने आप श्रीकृष्ण खुद एक क्षण में प्रत्येक कण में उपस्थित होंगे। श्रीकृष्ण का रस उपस्थिति होगा, श्रीकृष्ण का प्यार उपस्थित होगा और सिद्धि यहाँ तक आती है, कहती है कि हमें श्रीकृष्ण मिलें इसकी इच्छा नहीं है। श्रीकृष्ण की जो इच्छा है, श्रीकृष्ण की जो कामना है, वह बनी रहे। श्रीकृष्ण की कामना, जिसे अनासक्ति कहते है। मैं उसे महाशक्ति कहता हूँ, ऐसी आसक्ति जो आसक्तियों की आसक्ति हो, जो कामनाओं की कामना हो, जो समस्त अभिलाषाओं का अभिलाषा हो, ऐसी अभिलाषा के रूप में है कौन, श्रीकृष्ण हैं जो सर्वात्मा हैं, जो सब में व्याप्त हैं, ''वासुदेवः सर्ववृत्ति'', ऐसे हैं।

उनकी जो कामना होगी, तो कोई और कामना होगी ही नहीं। उन आँखों में वह रूप रहेगा, किसी दूसरे रूप के लिए जगह नहीं होगी। और किसी के लिए अवकाश नहीं होगा। इस प्रकार की स्थिति उत्पन्न करने की बात श्रीमद्भगवद्गीता में भी आयी है। कैसे तीसरे सोपान में भक्ति का उपदेश हुआ है और यह बात श्रीमद्भागवत में भी आयी है कि गीता कैसे सांख्य का उपदेश करती है। नारद-युधिष्ठिर के संवाद द्वारा बहुत-सी चीजें आयी हैं, विदुर-मैत्रेयी के संवाद से बहुत-सी चीजें आयी हैं, कपिल-देवहुति के संवाद द्वारा बहुत-सी चीजें आयी हैं, लेकिन इस सबके बाद श्रीकृष्ण-लीला का जो वितान है; उस वितान में समझ में आता है कि इस देश का जो नायक है, वह कितना अपने को निःस्व, कितना अपने को छोटा, अपने को

कितना क्षुद्र बना सकता है। यज्ञ में लोगों के पैर धोने का काम ले सकता है, युद्ध में घोड़ों को चलाने का काम ले सकता है, घोड़ों को धोने का काम ले सकता है और सारा संसार नाच रहा है उसी से नाच रहा है, जो जितना क्षुद्र-से-छुद्र हो सकता है, लघु-से-लघु हो सकता है, छोटा-से-छोटा हो सकता है। जन्मते भी हैं तो छोटे भाई के रूप में जन्मते हैं। यह जो उनकी लघुता है वह विराटता का एक दूसरा रूप है। इसी रूप में गीता हम लोगों को हृदयंगम होती है।

मैं गीता को एक गान के रूप में लेता हूँ एक काव्य के रूप में लेता हूँ। वह गुनगुनाते के लिए है और गुनगुनाते हुए अपने सारे काम सम्पादित करने के लिए है कि वे काम भार न रह जाएँ, जीवन के क्लेश आनन्द बन जाएँ।

—अप्रकाशित

भक्ति, भक्तिकाव्य और भक्ति-रस

श्रीमद्भागवत का अध्ययन काव्य और काव्य के अनुचिन्तन के सम्बन्ध में कुछ प्रश्न उठाता है, वे प्रश्न साहित्य-समीक्षा की दृष्टि से बहुत महत्त्वपूर्ण हैं। पन्द्रहवीं से सत्रहवीं सदी ईस्वी तक अनेक आचार्यों ने इस पर मनन किया, उन्होंने स्वतन्त्र भक्ति-रस की स्थापना की। तुलसीदास जैसे कवि ने भी अभिनवगुप्त के रससिद्धान्त में निहित कोटियों के अतिक्रमण की अपरिहार्यता का संकेत दिया, अनेक मर्मी सन्तों ने सन्तवाणी का इतर परिष्कृत साहित्य-वाणी से पार्थक्य किया, इसके बाद भी ये प्रश्न बहुत दूर तक अनुत्तरित रह जाते हैं।

ये प्रश्न इस प्रकार हैं—

(1) भक्ति और भक्ति-रस दोनों अनुभव क्या एक हैं, क्या भक्त हुए बिना भक्तिरस का आनन्द नहीं मिल सकता?

(2) भक्तिकाव्य के परीक्षण के लिए और आनन्द के लिए क्या अलग मानदंडों की आवश्यकता है! दूसरे शब्दों में, क्या उसके लिए दूसरा काव्यशास्त्र होना चाहिए?

(3) भागवत को पुराणों के रूप में परिगणित किया गया है, उसे काव्य क्यों कहा जाय? क्या पुराण और काव्य ये दोनों संज्ञाएँ संश्लिष्ट हो सकती हैं?

मैं इन्हीं प्रश्नों का समाधान करना चाहता हूँ। अभिनवगुप्त पादाचार्य ने रसानुभूति को भक्ति की अनुभूति से पृथक् करते हुए कहा कि 'परमेश्वर विषयवैवश्यसमावेशरूपा भक्तिः'।...भक्ति चित्त को परमेश्वर विषय की ओर विवश करती हुई परमेश्वर विषय में समाविष्ट कर देती है, वह अलग सत्ता नहीं रहने देती, जबकि रसानुभूति में अलग सत्ता बनी रहती है, बावजूद इसके कुछ देर के लिए चित्त का सामान्य देशकाल से भावयोगात्मक देशकाल में विस्थापन हो जाता है। दूसरा अन्तर उन्होंने यह बतलाया है कि भक्ति-अनुभूति में विषयास्वाद रह नहीं जाता, सामान्य लोक-व्यवहार की अनुभूति में विषयास्वाद के साथ-साथ विषयासक्ति और विषयासक्तिजन्य दुख भी रहता है जबकि रसानुभूति में एक ओर विषयास्वाद की स्मृति रहती है, पर उसमें व्यासंग या विषयों के लिए ललक, न मिलने की पीड़ा नहीं रहती। प्रश्न है, क्या भक्तिरस के आस्वाद के क्षण में रसानुभूति की ये शर्तें नहीं पूरी होतीं, यदि होती

हैं तो भक्ति को भाव के स्तर से ऊपर स्थान क्यों नहीं पुराने काव्यशास्त्रकारों ने दिया? एक तर्क उठाया जाता है कि शृंगारादि रसों की अनुभूति में दूसरे की रति और अपनी रति इस प्रकार का विशेषीकरण समाप्त हो जाता है और निर्विशेषीकृत रति में चित्त निमज्जित होकर एक-दूसरे प्रकार के रागात्मक अनुभव से गुजरता है। वैसा भक्तिकाव्य के पढ़ने पर नहीं सम्भव है क्योंकि देवताविषयक रति स्थायी भाव नहीं है, स्थायी भाव नहीं है तो उसे उद्‌बोधित करने के लिए कोई काव्य पर्याप्त नहीं होगा। अन्य साधन अपनाये बिना वह उद्‌भावित नहीं हो सकती, साथ ही वह मानवीय रति की तरह प्रत्येक मनुष्य में व्याप्त नहीं है, कहीं होगी, कहीं कभी न होगी। तीसरे मनुष्य के चित्त की प्रवणता उसकी ओर अधिक होगी, जो सामने उपस्थित है, इन्द्रियों का विषय है या सामने तत्काल नहीं है तो रह चुका है। उसकी ओर कम होगी, जिसकी पूर्व में लौकिक प्रतीति हुई ही नहीं।

इन तर्कों के आधार पर कुछ लोग मानते हैं कि रसानुभूति स्तर की अनुभूति भक्तिकाव्य पढ़ने से नहीं होती। दूसरे लोग कहते हैं कि भक्तिकाव्य में भी जहाँ राम आलम्बन हैं, सीतागत प्रीति के और जहाँ सीता आलम्बन हैं, वहाँ रामगत प्रीति का शब्दार्थ व्यापार द्वारा ऐसा सम्प्रेषण होता है जो रसानुभूति में परिणत हो जाता है, इस आधार पर कोई अनुभूति में अन्तर नहीं होता कि आलम्बन दिव्य या आश्रय दिव्य है, ईश्वरीय है या मानुष। अतः भक्तिकाव्य में मानवीय रिश्तों का और मानवीय संवेदनाओं की जितनी तीव्रता और सघनता के साथ प्रतीति होगी, उतनी ही मात्रा में रसानुभूति होगी ही, भक्ति की अनुभूति हो न हो अर्थात् काव्य पढ़कर ईश्वर के साकार या निराकार रूप की ओर चित्त आकृष्ट हो न हो। 'भक्तिरसायन' जैसे ग्रन्थों में ठीक इससे अलग स्थापना की गयी है, वहाँ माना गया है कि रस केवल एक है, वह है भक्ति रस, शेष रस भक्तिरस के अंग-भूत हैं तो रस हैं, वह है भक्तिरस, शेष रस भक्तिरस के अंग-भूत हैं तो रस हैं, अन्यथा रसाभास। कोई भी मानवीय संवेदना क्यों न हो, वह ईश्वरोन्मुख होकर ही सार्थक है, शिशुपाल जैसे लोग श्रीकृष्ण से द्वेष करते हुए भी श्रीकृष्ण-चिन्ता में लीन होने के कारण साधारण भूमि से ऊपर उठ जाते हैं। ऐसे शास्त्रों के अनुसार भक्ति अन्तरायरहित सतत धारावाही एकोन्मुख प्रवाह है, दूसरे भाव उठते हैं, सो जाते हैं या विस्थापित हो जाते हैं, वे एकोन्मुख भी नहीं हो पाते। कभी एक से जुड़ते हैं कभी दूसरे से, कभी एक से रागद्वेष का रूप लेते हैं, कभी दूसरे से। उनमें न भक्ति जैसी तीव्रता होती है, न भक्ति जैसी अविच्छिन्न धारावाहिकता, न एकोन्मुखता। इसीलिए भक्ति का भाव समावेशक भाव है, अन्य भावों को अभिभूत करने वाला भाव है, 'इतर रागविस्थापनं नृणां', दूसरे समस्त रागात्मक अभिनिवेशों को अचम्भे में डाल देता है कि यह अनुभव महाराग कहाँ से आ गया, उसकी तुलना सामान्य रति आदि भावों से नहीं कर सकते, वह समस्त भावों का भाव है, वह है तो सभी भाव समंजस लगते

हैं, तुलसीदास जी के हाथों में सारे 'नाते नेह राम सों मनियत'। एक ऐसी सत्तता है जिसको पाकर ही नाते-रिश्ते नाते-रिश्ते लगते हैं और जिसकी अनुपस्थिति में वे भयावह हो जाते हैं। अतः रसानुभूति की भी प्रतीति इस विशालभाव के ही रहते होती है। इस विशालभाव को मूलभाव न मानना, व्यापकभाव न मानना, प्रतीति में तीव्रता के साथ आने वाला भाव न मानना प्रत्यक्ष अनुभव को झुठलाना है। राम के रस के आगे 'षट्रस, नौ रस अनरस' होकर सीठे हो जाते हैं। अतः स्वतन्त्र भक्तिरस की स्थापना अपरिहार्य है।

सामान्यतः भक्तिकाव्य से लोग यही ग्रहण करते हैं, इसमें भगवान् का गुणानुवाद होगा, भगवान् से प्रार्थना होगी, भगवान की लीलाओं का आख्यान होगा, भगवान् की ओर अभिमुख करने के उद्देश्य से संसार से विमुख करने की बात होगी। ऐसे काव्य में रस-ग्राहिता कम ही आयेगी। पुराण या स्तोत्र जैसे काव्य उत्तम काव्य की कोटि में नहीं आ सकते, उनमें उपदेश का प्राधान्य रहता है या अविश्वसनीय श्रद्धा का आरोप रहता है, या एक ऐसा काल्पनिक संसार रहता है, जिसे मानने के लिए तर्कप्रज्ञा को निलम्बित रखना पड़ता है। इस प्रकार के काव्य में सूक्ति-चमत्कार तो हो सकता है, कहीं-कहीं कुछ विमुग्ध करने वाली निरीह भावुकता भी हो सकती है, पर हृदयस्पर्शिता नहीं होती और आधुनिक पाठक के लिए तो और भी नहीं। इन लोगों की दृष्टि में 'भागवत' और 'रामचरितमानस' में काव्यत्व इसलिए नहीं है कि वे भागवत भाव के काव्य हैं, बल्कि इसलिए है कि वे मानवीय भावों के घात-प्रतिघात के मिलन-बिछुड़न के राग-द्वेष के मनोहारी चित्रण हैं। श्रीराम या श्रीकृष्ण को परब्रह्म न भी मानें तो भावोद्रेक में कोई कमी नहीं आती, जिस समय हम भागवत या मानस पढ़ते या सुनते हैं, अपने आप परवश करने वाला एक प्रवाह मिलता है।

ये प्रश्न उठते हैं और जो थोड़े से शास्त्रीय समाधान मैंने अभी-अभी दिए हैं, उनसे पूरा सन्तोष नहीं होता। जिस रूप में भागवत या मानस में श्रीकृष्ण या राम की उपस्थिति चित्रित है, उसे अन्य उपस्थितियों से अधिक आकर्षक मानने की एक जातीय लाचारी तो रहती ही है, इससे कैसे इंकार करें। दूसरी ओर विषयासक्त मन में भी सूर की लीला पदावली पढ़कर, सुनकर या भागवत में गोपियों की उन्मदान्ध प्रीति का आलाप पढ़-सुनकर जो एक अनुभूति होती है, वह तन्मय करने वाली होती ही होती है, इसका भी खण्डन नहीं किया जा सकता। इसलिए लगता है नये सिरे से भक्ति, भक्तिकाव्य और भक्ति-रस के स्वरूप पर विचार करना होगा।

भक्ति शब्द जिस धातु से निकला है, उस भज् धातु के चार अर्थ हैं। पहला अर्थ है, हिस्सा बँटाना, साझीदार होना। दूसरा अर्थ है, सेवा करना, अपने को वशवर्त्ती के रूप में अर्पित करना, दूसरे शब्दों में अपना सब कुछ तदीय बना देना। तीसरा अर्थ है, आनुषंगिक बन जाना, गौण बन जाना, पर को सामने लाना, स्व को ओट में रखना। इसी से काव्यशास्त्र में लक्षणा वृत्ति के अर्थ में 'भक्ति' शब्द का प्रयोग

हुआ है; वहाँ मुख्य अर्थ गौण हो जाता है और गौण अर्थ मुख्य। और चौथा अर्थ है रचना। कालिदास ने 'भक्तिच्छेदैरिव विरचितां भूतिमङ्गे गजस्य' की उपमा विन्ध्य के पर्वत से निकलने वाले पत्थरों के ढोकों के बीच बहने वाली नर्मदा से दी, तो उसमें हाथी के शरीर पर रचना को (आज भी दशहरे में हाथी के शरीर पर जो रचना होती है) भक्ति कहा।

प्रस्तुत व्याख्यान के सन्दर्भ में भक्ति शब्द का प्रयोग इन सब अर्थों को समेटे हुए है, इसमें एक विशाल सत्ता के साथ साझेदारी का भाव है, उसकी सेवा का भाव है, अपने को अकिंचन मानने का भाव है, ऊपर से दैन्य दिखने वाला कातर भाव है, और अपने को रचने नहीं, अपने रचे जाने का भाव भी है। भक्ति को भक्तिसूत्र में 'परानुरक्तिरीश्वरे' कहा गया है, अनुराग कहने से कर्तृत्व का बोध अवशिष्ट रहता है, अनुरक्ति कहने से क्रियामात्र का बोध रहता है, कर्तृत्व विलीन हो जाता है, परा कहने के दो अभिप्राय हैं, अत्यन्त उत्कृष्ट और वह जो मदीय के रूप में सीमित नहीं रहता, मम होकर आबद्ध नहीं रहता, उसको अपना बना लेने वाला चुनौती देने वाला भाव कि–

'आजु हौं एक एक करि टरि हौं,
कै हमहीं कै तुमहीं माधव अपुन भरोसे लरिहौं।'

इस परानुरक्ति को न रति माना जा सकता है न और किसी कोटि में इसका अन्तर्भाव किया जा सकता है। प्राचीन संस्कृत काव्यशास्त्र में अतिमानवीयता की दृष्टि अपनायी गयी, इसीलिए वहाँ पशुपक्षियों और वनस्पतियों के बीच परस्पर आकर्षण को रसाभास माना गया है। उस संकुचित मानवाबद्ध दृष्टि से यह अपेक्षा करना कि इस परानुरक्ति की रसवत्ता स्वीकार होगी, दुराशा ही होगी। परन्तु यदि हम इस काव्यशास्त्र के पूर्ववर्त्ती अपने जातीय काव्य को गहराई से पढ़ते हैं हमें लगेगा कि प्रकृति के भीतर भक्ति व्याप्त चैतन्य प्रवाह के साथ तादात्म्य भी उतना ही तीव्र भावोत्पादक है, जितना स्त्री का पुरुष के लिए। एक को जैव आवश्यकता नहीं, दूसरे को नहीं, यह कम से कम अपनी समृद्ध साहचर्य-भाविनी परम्परा में ग्राह्य नहीं होना चाहिए। नासदीय सूत्र में जिस काम की चर्चा है, उसका एक छोटा-सा अंश होगा यौन आकर्षण, अन्यथा उसके अन्दर तो यह आता है कि–

कामस्तदग्रे समवर्त्तताधि
मनसो रेतः प्रथमं यदासीत्।
सतो बन्धुमसति निरविन्दन्
हृदि प्रतीष्या कवयो मनीषा।।

कवियों ने हृदय में सत् और असत् के बीच इस काम के द्वारा एक ग्रन्थिबन्धन

किया। इस भावबन्धन में सच और झूठ का ही नहीं, परमार्थ और प्रतिभास का ही नहीं, स्व और स्वबिम्ब का ही नहीं, उपस्थिति और अनुपस्थिति का ही नहीं, दृश्य और अदृश्य, गोचर और अगोचर का ही नहीं, अनुभाव्य और अननुभाव्य का भी, परस्पर भिन्न दिखने वाले, परस्पर अवलम्बित भावों का ग्रन्थिबन्धन भी अभीष्ट है। यह एक सर्जनात्मक दृष्टि है, इसमें वास्तविकता का विरोध नहीं है, केवल वास्तविकता की प्रतिमूर्ति है, किसी कमी या खालीपन या सूनेपन या भाव होकर भी अभाव-सा बनने की अपेक्षा जिससे पूरी होती है, वह भी जीवन की वास्तविकता है। मनुष्य जितना वास्तव है, और उसके सुख-दुख जितने वास्तव हैं, उतने ही वास्तव हैं पशु-पक्षी, नदी-पर्वत और उनके परस्पर-अवलम्बी भाव। इस दृष्टि से देवताविषयक रति और तिर्यक् योनि की रति भाव या रसाभास या भावाभास नहीं हैं, वे भी रस बनने की पूरी सम्भावना रखने वाले भाव हैं। देवता की उपस्थिति की अनुभूति किस रूप में प्रतीत होती है, नदी-पर्वत की उपस्थिति किस रूप में प्रतीत होती है, इसमें तारतम्य हो सकता है और प्रतीत के कम तीव्र होने पर रसवत्ता नहीं होगी, यह बात समझ में आती है, यह बात भी समझ में आती है कि कभी-कभी केवल दिखावे के लिए देवता को जगाने का कर्मकाण्ड होता है, पर्यावरण के लिए प्रेम चभचभाता है, वहाँ तो रसवत्ता कौन कहे एक खोखलापन ही उलटे ग्रसेगा। परन्तु यह नहीं समझ में आता कि मनुष्य के भावजगत् में केवल मनुष्य ही रहेगा, चैतन्य के और आलम्बन वहाँ नहीं रहेंगे। अतः इस भावजगत् की अपरिमेय सम्भावना को देखते हुए रसानुभूति का क्षेत्र विस्तृत करना ही होगा। नाट्य प्रयोग की आवश्यकता से प्रेरित होकर मानवीय रिश्तों तक ही भावाभिनय को आधार मानकर मनुष्य के इतर अनुभव का अपलाप नहीं किया जा सकता। इसलिए भक्ति के शब्दार्थसमर्पित रूप में भी रस का प्रत्यय दुर्निवार है।

जहाँ तक पुराण और काव्य के एक ग्रन्थ में संश्लिष्ट होने का प्रश्न है, पुराण है ही काव्य की वाणी, पुराण का अर्थ है पुराने को पुराना न रहने देना, जातीय स्मृति को अपनी मति का अंग बनाना, अपने वर्तमान की अनुभूति और अपने भविष्यत् का बीज बनाना, उसमें काव्यात्मकता सर्वदा निहित है, केवल यही अन्तर है कि उसमें जानकारी देने पर अधिक बल है, पर जानकारी जब दी नहीं जाती, फिरकी की तरह लीलाभाव से नचायी जाती है तो वह सहज काव्य बन जाता है। श्रीमद्भागवत ऐसा ही काव्य है, वह हमारे चित्त में बसा है, इससे वैसे पुराणकाव्य और रचे जाते रहे और जाते रहेंगे ही, बावजूद पुराणनिन्दा के विरस और असत् व्यापार के। एक ही उदाहरण पर्याप्त होगा—एक अवध के क्षेत्र का लोकगीत है, जिसमें कैकेयी ने राम से अयोध्या लौटने पर कहा, बेटा सबकी साध पूरी की, मेरी

साध नहीं पूरी करोगे, मैं तुम्हारी माँ बनना चाहती हूँ। राम ने कहा तुम माँ बनोगी पर तुमने पुत्रवत्सल पिता को क्लेश दिया, तुम्हें वात्सल्य का रस दूध पिलाने को नहीं मिलेगा और कैकेयी ही देवकी बनीं माँ होकर वात्सल्य रस के दान से वंचित। यह पुराण काव्य नहीं तो और क्या है?

संक्षेप में भक्तिकाव्य का रसास्वाद भक्ति के भाव से कुछ विशिष्ट है और यह रसास्वाद काव्य ही नहीं पुराण से भी सम्भव है, बशर्ते कि उसमें सर्जनशीलता हो।

—भाव पुरुष श्रीकृष्ण (1989)

श्रीकृष्ण स्मृति

गुजरात के पश्चिमी क्षेत्र में समुद्री तूफान आया, अखबार में तूफान के द्वारा ढाये कहर की खबरें छपीं। एक पंक्ति में छपी यह खबर भी पढ़ी कि वह पेड़ गिर गया, जिसके नीचे कहा जाता है, श्रीकृष्ण ने देहोत्सर्ग किया था। बस एक पंक्ति में समाचार। न कहीं दुख, न कहीं उसकी किसी प्रतिक्रिया की कोई सूचना किसी भी कोने में पढ़ने को मिली।

मैंने दो-तीन महीने पहले ही उस पेड़ की जड़ों पर सरस्वती का जल अँजुरी में भर कर अंजलि दी थी, और अंजलि देते समय आँखें भी अंजलि देने के लिए उतावली हो गयी थीं। वह पेड़ ढह गया, इसका धक्का ही काफी था, पर यह एक पंक्ति का समाचार बना, हिन्दुस्तान के राष्ट्रीय अखबारों में से सिर्फ एक अखबार में, वह भी सिर्फ एक लाइन में, जैसे एक नगण्य समाचार हो, इसका धक्का बहुत गहरा लगा। एक साधारण-से चबूतरे के लिए खून-खराबा हो जाएगा, दो शिविर बन जाएँगे और एक मुद्दा बन जाएगा, सैक्यूलरवाद की अग्नि-परीक्षा का। पर भारत का शिक्षित वर्ग श्रीकृष्ण की लीला के अन्तिम साक्षी वृक्ष के लिए लेशमात्र भी उद्विग्न नहीं होगा, हिन्दुस्तान के अखबार घड़ियाली आँसू भी नहीं बहाएँगे और धार्मिक संस्थान मन्दिर बनाएँगे। शायद वह पेड़ नहीं रहा तो संगमर्मर का चबूतरा बन जाएगा, पर कोई यह नहीं सोचेगा कि उस पेड़ की जगह उसी के बीज से एक नन्हा-सा पौधा लगा दिया जाए या उसके बीज से उगे हुए आसपास के असंख्य पीपलों में से एक अच्छा-सा पीपल वहीं प्रत्यारोपित कर दिया जाये। पीपल का एक नाम वासुदेव पड़ा ही इसलिए है कि वह वासुदेव के देहोत्सर्ग का साक्षी है, उनके उस अकेलेपन का अकेला साक्षी है, जब वे सबसे विलग हो चुके हैं, सबसे विदा ले चुके हैं—बन्धु, मित्र, सेवक और अपने आखेटक व्याध, सबसे। वह पीपल वासुदेव के अकेलेपन का साझीदार होने के कारण वासुदेव हो गया है। वासुदेव सर्वजीवन हैं, उसमें समस्त जीवन समाहित है। पीपल का पेड़ भी जीवन की निरन्तरता का और सम्पूर्णता का प्रतिमान है। इसी से हमारे यहाँ मरने पर वहीं जीवन सच्छिद्र घट के रूप में बाँधा जाता है। उसके छिद्र में पानी पीपल की जड़ को सींचता है।

स्थूल शरीर नहीं रहता, पर इस प्रक्रिया में ही सूक्ष्म शरीर बनता रहता है पर इससे भी अधिक महत्त्वपूर्ण यह है कि वह भाव-शरीर बनता रहता है, एक जीवन की निरन्तरता का भाव ग्रहण करता रहता है। किन्तु मैं कैसा प्रलाप कर रहा हूँ, पीपल तो बस एक पेड़ था, वह ढह गया।

उस पेड़ की क्या बिसात, पूरी संस्कृति ढह जाये, श्रीकृष्णभाव से संस्पृष्ट संस्कृति ढह जाये, क्या फर्क पड़ता है। हिन्दुस्तान बहुत बड़ा है, वह संस्कृति मात्र तो है नहीं, वह श्रीकृष्ण-भाव मात्र तो है नहीं, वह जीवनबोध मात्र तो है नहीं, वह सेक्यूलर जनतन्त्र है, भावों से, अभावों से असम्पृक्त, वह चिन्ता करता है दुर्भाव की। केवल दुर्भाव से वह डरता है, क्योंकि दुर्भाव से उसकी सुरक्षा खतरे में पड़ती है, हिन्दुस्तान में श्रीकृष्ण से सम्बद्ध स्थानों का महत्त्व है। वहाँ लोग जाते हैं, उन पर तीर्थ-कर लगता है। लोग वहाँ कुछ खरीदारी करते हैं, उससे आमदनी होती है। लोग चढ़ाते हैं, उससे आमदनी होती है, श्रीकृष्ण के नाम पर व्यवसाय चलता है, इससे श्रीकृष्ण का महत्त्व सीमित रूप में अवश्य है।

उनकी जन्मभूमि पर जाइए तो पता ही नहीं लगेगा कि गोपाल से इसका कोई सम्बन्ध होगा, इसका कोई सम्बन्ध होगा वनमाली से, इसका कोई सम्बन्ध होगा वृन्दावन-विहारी से। होता तो हृष्ट-पुष्ट गउएँ होतीं, उनके चौकड़ी भरते बछड़े होते, वहाँ आँगन में घुटनों के बल खेलते गोपाल की मूर्ति होती, करील के निकुंज होते, न कदम्ब-वन सही, कदम्ब के नये पौधे ही उगाये गये होते, दो-चार तमाल होते, मालती-मल्लिका की लताओं के वितान होते, कुछ न होता तो जमुना की बालू तो होती, जिसमें श्रीकृष्ण और गोपियों की पगध्वनि आज भी बसी हुई है। कुछ वृन्दा के अर्थात् तुलसी के झाड़ तो होते, कुछ यहाँ-वहाँ सूर की, मीरा की, विद्यापति की, जयदेव की और श्रीमद्भागवत की पंक्तियाँ ही लिखी होतीं। पर यहाँ पक्के फर्श से वह मिट्टी ढक गयी है, जिसका मोहन ने बचपन में आस्वाद लिया था। कहीं कोई बावड़ी भी नहीं है, जिसमें शरद् का आकाश झाँका करे। श्रीकृष्ण के रास की छवि तो वहाँ नहीं है। दुकानें हैं, अतिथिशाला है, इंटरनेशनल। श्रीकृष्ण अब नेशनल नहीं हैं, इंटरनेशनल कांशसनेस (अन्तरराष्ट्रीय चेतना) हैं, इसलिए राष्ट्रीय अतिथियों से अधिक अन्तर-राष्ट्रीय पाहुनों की विशेष चिन्ता है। आज से कुछेक वर्ष पूर्व स्व. कृपलानी दादा जन्माष्टमी के अवसर पर आए थे और अपने सहज तीखे स्वर में चोट कर गये थे—यही हमारे कृष्ण की जन्मभूमि है, जहाँ न वन हैं, न गउएँ हैं, न जीवन का सहज छन्द है। मैंने एक बार विनम्र भाव से शिकायत की थी तो उत्तर मिला था—भव्य निर्माण से ही श्रीकृष्ण-तत्त्व की प्रतिष्ठा होगी, और भव्य निर्माण होगा, पारे का शिवलिंग प्रतिष्ठित होगा तो सुरक्षा के लिए बाजार लगाना आवश्यक है। अब कौन कहे, पारे के शिवलिंग की क्या जरूरत! श्रीकृष्ण का धाम क्या ऐसा नहीं हो सकता, जिसमें अपने आप सभी कुछ सुरक्षित हो? वहाँ दूब बिछी होती,

कौन ले जाता? पेड़ कौन ले जाता, लता-गुल्म कौन ले जाता? श्रीकृष्ण का क्या इनसे विलग कुछ है, वन-पाँखी की पाँख, वन के बाँस की लकुटी और बाँसुरी, वन की गुंजाओं की माला, वन की तुलसी का आमोद, गउओं के खुरों के रौंदने से उठी वन की रज का मंडन, इनके बिना कोई श्रीकृष्ण होते हैं क्या? धर्म जहाँ धन के हाथ धरोहर रख दिया जाता है, वहाँ विवाद करना व्यर्थ है, वहाँ यह याद दिलाना व्यर्थ है कि श्रीकृष्ण ने रुक्मिणी से कहा था—

'वयं निष्किंचना शश्वन्निष्किंचनजनप्रियाः' हम तो हमेशा निष्किंचन, फक्कड़ हैं, और हमें वही प्रिय है जो निष्किंचन है, फक्कड़ है। धनाढ्य लोग मुझे प्रायः नहीं भजते, मेरे नाम पर किसी दूसरे को भजते हैं, कम-से-कम मैं उन्हें नहीं भजता। पर यह बात भव्यता और विशालता के उन्माद में ग्रस्त हिन्दुस्तान में अरण्य-रुदन है।

श्रीकृष्ण से जुड़ा एक और स्थान है; ज्योतिसर। कुरुक्षेत्र से 5-6 किलोमीटर दूर एक कच्ची सड़क से जुड़ा हुआ खंडहरों का समूह। वहाँ किसी धर्माध्यक्ष ने शीशे के कैदघर में गीता के उपदेष्टा सारथी कृष्ण को रथ-समेत रख दिया है, जिससे किसी को तनिक भी सन्देह न रहे कि यही वह स्थल है, जहाँ श्रीकृष्ण ने अर्जुन को गीता का उपदेश दिया था। पूरी-की-पूरी शिल्प-रचना सौन्दर्य-कल्पना से इतनी शून्य है और शीशे की खोल इतनी भयावह है कि लगता है, गीता के उपदेश का केवल एक प्रभाव पड़ा है—लोग इस अर्थ से स्थितप्रज्ञ हो गये हैं कि उनमें कोई संचेत्यता नहीं रह गयी है—कुछ भी प्रभाव नहीं पड़ता, वे उद्वेगशून्य हो गये हैं। एक ओर यह अपने हिसाब से भव्य रचना है, दूसरी ओर एक हिस्से में उपले पाथे जा रहे हैं, श्रीकृष्ण के साथ गोरस की ही क्यों, गोमय का भी तो सम्बन्ध होना चाहिए। एक ही बार वहाँ गया और मन बहुत व्यथित हो गया। ज्योतिसर की सीढ़ियाँ पक्की हो गयी हैं जरूर पर उसके जल को निरन्तर स्वच्छ रखने की कोई चिन्ता नहीं है। किसी भी दूसरे देश में इतने बड़े महत्त्व के स्थान की ऐसी उपेक्षा की कल्पना नहीं की जा सकती। परन्तु हिन्दुस्तान जैसा धर्मपरायण, मनौतीपरायण और तान्त्रिक अनुष्ठानपरायण देश ही ऐसा कर सकता है। यहाँ तिराहे पर, चौराहे पर सिन्दूर पोतकर हनुमान की मूर्ति रातोंरात प्रकट हो जाती है और यातायात की विषम समस्या विस्मृत कर दी जाती है। शनि और मंगल को असंख्य-असंख्य भक्त दोने में लड्डू लिए पंक्तिबद्ध खड़े हो जाते हैं—बजरंगबली, काले को सफेद करो। यहाँ चुनाव अनुष्ठान से जीते जाते हैं। ये अनुष्ठान जागते थानों में सम्पन्न होते हैं, जहाँ लोगों के सिर पर भूत आता है। श्रीकृष्ण तो भूत हैं नहीं, न भूतों के बीच रहते हैं। वे समस्त संचारित प्राण के प्राण, वर्तमान के वर्तमान, उनके स्थान थान नहीं, वे क्यों जगें? वे क्यों जगाये जाएँ? वे सो गये हैं, उनके स्थान सो गये हैं। वहाँ जाग रहे हैं मणिधर।

बातों-बातों में मैं भटक गया, लीला के संवरण से लीला के अवतरण की ओर। लीला के अवतरण से लीला के प्रयोजन की ओर। पर मुझे वह पेड़ भूला

नहीं है, जो ढह गया और एक पंक्ति का संवेदनाहीन समाचार बन गया, न भूली है देश की शिक्षित मानस की चरम तटस्थता, चरम उद्वेगहीनता। श्रीकृष्ण और राम इतने सन्दर्भहीन हो गये हैं कि उनकी लीला के आख्यान पाठ्यग्रन्थों में रखने पर सेक्यूलर-धर्म को कँपकँपी छूटने लगती है। उस धर्म के विधान में 'क' से 'कौआ' हो सकता है—कृष्ण नहीं; 'ग' से गदहा हो सकता है, गणेश नहीं, गौरी नहीं, मूर्तिपूजा हो जाएगी न? हाँ, एक जगह बची है। भारत-उत्सव में श्रीकृष्ण के चित्र जरूर सजाकर रखे जाते हैं। राजपूत-कला में अंकित गोपाल-लीला जरूर परसी जाती है। लो पाहुन चखो, इस कला की सुकुमारता, बारीकी, रंगत, इसकी ऐन्द्रियता। बड़ी नायाब कला है, इसका सलोनापन अनूठा है। एक दूसरी जगह भी है, श्रीकृष्ण ने नारद से कह दिया था—

नाहं वसामि बैकुंठे योगिनां हृदयेऽपि न,

मद्भक्ता यत्र गायन्ति तत्र निष्ठामि नारद!

मैं न बैकुण्ठ में बसता हूँ न योगियों के हृदय में। मेरे भक्त जहाँ गाते हैं, वहीं रहता हूँ। अब यह दूसरी बात है कि गायन्ति-चिल्लायन्ति हो गया है। चिल्लायन्ति भी ध्वनिविस्तारक की कृपा से चिंग्घाड़यन्ति हो गया है। श्रीकृष्ण वहाँ जरूर हैं, सुनाई तो नहीं कुछ पड़ता, पर लोग कहते हैं—श्रीकृष्ण—नाम का अष्टयाम कीर्तन हो रहा है। इस गलाफाड़ कीर्तन में श्रीकृष्ण के लिए जगह इसलिए भी बनी हुई है कि इसके बहाने कुछ नशापानी की व्यवस्था होती है।

पता नहीं श्रीकृष्ण को ये जगहें कैसी लगती होंगी, पर मेरे मन में होता है कि उनसे अकेले में कहूँ—प्यारे, इन जगहों में तो न रहो; तुम्हारी अनुपस्थिति सह लूँगा, पर इन स्थानों में तुम्हारी उपस्थिति नहीं सह पाऊँगा। कुंज कट गये, बालू कचरे में दब गयी, यमुना-जल में सभ्यता के महाव्याल का जहर खौल रहा है। कदम्ब और तमाल ने शब्दकोश की शरण ली। तुम्हें रहने का कोई ठौर नहीं, न सही, पर मेरे विपिन-विहारी कन्हैया, इन प्रदर्शनों में इन कर्णज्वरों में कभी भी न आना। मुझे श्रीकृष्ण की उपस्थिति की उतनी चिन्ता नहीं, न श्रीकृष्ण की ठौर-हीनता की ही चिन्ता है, वे अपने लिए ठिकाना ढूँढ़ लेंगे। मुझे चिन्ता है, लोहे-कंकरीट के खम्भों सरीखे अपनी संस्कृति के ठेकेदारों पर टिकी हुई भुतही उदासी की गगनचुम्बी इमारत की, जिसने झोंपड़ी तो उजाड़ दी, पर झोंपड़ी में रहने वाले को अपने साये में जगह नहीं दी; जिसने सहज जीवन का भाव तो ग्रस लिया पर जीवन जीने वाले के लिए साँस लेने की भी जगह नहीं छोड़ी। मुझे चिन्ता है इस बहुसंख्यक कुंठा की, जो अल्पसंख्यक भाव से ग्रस्त है।

श्रीकृष्ण काश, अल्पसंख्यक होते! उन्हें तब संवैधानिक सुरक्षा प्राप्त होती, उनके जीवित संस्पर्श की ऐसी संचेत्यता होती कि उनके महाप्रयाण के साक्षी पेड़ का ढहना एक कहर ढा देता, एक जाँच-कमीशन बिठा देता और वहाँ आनन-फानन पिप्पलवा

ग्रोव (पीपल वन) का साइन-बोर्ड लगवा कर 'कोटि पिप्पल वृक्षारोपण महायज्ञ' सम्पन्न करा देता। इतनी शोक-सभाएँ कराता, इतने आँसू ढरकवाता कि एक पिप्पलवाही नदी बन जाती। पर श्रीकृष्ण न अल्पसंख्यक हुए, न बहुसंख्यक। वे संख्यातीत जनों के अपने ठहरे, उनके लिए कौन चिन्ता करेगा? वे अल्पसंख्यक-बहुसंख्यक के विवाद का मुद्दा भी नहीं बन सकते। उनका मन्दिर होता तो शायद मुद्दा भले बन जाता। उनका साथी पेड़ भी मुद्दा नहीं बन सकता। उनका साक्षात् संस्पर्श जहाँ मिलता है, वे जगहें संगमर्मरी मकबरों में परिणत होती रहें, इसके लिए कोई व्यथा न भी हो, कम-से-कम श्रीमद्भागवत के पारायण के बावजूद, 'गीतगोविन्द' की देश-विदेशव्यापी प्रस्तुतियों के बावजूद, नरसी, मीरा, विद्यापति, सूर की पदावली के रेडियो पर निरन्तर गुंजाए जाने के बावजूद श्रीकृष्ण केवल मनोविनोद बने रहें या केवल लोगों की धार्मिकता का ढोल बने रहें—यह मुझे बड़ा अजीब लगता है। कैसा यह पारायण, कैसा यह गायन, कैसा यह कीर्तन, कैसा यह चित्रण, कैसा यह नर्तन जो श्रीकृष्ण की भावमयी प्रतिमा मन में नहीं उतार पाता। यह मन में प्रविष्ट नहीं करा पाता कि श्रीकृष्ण प्रदर्शन नहीं है, सचाई हैं; श्रीकृष्ण नाम नहीं हैं, रूप हैं; श्रीकृष्ण छवि नहीं, छवि को सर्वत्र पाने की ललक हैं; श्रीकृष्ण प्यार के हाव-भाव नहीं हैं, प्यार हैं; वे ईश्वर नहीं हैं, आत्मा के बन्धु हैं; आत्मा के आधे आँचर में छिपने वाले बन्धु हैं। उनकी लीला से जो स्थान सम्बद्ध हैं, वे स्थान नहीं, वे स्थिति नहीं हैं, एक गतिशील चेतना के उद्वेलन हैं।

—जसुदा के नन्दन (2002)